"广大新视野"传媒学术前沿丛书

编委会主任
田秋生

特邀编委
姚喜双　隋岩　张涛甫

编委会成员（按姓氏笔画排序）

孔令顺	田秋生	李春雷	李　雁
邹　军	张爱凤	张静民	欧阳常林
姚　睿	夏清泉	夏德勇	徐晖明
陶　冶	谢明香		

"广大新视野"
传媒学术前沿丛书

手机新闻的兴起与媒体融合创新

董开栋 著

中国传媒大学出版社
·北京·

序一

隋岩

（教育部"长江学者"特聘教授、中国传媒大学新闻学院院长、《现代传播》主编、教育部人文社会科学重点研究基地中国传媒大学国家创新传播研究中心主任）

传媒是一门艺术，也是一门科学。传媒研究一直在"人文""艺术"和"社会科学"之间游走，研究议题丰富，研究视角多元，体现出鲜明的跨学科特征。伴随新媒体技术的发展，新闻业、影视业正经历前所未有的剧烈变革，并为传媒研究提供了媒介生态变化、群体传播效应和治理体系建设等具有理论与现实双重价值的新议题。

以网络和新媒体技术为代表的媒介技术高歌猛进，所带来的传媒变革也是令人目不暇接，加之人工智能、大数据、5G 技术等的促动，更使得传统的传媒理论面临失语的尴尬。如何回应网络社会提出的诸多"问题"，进而有效彰显新闻传播学、戏剧影视学等学科与社会的联动，已成当务之急。在此背景下，广州大学新闻与传播学院发挥自己学科和师资团队的优势，策划出版了"广大新视野"传媒学术前沿丛书。

丛书的特色之一是对新出现的社会群体、社会问题进行了较为系统的回应和探讨。《基础、逻辑与伦理：新媒体时代群体性事件传播研究》一书将弱势群体传播还原到整个社会结构中进行阐释，是国内首部系统研究新媒体背景下弱势群体传播的专著；《手机舆情形成及治理》将手机舆情治理视为移动传播时代搜集民意和干预舆论的整套机制，并提出政府主导、手机运营商和信息服务提供商协同、用户参与的"多利益攸关方"模式；《移动互联网视角下的城市老年居民与社会支持》一书选取老年人的主观视角，系统地描绘出"互联网＋社会支持＋积极老龄化"的发展途径。

丛书的特色之二在于对当下传媒变革的观照，停留于原先的思维框架下已经不足以支撑当下传媒的发展。《市场、技术、文化与新闻生产》一书以市场逻辑与技术逻辑交互博弈为背景，以如何形塑新闻生产为立足点；《中国动漫产业：政策、国家与市场》则从我国动漫产业政策国家性的角度和动漫产业本身意识形态性的角度，对我国2004年以来的相关产业政策展开剖析；《转型社会政务微信创新扩散的影响因素与机制研究——基于广东区县级政府的实证考察》一书采用了政治社会学的跨学科视角，回应了传播学研究的经典理论——创新扩散理论，探索利用本土化的经验材料解答转型中国的政治—技术关系命题；《探赜与思辨：电影创作类型、风格与观念阐释》充分阐明了当代中国电影的创作生态、叙事策略与文化症候，并探索其折射出的社会历史印记。

丛书的特色之三在于对转型期中国传媒未来走向的思考，如《源与变：中国电视原创文化节目发展史论》就将电视原创文化节目置于中国电视文艺节目发展史的坐标中予以分析，挖掘其传承的文化基因和创新精神；《责与利：中国电视的两难选择》建构了电视的媒体责任体系，试图全景式梳理当下中国电视的媒体责任担负样貌；《手机新闻的兴起与媒体融合创新》则对传播学研究中的媒体和用户理论进行补充和拓展。这几本专著立足当下，着眼传媒未来发展，对学界和业界都不无启示意义。

自2016年以来，广州大学新闻与传播学院扬帆南中国，"顶天立地"做学问，既有对前沿理论的探讨，又有对接中国大地的明显"问题"取向，引起了学界广泛关注。该套丛书就是显例，丛书的作者有的在学界已经有着广泛的影响，有的开始崭露头角，但他们有一点值得学界关注和借鉴：凝神聚力做学问，以"广大新视野"来回应学界的脉动。该丛书被命名为"广大新视野",丛书内容既是作者视野广阔、观点新颖、前沿探索的结果,又不乏系统的、前瞻的视角应对未来新闻传媒的发展。

世事纷繁,开卷有益。"广大新视野"传媒学术前沿丛书的出版可谓恰逢其时。

2019年11月于北京

序二

田秋生
（广州大学新闻与传播学院院长，广州大学粤港澳传媒研究中心主任）

丛书的策划起自 2017 年底，2018 年初与出版社正式签订协议，并组织老师们进行书稿撰写。其时，心中是颇有些忐忑的。一是大家都忙，二是在当下的考评体系中，写书往往是吃力不讨好。没想到各位同事如此尽心尽力，没想到大家用了 2 年左右的时间就拿出了一本又一本沉甸甸的书稿，确实让人有些喜出望外之感。

我们将这套书命名为"'广大新视野'传媒学术前沿丛书"，其实有着双重的含义。一是在学术层面，希望能在新的理论视野中，观照新媒体环境下的传媒业前沿学术问题。二是在研究主体层面，也希望能借此发出广州大学新闻与传播学院的声音，呈现出新院的新气象。

作为一个进入学院近 20 年的"老人"，我深刻地体会到，自 2016 年下半年以来，我们跟整个广大一起，迎来了难得的发展机遇。这是我们的好时光，而这套丛书的出版，在某种意义上便是献给这段黄金岁月的礼物。

短短 3 年多，广州大学发生巨变，学院也展现出蒸蒸日上的态势，这种局面当然来之不易。2016 年 9 月，广州大学开始全力推进高水平大学建设，得到广州市政府在政策与办学经费上的特别支持，实施"人才倍增计划"，以超强力度面向海内外延揽优秀人才。2017 年 9 月起，广东省扩大部校共建范围，推动中共广州市委宣传部与广州大学共建新闻学院，为学院的人才培养与学科建设提供了宝贵的资源与平台。

跟随学校快速发展的步伐，依托高水平大学建设与部校共建的良机，学院也开启了新的征程。

自2017年以来，我们从国内外引进专任教师20人，包括百人计划学者6人，实质性优化了师资队伍结构。在招贤纳士的同时，举办了一系列有影响的学术活动。

其一，先后举办8场国内外有影响的学术会议：粤港澳大湾区电影发展战略高端论坛、"粤港台传媒转型"学术研讨会暨首届岭南传媒研究生系列论坛、"新时代繁荣哲学社会科学传媒期刊主编论坛暨岭南传媒研究生论文工作坊""影像中的中国与世界"的首届青年学者工作坊、"中国高校影视学会2018媒介文化论坛"、中国高等院校影视学会第十八届年会暨第十一届中国影视高层论坛、第二届媒介法规与伦理学术年会、中国高校影视学会影视史学专业委员会成立大会暨第一届中国影视史学年会。其二，举办岭南传媒系列高端学术讲座。其三，邀请国务院学科评议组专家，举办两次学科建设研讨会。

上述学术活动使学院面貌为之一新，在营造良好学术氛围、提升教师科研能力的同时，也扩大了学院的影响力，而组织编撰"'广大新视野'传媒学术前沿丛书"成了水到渠成的事情。我之所以在前面不厌其烦地将近年来举办的8场会议的具体名称一一列出，也是想借机将其记录下来，进入学院的办学历史。

具体到丛书在学术层面的建树与特色，隋岩老师已有中肯评价，在此不再赘言。

值此丛书出版之际，心中充满感激。丛书乃部校共建理论成果之一，其出版得到了部校共建经费的支持，特别感谢中共广州市委宣传部对学院人才培养与学科建设的支持；丛书的策划与组织得到了中国传媒大学出版社的指导与支持，尤其要感谢副社长张毓强教授、编辑黄松毅老师为丛书所倾注的心血；感谢中国社会科学院研究生院教授、国家督学姚喜双老师，中国传媒大学新闻学院院长、教育部"长江学者"特聘教授隋岩老师，复旦大学新闻学院执行院长、教育部"长江学者"特聘教授张涛甫老师，你们在百忙中屈尊担任丛书特邀编委，提供有力支持；感谢丛书的各位作者，使梦想终成现实。

期待丛书出版后能得到学界的关注与批评指正！在这个特殊的季节为未来献上祝福，面朝大海，春暖花开。

是为序。

2019 年 11 月于广州

目录

Contents

第一章 绪论 /1

第一节 研究问题的提出 / 2
第二节 研究意义 / 7
第三节 概念界定 / 9
第四节 研究内容与框架 / 17
第五节 研究方法 / 19
第六节 研究的主要创新点 / 21

第二章 手机新闻使用文献综述 / 25

第一节 新闻使用研究综述 / 26
第二节 新闻媒介使用研究综述 / 29
第三节 新闻媒体机构的使用研究综述 / 32
第四节 手机媒介与传播研究综述 / 34
第五节 手机新闻使用研究综述 / 35
第六节 小结 / 40

第三章 手机新闻媒介的采用及影响因素研究 / 43

第一节 新媒介采用理论综述 / 45
第二节 研究问题及假设 / 50
第三节 变量测量 / 55

第四节　数据收集　/ 57
第五节　数据分析　/ 61
第六节　研究结论及讨论　/ 73
第七节　小结　/ 77

第四章　手机新闻的平台选择及影响因素研究　/79

第一节　平台选择理论综述　/ 81
第二节　研究问题及假设　/ 88
第三节　变量测量　/ 93
第四节　数据收集　/ 99
第五节　数据分析　/ 101
第六节　研究结论及讨论　/ 116
第七节　小结　/ 120

第五章　手机新闻的来源使用及影响因素研究　/121

第一节　来源使用理论综述　/ 123
第二节　研究模型　/ 129
第三节　研究假设　/ 131
第四节　变量测量及数据收集　/ 143
第五节　数据分析　/ 147
第六节　研究结论及讨论　/ 157
第七节　小结　/ 164

第六章　手机新闻使用研究总结与展望　/165

第一节　研究总结　/ 166
第二节　研究局限与展望　/ 168

第七章　主流媒体融合发展文献综述 / 171

第一节　组织创新理论综述 / 172
第二节　媒体融合理论综述 / 182
第三节　"内容为王"内涵辨析 / 192

第八章　中国主流媒体融合发展研究 / 203

第一节　中国主流媒体的融合发展状况 / 204
第二节　中国主流媒体融合发展典型 / 211
第二节　中国主流媒体融合发展中的问题 / 222
第四节　中国主流媒体融合发展对策 / 226

第九章　深圳报业集团融合发展研究 / 231

第一节　深圳报业集团融合发展现状 / 232
第二节　深圳报业集团融合发展中遇到的问题 / 237
第三节　深圳报业集团融合发展中面临的机遇 / 241
第四节　深圳报业集团融合发展建议及策略 / 242
第五节　"读创"客户端项目筹建过程与思考 / 254

附　录 / 261

附录1　移动互联网时代新闻媒介的使用与评价调查问卷 / 262
附录2　手机新闻平台和来源的使用与评价调查问卷 / 268

参考文献 / 277

后　记 / 279

第一章

绪论

本章由以下几个部分组成：首先提出研究问题并说明研究意义，其次是概念界定，然后是研究的结构安排和研究方法，最后是研究的创新点。

第一节 研究问题的提出

一、实践背景

新闻业赶上了中国移动互联网的大潮。据中国互联网络信息中心（CNNIC）的调查显示，2014年6月中国手机网民规模首次超过传统PC网民规模。[①] 截至2016年12月，手机网民规模达6.95亿，手机网民占总网民的比例达到95.1%，新增网民中使用手机上网的群体占比达到80.7%，使用台式电脑的网民占比下降16.5%。手机牢牢占据中国网民第一大上网终端。[②]

移动端已成为互联网新闻最主要的竞争市场。CNNIC发布的《第39次中国互联网络发展状况统计报告》显示，截至2016年12月，中国手机网络新闻用户规模达到5.71亿，占手机网民的82.2%，比去年增长18.6%。手机网络新闻在手机应用市场第一阵营的地位更加巩

---

① CNNIC. 第34次中国互联网络发展状况统计报告 [EB/OL].（2014-07-21）[2019-01-30]. http://www.cnnic.net.cn/ hlwfzyj/hlwxzbg/hlwtjbg/ 201407/P020140721507223212132. pdf.

② CNNIC. 第39次中国互联网络发展状况统计报告 [EB/OL].（2017-01-22）[2019-01-30]. http://www.cnnic.net.cn/hlwfzyj/hlwxzbg/hlwtjbg/201701/t20170122_66437.htm

固,仅排在手机即时通信和手机搜索之后。最近半年内(2016年)通过手机上网浏览新闻的网民占比达到90.7%,只用手机浏览新闻资讯的比例高达62.9%,最经常使用手机浏览新闻资讯的网民占比高达85%。①

在移动市场上,基于用户规模和高频使用的优势,移动社交平台、手机浏览器已成为互联网新闻的用户主要入口。CNNIC发布的《2016年中国互联网新闻市场研究报告》显示,最近半年内(2016年),受众通过微信、微博获取新闻的比例分别为74.6%、35.6%,手机浏览器54.3%,新闻客户端35.2%,视频应用31.6%,手机搜索应用30.2%。②

移动端新闻传播的用户基数引起了创业者、投资者和广告商的注意。一批立足于移动端生存的垂直类新媒体开始挑战已有的新闻竞争格局并引领手机新闻的发展走向。知名新闻杂志《壹读》在2015年2月放弃纸质版,转型为生产包括视频、微博、微信等数字化产品在内的壹读传媒,营收状况良好且增长较快,主要营收来源和未来方向集中在动画视频、新媒体和媒介服务上。③36氪提供科技创业新闻资讯,打造了面向投资者与创业者的投融资服务平台,引入了蚂蚁金服和招商局等战略投资者,2016年估值超过30亿。④CNNIC发布的《第

---

① CNNIC.第39次中国互联网络发展状况统计报告[EB/OL].(2017-01-22)[2019-01-30]. http://www.cnnic.net.cn/hlwfzyj/hlwxzbg/hlwtjbg/201701/t20170122_66437.htm

② CNNIC.2016年中国互联网新闻市场研究报告[EB/OL].(2017-01-11)[2019-01-30]. http://www.cnnic.net.cn/hlwfzyj/hlwxzbg/mtbg/201701/t20170111_66401.htm

③ 中国出版网.《壹读》放弃纸刊,全面进军互联网[EB/OL].(2015-03-04)[2019-01-30]. http://www.chuban.cc/sz/bk/201503/t20150304_164501.html.

④ 海外网.蚂蚁金服之后是招商局 36氪战略融资备战"下半场"[EB/OL].(2016-12-14) [2019-01-30]. http://m.haiwainet.cn/middle/348217/2016/1214/content_30568055_1.html

39次中国互联网络发展状况统计报告》显示，2016年移动互联网营销推广在企业互联网营销中的占比达到83.3%，其中高达67.8%的企业使用了付费推广。可以预见，企业客户正在转向移动营销市场，市场规模将保持快速增长。①

移动端新闻市场格局初步形成，腾讯新闻和今日头条占据明显优势。②腾讯新闻依靠门户网站积累与自身社交媒体渠道位列第一，而今日头条则利用个性化新闻推荐技术为用户提供定制化的新闻资讯，很快超过其他以门户起家的新闻网站。人工智能技术加持移动互联网浪潮，智能算法对互联网新闻市场格局产生了颠覆性影响。

移动端新闻市场在美国等发达经济体也有类似的特征。皮尤研究中心（Pew Research Center）发布的《2016美国新闻业报告》显示，报纸、新闻杂志、全国电视网的新闻频道以及互联网原生媒体从移动端获得的流量都已经超过了桌面端，并且大多数媒体的新增流量基本都来自移动端。在40个被调查的重点媒体机构中，有25个开办了基于iOS或Android系统的新闻客户端服务，35个优化了移动端web网页，在Facebook、Twitter和Youtube等主流社交应用上开通新闻服务的比例为100%，在新兴的社交应用Instagram和Snapchat上的开通比例分别是90%和50%。③

移动端新闻的使用热潮引起了中国党政部门的高度重视。2013年8月19日，习近平在全国宣传思想工作会议上指出，"宣传思想工

---

① CNNIC. 第39次中国互联网络发展状况统计报告[EB/OL].(2017-01-22)[2019-01-30]. http://www.cnnic.net.cn/hlwfzyj/hlwxzbg/hlwtjbg/201701/t20170122_66437.htm

② CNNIC. 2016年中国互联网新闻市场研究报告[EB/OL].（2017-01-11）[2019-01-30]. http://www.cnnic.net.cn/hlwfzyj/hlwxzbg/mtbg/201701/t20170111_66401.htm

③ Pew Research Center's Project for Excellence in Journalism. State of the news media 2016[EB/OL].（2016-06-08）[2019-01-30]. http://www.journalism.org/packages/state-of-the-news-media-2016/.

作是做人的工作的，人在哪儿重点就应该在哪儿。我国网民有近六亿人，手机网民有四亿六千多万人，其中微博用户达到三亿多人。很多人特别是年轻人基本不看主流媒体，大部分信息都从网上获取。必须正视这个事实，加大力量投入，尽快掌握这个舆论战场上的主动权，不能被边缘化了。"① 时隔一年的 2014 年 8 月 18 日，中央全面深化改革领导小组第四次会议审议并通过了《关于推动传统媒体与新兴媒体融合发展的指导意见》，媒体融合变革的发号令正式吹响。2016 年 2 月 19 日，习近平在党的新闻舆论工作座谈会上发表重要讲话，再次就推进媒体融合发展提出明确要求，作出战略部署，强调融合发展关键在融为一体、合二为一。

在政策推动和市场压力之下，各大主流媒体积极探索移动化的融合转型之道。上海报业集团的"澎湃"和四川日报报业集团的"封面新媒体"项目引发社会热情关注。各级媒体大力布局移动端来进行全媒体传播，两微（微博和微信）进入日常化运营，新闻客户端及平台建设成为商业性互联网公司和主流媒体竞争的新战场。移动传播时代，主流媒体的主要任务是如何利用优势与创造条件，实施互联网平台模式的问题。

移动端新闻作为新的融合实践，新的参与者不断进入。总体来看，成功的案例不多，反响平平甚至失败的案例却越来越多。一方面，作为党的新闻舆论工作的主要阵地，如何能够有效地与移动互联网进行融合，这是摆在主流媒体面前的重大问题。另一方面，手机新闻相比其他媒体强在哪里，如何利用和发挥好这些优势，需要那些徘徊不前的媒体创业者和媒体转型者作出明确的判断。众多的手机新闻平台，到底该重点发展哪个平台，如何利用好平台优势，也需要手机

---

① 人民网. 习近平十八大以来关于"媒体"论述摘编 [EB/OL].（2014-08-19）[2019-01-30]. http://cpc.people.com.cn/n/2014/0819/c164113-25494767.html.

新闻产品的运营者仔细地辨别。如何打造手机新闻品牌，让用户优先选择某一个新闻来源，更需要创办者的智慧。

二、研究背景

媒体融合是党中央着眼于舆论宣传工作的重大战略部署，在当前这个移动传播时代，主流媒体发展的具体路径就是实施"互联网+"，即传统媒体的互联网化。已有的媒体融合研究报告有助于了解主流媒体整体的发展进程，但纵向的总结概括仍较为缺乏，案例研究仍显不足。有学者建议从市场营销学的产品视角对媒体融合做出分析，但引进外部成熟理论的探讨在新闻传播学界仍然偏少。

手机媒体在信息传播上的技术特征在以往研究中已有较多阐述，但针对个体/用户的研究并不太多。尤为明显的是，国内关于手机新闻使用的研究更偏重逻辑推理，缺乏经验性的实证研究。已有一些境外、国外学者研究调查影响手机新闻采用的因素，如个人创新性、个人积极性、新闻自由度、期望价值、感知相对优势、感知有用性、感知易用性、新闻媒介及新闻类型偏好等个人、技术和社会因素，然而，很少有学者关注手机新闻使用的其他层面，如平台、来源。事实上，媒介采用、平台选择和来源使用构成了手机新闻使用的全过程（见图1-1）。

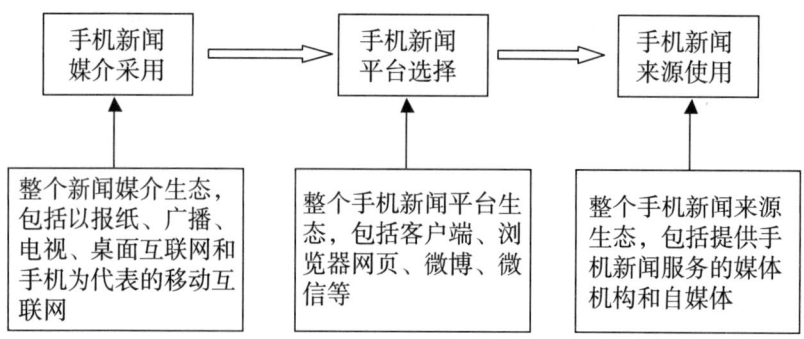

图1-1 手机新闻使用的全过程

三、研究问题

综上所述，手机新闻的兴起与媒体融合创新亟待更加深入的探讨，尤其在媒体和用户视角方面，以求为新闻机构和媒体政策制定部门提供新的见解。

基于媒体视角，本研究旨在分析移动传播时代主流媒体的融合发展，具体包括主流媒体融合发展的现状、问题及对策。

基于用户视角，本研究致力于探讨多元的媒介、平台和来源环境中手机新闻的使用及影响因素，除了考察各种媒介、平台和来源的满足（效用）外，也涉及用户个体特征、产品（新闻）特质和社会影响因素。具体来看，本研究中，用户视角的研究问题可分为以下3个层面：1.在多媒介的新闻生态中，手机新闻相比其他媒介是否存在优势？使用手机新闻获得的满足能解释这种优势吗？2.在多种手机新闻平台中，个人会如何选择并组合？个体、平台和产品（新闻）因素对平台选择决策产生的具体影响程度如何？3.在手机新闻社交化发展的背景下，社会影响因素和来源质量对个人使用某个新闻来源的影响程度如何？

第二节　研究意义

一、理论意义

首先，在移动互联网浪潮下，研究主流媒体变革的文献相当丰富，但从组织创新视角探讨主流媒体融合发展的研究仍较为薄弱，而以个案展现媒体组织创新过程的研究则更为稀缺。本研究将探索性地分析当前主流媒体融合创新的类型，并对某典型报业集团的媒体融合创新过程进行参与式观察，以丰富媒体融合和媒体创新的理论体系。

其次，尽管国外关于手机新闻使用影响因素的文献不断增加，但从新闻生态视角探讨手机新闻媒介采用的研究却非常缺乏。由于国内外在新闻信息管理体制、媒介及社会发展水平方面的差异，使得用户对手机新闻的具体使用会呈现出不同的特征。所以，在当前中国背景下探讨手机新闻媒介的采用及影响因素，具有一定的理论意义。

再次，本研究将媒介选择集合理论拓展到平台领域，以求丰富该理论的内涵。新媒体的出现对大众传播理论产生了冲击，检验这些理论在新媒体时代的适用性已成当务之急。"媒介选择集合理论"是否能够在手机新闻平台选择中具有较强的解释力，有待进一步验证。

最后，本研究将提供一个研究新闻来源（品牌）使用的新视角和新思路。满意度作为受众在媒体机构选择中的关键影响因素已得到传播学界的认同，但社交网站兴起导致的社会影响因素强化和营销理念转变带来的用户契合在消费决策中的作用尚未引起传播学界的足够关注，因此本研究检验社会影响因素在用户选择和使用某个手机新闻来源中的作用，而用户契合作为用户忠诚的前因变量将进一步在手机新闻使用领域获得验证，这对理解社交时代的手机新闻来源使用具有重要意义。

二、实践意义

本研究旨在为主流媒体在移动端的融合发展提供思路和建议，为主流媒体建设和管理融合媒体平台提供策略研究，从而为主流媒体在移动传播时代的转型和发展提供有益探讨。具体而言，本研究通过对全国重点主流媒体进行实地调研，总结和归纳主流媒体融合发展过程中的经验和教训，提出主流媒体融合发展应着重考虑的因素，这将对全国主流媒体的融合、创新和转型发展具有一定的借鉴和参考价值。

本研究在手机新闻使用影响因素方面的探讨，将对手机新闻媒体的长远发展有重要的实践意义。一方面，为手机新闻机构制定平台拓展规划和产品营销策略提供支持，推动媒体融合进程。对用户手机平台选择和来源使用的研究，将有助于指导新闻媒体机构根据用户的需求和评价来创新营销思路，从而使其加速融入手机新闻市场，增强面向未来的竞争力。另一方面，为媒体融合的具体政策制定提供决策依据。手机新闻是否已经对其他媒介产生替代性影响？明晰这一问题将有助于政府明确新时期促进传统媒体与新媒体融合的主要任务，做好顶层设计，引导新媒体消费，实现新闻媒体机构的顺利转型。

第三节　概念界定

本研究的主题是"手机新闻的兴起与媒体融合创新"。为了更好地开展研究，本书对相关的主要概念作出界定是非常必要的。

一、移动传播时代

移动媒介在新闻传播中具有统领地位，标志着移动传播时代的到来。手机网络新闻位居手机应用服务第一阵营，手机已成为网民获取新闻最主要的方式。CNNIC 发布的《第 39 次中国互联网络发展状况统计报告》显示，截至 2016 年 12 月，中国手机网络新闻的用户规模达到 5.71 亿，占手机网民的 82.2%。最近半年内（2016 年）通过手机上网浏览新闻的网民占比达到 90.7%，只用手机浏览新闻资讯的比例高达 62.9%，经常使用手机浏览新闻资讯的网民占比高达 85%。①

二、主流媒体

对于主流媒体（Mainstream Media）的界定，国内外有所不同。这一概念最早由美国麻省理工学院的乔姆斯基教授提出，报道严肃、解剖深入、信誉卓著、社会地位高是西方主流媒体的基本特征。在我国，主流媒体的概念一直存在着官方和民间、计划和市场、体制内和体制外之间较大的分歧。新华社 2004 年开展了"舆论引导有效性和影响力研究"的课题研究，最终形成了主流媒体的六条评判标准，该标准被公认为对当前我国主流媒体较为权威的界定。这六条评判标准分别是：②

第一，具有党、政府和人民的喉舌功能，具有一般新闻媒体难以相比的权威地位和特殊影响，被国际社会、国内社会各界视为党、政府和广大人民群众意志、声音、主张的权威代表。

第二，体现并传播社会主流意识形态与主流价值观，在我国即是社会主义意识形态和与之相适应的价值观，坚持并引导社会发展主流和前进方向，具有较强影响力。

第三，具有较强公信力，报道和评论被社会大多数人群广泛关注并引以为思想和行动的依据，较多地被国内外媒体转载、引用、分析和评判。

第四，着力于报道国内外政治、经济、社会、文化等领域的重要

---

① CNNIC. 第 39 次中国互联网络发展状况统计报告 [EB/OL].(2017-01-22)[2019-01-30]. http://www.cnnic.net.cn/hlwfzyj/hlwxzbg/hlwtjbg/201701/t20170122_66437.htm.

② 新华社舆论引导有效性和影响力研究课题组. 主流媒体判断标准和评价 [J]. 中国记者，2004(1): 10-11.

动向,是历史发展主要脉络的记录者。

第五,基本受众是社会各阶层的代表人群。

第六,具有较大发行量或较高收听、收视率,影响较广泛受众群。

可以看出,与西方更多是从专业主义的角度出发,落脚在精英类媒体身上不同,我国的主流媒体的标准则更多地侧重意识形态属性,但对产业属性较为忽视。[①] 本研究中的主流媒体遵照我国主流媒体的评判标准,主要指具有新闻原创生产和分发权的各级新闻媒体。

三、移动端

终端是指使最终的内容产品得以呈现的设备,移动端即指使内容产品得以呈现的移动终端。从新闻资讯传播的视角看,应用最广泛的是以智能手机为代表的手持移动终端。

随着智能手机市场空间的不断扩展,手机早已超越了最初的通信功能,移动互联网技术的逐渐成熟让手机成为接入互联网的第一大终端。与此同时,智能手机技术也在飞速发展中。处理器、屏幕、镜头、指纹识别等技术大大提升了智能手机用户的使用体验。

四、媒体融合

媒体融合与媒介融合的英译都是"Media Convergence",二者常常被混用,但这两个概念的内涵是截然不同的。

"媒体融合"一词是在舆论场重构的背景下,伴随中国信息传播产业政策的演进而出现的,以《关于推动传统媒体和新兴媒体融合发

---

① 谭天,林籽舟. 新型主流媒体的界定、构成与实现 [J]. 新闻爱好者,2015(7): 23-26.

展的指导意见》的出台为直接缘由。"媒介融合"这一概念最早由美国麻省理工学院的浦尔教授提出。"媒介融合",其本意是指各种媒介呈现出多功能一体化的趋势,这种关于媒介融合的想象更多地集中于将电视、报刊等传统媒介融合在一起。

可以看出,"媒体融合"被赋予了特别的含义,即传统媒体通过与新兴媒体融合转型成为新型的主流媒体。

五、手机媒介

手机媒介是移动媒介的一部分,也是当前移动媒介最重要的组成部分。移动媒介和移动互联网的概念界定可以为手机媒介提供基础。

美国南卡罗来纳大学的魏然教授是新闻传播学界最早进入移动传播研究领域和成果最为丰硕的学者之一。他认为,移动媒介作为一种个人的(personal)、互动的(interactive)、联网的(internet-enabled)和自己掌控(user-controlled)的便携平台,在建立联系的用户之间提供个人化及非个人化信息(personal and non-personal information)的交换和分享。[①]一系列个人手持终端,如手机、平板电脑、电子阅读器和游戏机等,都在他的"移动媒介"清单里。依照该定义,移动媒介排除两类媒体:一是移动公交媒体,即公共交通系统上使用的报纸、广播、电视等非个人化、非互动的媒体;二是笔记本电脑,因为其便携性受到限制。

中国互联网络信息中心(CNNIC)对"移动互联网"的定义有广义和狭义之分:广义上是指用户使用手机、上网本、笔记本等移动终端,通过移动网络获取移动通信网络服务和互联网服务;狭义上是指

---

① WEI R. Mobile media: coming of age with a big splash [J]. Mobile media & communication,2013, 1(1): 50–56.

用户使用手机终端，通过手机网络浏览互联网站和手机网站，获取多媒体、定制信息等其他数据服务和信息服务。①

可以看出，魏然关于移动媒介的理解与狭义的"移动互联网"定义大致接近——个人控制和联网的信息服务，但在终端的范围界定上有差异——前者的种类明显多于后者。值得注意的是，CNNIC 在 2014 年 8 月发布的《中国移动互联网调查报告》中仍采用狭义定义，这或许反映出中国移动互联网发展的一个关键事实：手机在移动终端市场上处于强势地位，其他终端如平板电脑和阅读器等尚未进入普及期。

综合上述讨论和媒介发展实际，本研究认为，手机媒介是一种通过手机上网实现信息交流的移动媒介。需要明确的是，手机短信（文本信息）和手机彩信（多媒体信息）因缺乏"联网"属性而被排除在手机媒介之外。

六、手机新闻

手机媒介是支持手机新闻传播的渠道。与上述手机媒介的定义相对应，本研究中的手机新闻指利用手机上网获得的新闻信息服务。值得明确的是，手机报的辉煌已经过去，如今它已不再是手机新闻的主要传播平台。

这里有必要对手机新闻与移动新闻做一下区分。顾洁、田维纲（2013）指出，移动新闻比手机新闻更为本质地描述了手机参与大众新闻传播的实践形态以及造成的影响，因为这一依托于全新媒介技术的新闻形态在传播情境、传播平台以及生产方式上表现出了新

---

① CNNIC. 2013–2014 年中国移动互联网络调查研究报告 [EB/OL].（2014-08-26）[2019-01-30]. http://www.cnnic.cn/hlwfzyj/hlwxzbg/ydhlwbg/201408/t20140826_47880.htm.

的特征。① 可以看出，他们主要是从手机服务于新闻生产的视角来界定移动新闻。考虑到本研究针对手机作为新闻媒介的使用且区分于其他移动终端上的新闻使用，手机新闻比移动新闻更适合本研究的语境。

更进一步地，手机新闻究竟包括哪些内容，即手机新闻的内涵，是需要明确界定的。大众传播时代的新闻由组织化的媒介机构所垄断，而手机媒介除了为新闻机构的生产和传播带来机会外，也给个人和组织的信息传播提供了更多便利。多元的主体造就了纷繁的内容海洋，引发了新闻传播学界和业界对于手机新闻内涵的广泛讨论，焦点集中在政务和企业微博、微信是否属于新闻发布，突发事件的在场记录者所发布的内容是否属于新闻内容等。

本研究认为，手机新闻特指新闻机构和个人在手机终端不同平台上的持续性新闻发布与评论服务（涵盖新闻报道、新闻评论等），不包括政府、企业及其他组织的信息发布服务（如政务微信、企业微博），也不包括个人不连续的公共性事实与意见发布（如突发事件现场的临时记录者）。

七、用户

随着新媒介的出现和媒介融合的发展，"受众"渐渐被"用户"替代。从学理上看，传统媒介单向传播的特性决定了"受众"作为被动的信息接受者，传播的主动权掌握在传者手中。新媒介带来了传者与"用户"地位的平等，两者都能自主使用这一新型沟通工具。从实务上看，媒体正在从"受众时代"走向"用户时代"。受众的模糊性

---

① 顾洁，田维纲. 移动新闻的新闻形态特征：情境、平台与生产方式[J]. 现代传播，2013(10): 59–62.

只能实施大众营销，而用户的个体性、具体性能实现精准营销。①

蔡雯对新闻学中引入"用户"概念表达了支持，她认为解决新闻界现实矛盾——坚持新闻专业立场与实现公众乐意接受，更需要脚踏实地的探索，尽管"用户"一词会引发争议，因为从字面上它的经济色彩很重，容易引发对新闻媒体的公益性和人文精神排斥的担忧。②匡文波认为，手机用户比手机传播中的受众更适合用来体现手机信息传播者和接受者的动态转换。③

因此，本研究基于"用户"视角研究手机新闻使用，也是呼应了新闻学界和业界的期待。具体地，手机新闻用户即是手机新闻的使用者，不仅能浏览也能发表评论转发分享。

八、媒介、平台与来源

媒介是传播学的核心概念之一，但"媒介"一词在使用中与媒介机构（来源）、平台具有较多重合，这对推进传播学尤其是移动互联网时代的传播学深入研究有非常不利的影响。

具体来看，一方面，媒介与媒介机构常常混用。报纸、电视是媒介，报社、电视台等媒介机构也被称作媒介。事实上，根据拉斯韦尔的5W模式，媒介和传者（媒介机构）是两个不同的传播要素：传者是信息的发送者，媒介是信息的传播中介和渠道。另一方面，媒介与平台很少作区分。大众传播时代，新闻的传播平台较为单一，如报纸借助纸质平台、电视借助电视机平台。甚至在传统PC端，浏览器

---

① 姜圣瑜. 从"受众时代"走向"用户时代"[J]. 传媒观察，2011(4): 24–26.

② 蔡雯. 从面向"受众"到面向"用户"——试论传媒业态变化对新闻编辑的影响 [J]. 国际新闻界，2011(5): 6–10.

③ 匡文波. 颠覆传媒——手机：新时代的电脑和器官 [M]. 北京：华夏出版社，2013:54.

也是新闻获取的最主要且唯一的平台。随着社交网络和移动技术的发展，手机端的用户不仅仅可以通过浏览器获取新闻，还可以通过其他多个平台使用新闻。

本研究参照前人研究文献和权威机构报告，对手机新闻的媒介、平台与来源作出明确区分和定义。

（一）手机新闻媒介和手机新闻来源

Bu(2010)在对媒体使用习惯的研究中，将媒体使用分为三个层面：媒介（Channel）层面、内容（Content）层面、来源或品牌（Source or Brand）层面。其中，媒介指报纸、电视等；内容指新闻、娱乐等；来源或品牌是指使用多种媒介传播多种内容的媒体运营商。[①]本研究借鉴此分类法，认为手机新闻媒介（Channel）指通过上网获取新闻资讯的手机，而手机新闻来源（Source）指负责手机端信息制作传播的某个新闻机构和自媒体。

（二）手机新闻平台

媒介(Channel)与平台（Platform）在移动互联网时代具有显著的区别。延用艾媒咨询、CNNIC等研究机构的相关概念界定和调查，目前，手机用户的新闻获取平台主要是客户端、浏览器、微博和微信4种。

九、采用、选择和使用

从实践和研究的角度来看，手机新闻取得成功首先取决于用户对它的采用和接受。更进一步地，用户采用手机作为新闻媒介后，重要

---

① QIUJING BU. Beyond attention: how habits in media consumption shape public broadcasting's transition into the digital age [D]. PhD Dissertation，University of Wisconsin-Madison，2010.

的问题在于用户如何使用手机新闻,主要是哪些因素会影响手机新闻平台的选择,以及用户怎样选择某个新闻品牌持续使用。

本研究把手机新闻使用分为"采用、选择和使用"三类,属于一种从宏观到微观的划分方式,与"采纳、接触和依赖"等单一信息系统(如微信)使用的划分方式有所不同。[①] 具体来看,采用、选择和使用分别与上述的媒介、平台和来源相对应,即:"采用"倾向于手机新闻的早期使用阶段,即是否接纳手机作为新闻获取的方式;"选择"侧重手机新闻的中期使用阶段,即多个新闻平台间的抉择及使用频率和强度;"使用"偏向于手机新闻的长期使用阶段,即接触并选择某个手机新闻来源或品牌之后的持续和忠诚使用。

第四节 研究内容与框架

本研究从用户和媒体两个视角来考察手机新闻的兴起与媒体融合创新:前者主要探讨手机新闻的使用及影响因素,并依照新闻使用的不同层面划分为三个部分,即媒介层面的手机新闻使用及影响因素研究、平台层面的手机新闻使用及影响因素研究、来源层面的手机新闻使用及影响因素研究。后者主要探讨主流媒体移动端平台与融合发展策略,重点关注移动传播时代国内主流媒体融合发展现状及问题,并以深圳报业集团为个案进行分析。

具体来看,本书分为九章,各章节的内容如下:

第一章:绪论。本章阐述了移动新闻时代新闻业变革的实践背景和研究背景,在此基础上提出了本研究的两个基本问题,即手机新闻

[①] 王玲宁. 采纳、接触和依赖:大学生微信使用行为及其影响因素研究 [J]. 新闻大学, 2014(6): 62–70.

使用与媒体融合创新研究，然后明确了本研究的理论和实践意义，界定了移动传播时代、主流媒体、移动端、媒体融合、手机媒介、手机新闻、用户、媒介、平台及来源、采用、选择及使用等基本概念，在介绍研究内容框架、研究方法和技术路线之后，提出了研究的创新点。

第二章：手机新闻使用文献综述。本章主要从新闻使用、新闻媒介使用、新闻媒体机构使用和手机媒介传播等角度切入手机新闻使用研究，梳理指出现有研究仅仅关注手机媒介本身导致对整个新闻生态结构性影响的忽视，且并未对手机新闻平台和来源使用所处的社交化大环境作出回应。

第三章：手机新闻媒介的采用及影响因素研究。本章以媒介竞争生态位理论为框架，考察了手机新闻与其他媒介在使用时间维度和满足维度的生态竞争状况，并检验了满足维度对使用时间维度在手机新闻用户中的解释力。

第四章：手机新闻的平台选择及影响因素研究。本章将媒介选择集合理论拓展到平台选择领域，在参考消费者行为学渠道选择理论文献的基础上，构建了手机新闻平台选择研究框架，探讨了平台因素、产品因素和用户因素在手机新闻平台选择中的影响作用。

第五章：手机新闻的来源使用及影响因素研究。本章基于 S-O-R 框架，构建了社交化背景下手机新闻来源使用的影响机理模型，考察了社会影响因素和服务质量对手机新闻来源用户契合和忠诚的影响，并对用户涉入度在手机新闻来源使用中的调节作用做了探讨。

第六章：手机新闻使用研究总结和展望。归纳和总结主要结论，分析研究的不足之处，并对进一步的研究提出展望。

第七章：主流媒体融合发展文献综述。本章主要对主流媒体融合的相关文献和理论进行综述，包括组织创新理论和媒体融合理论等，对"内容为王"概念进行了辨析。

第八章：国内主流媒体融合发展研究。通过对国内主流媒体的相关调研，分析当前国内主流媒体融合发展的现状、问题及发展策略。

第九章：深圳报业集团融合发展研究。通过深圳报业集团进行参与式观察，描述其融合发展现状、问题，提出影响其融合转型的关键要素，并对未来的融合发展设计相应的方案和策略。

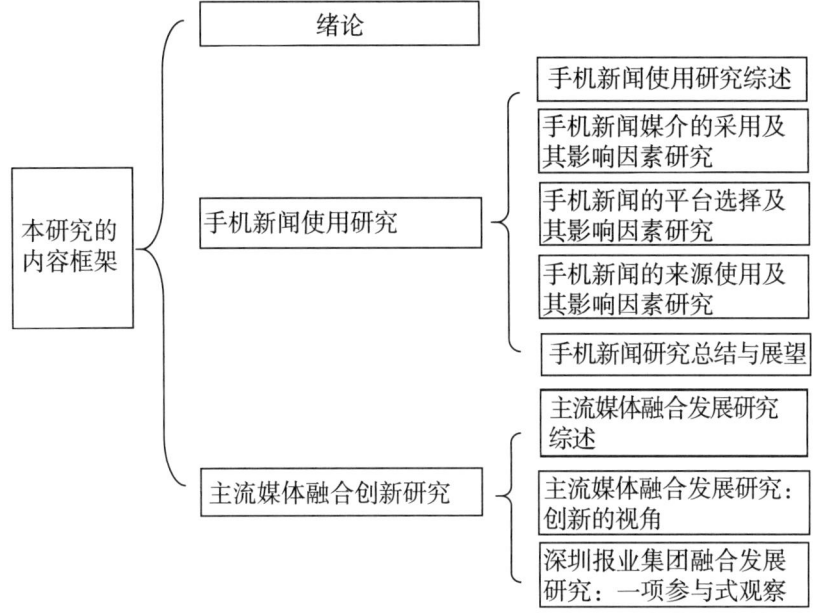

图 1-1　研究内容框架图

第五节　研究方法

一、定性实证研究

（一）文献分析法

本研究对国内主流媒体典型案例的相关文献进行非结构式定性分

析。本研究选取《人民日报》、上海报业集团、浙江报业集团和郑州报业集团进行文献收集，具体文献包括上述主流媒体管理者与新闻从业者的公开讲话、研究论文、新闻报道等。

（二）参与观察法

本研究对深圳报业集团进行了一年多的田野式观察，深入了解其融合发展的理念规划、组织架构调整、新技术采用、新媒体制度建设、从业者心态及行为等，记录并整理了大量的资料信息，为探究媒体融合发展策略提供了扎实基础。

（三）深度访谈法

为了更有效地认识和把握吸引国内手机用户新闻使用的平台特征和服务要素，本研究采用了深度访谈方法（该方法已被广泛用于探索性研究中），访谈对象包括新闻传播与市场营销等学科的专家、新闻机构从事手机新闻产品运营的管理者、有丰富手机新闻使用经验的用户等。

二、定量实证研究

（一）时间日志法

时间日志法用于收集受访者的时间利用信息。尽管样本要求（如耐心和配合）极高、回收率低，但数据的有效性和丰富性足以令研究者为之一试。本研究中，受访者需要记录他们在某一工作日 24 小时内的新闻媒介使用情况。

（二）问卷调查法

问卷调查法通过询问受访者对于测量题项的看法获得一手数据资

料。本研究在已有文献和深度访谈的基础上设计变量量表，前期采用小范围样本的前测修订量表，随后大规模地正式投放问卷，收集手机新闻使用的相关经验数据。由于研究经费有限，导致样本选择差异（年轻上班族 vs 高校学生），因此本研究采用两份调查问卷：一份考察媒介使用；另一份考察平台和来源使用。

（三）数据分析法

本研究采用的数据分析方法包括描述性统计分析、方差分析、因子分析、相关分析、多元回归分析和结构方程分析。具体来说，主要运用 SPSS 17.0 和 Smart PLS 2.0 两种软件来检验相关假设和模型。

第六节　研究的主要创新点

结合企业管理学、媒介经济学、消费者行为学和传播学方面的相关理论，本研究从媒体和用户两个视角对手机新闻的兴起与媒体融合创新做了全面系统的考察和研究。本研究的创新点主要有以下几点：

一、从组织创新视角研究主流媒体融合

虽然媒介融合的研究已超过 10 年历史，但媒体融合的研究最近几年才引起学者的关注。自 2014 年媒体融合上升为国家战略后，新闻传播学界开始对主流媒体的融合发展进行了大量的追踪调查和思考，出产了媒体融合年度报告等诸多有价值的成果，包括融合现状、模式、效果等，但从组织管理视角尤其是组织创新视角对主流媒体进行的研究仍处于缺乏状态。本研究从组织创新的视角对主流媒体融合创新发展现状和过程做了分析并提出了相应的策略建议。

二、以田野调查的方法研究主流媒体组织的融合行为

本研究以深圳报业集团为个案做了长达一年多的田野调查，详细了解其融合发展的理念规划、组织架构调整、新技术采用、新媒体制度建设、从业者心态及行为等，记录并整理了大量的资料信息，这将为理解当前的媒体融合发展情况提供重要的依据，并为相关策略和建议提供扎实的基础。

三、基于媒介竞争的生态位理论框架研究手机新闻媒介的采用及影响因素

虽然已有国外学者分析了手机新闻使用（时间、地点和内容）对于其他媒介的冲击和影响，但传播技术的飞速发展使我们必须进行及时的跟踪研究，以了解手机在整个新闻媒介生态中的变动。此外，国内外的互联网新闻信息管理政策和新闻媒体发展水平上的差异，也需要我们对国内手机新闻的生态竞争给予关注。

更为重要的是，从媒介竞争的生态位视角系统探讨手机新闻媒介采用的研究仍很缺乏。本研究从满足机会和满足—效用两个维度对手机新闻媒介采用（主要考察使用时间维度）的原因做了分析。

四、基于平台选择集合框架研究手机新闻平台的选择及影响因素

媒介选择集合理论多用于个人对不同新闻媒介选择行为的研究中。本研究将这一理论拓展到平台集合选择上，分析用户对不同手机新闻平台的选择行为。在国内，微博、即时通信工具（以微信为代表）、新闻资讯类应用软件（App）和浏览器等为手机新闻的传播提供了广泛的平台。本研究考察了用户对不同手机新闻平台的选择行

为，并从平台因素、产品因素和用户因素等多方面分析了这些平台选择背后的影响因素。

五、基于社会影响因素构建模型来研究手机新闻的来源使用及影响因素

消费者行为学领域已经对品牌使用及忠诚等做了大量研究，传播学界也对新闻媒体（来源）使用的影响因素（主要是满意度、用户经验）形成了较为一致的看法。随着社会化媒体的蓬勃发展，更多的社会影响因素参与了手机新闻的来源选择和使用，但这方面的研究严重缺乏。本研究采用 S-O-R 框架，构建了社会影响因素和服务质量因素对手机新闻来源使用影响机理的整合模型，其中也纳入了用户契合这一适合互联网时代的变量作为用户忠诚的前因变量。

第二章
手机新闻使用文献综述

手机新闻使用是发生在手机媒介上的新闻使用。因此，在整理手机新闻使用的相关文献之前，首先要对新闻使用、新闻媒介使用、新闻媒体机构使用和手机媒介传播进行相关的文献梳理。

第一节　新闻使用研究综述

新闻在社会发展中的作用不言而喻，这也是新闻使用研究的意义所在。传播学界对于影响新闻使用的因素进行了重点探讨，其中，有关人口统计学变量、动机、新闻内容特征等因素的讨论最多。

研究者一直关注人口统计学变量对各类新闻使用的影响，涵盖了报纸[1]、网络新闻[2]、手机新闻[3]等因素。他们的结论也基本一致：年龄和受教育水平对新闻使用具有正向影响，中老年和具有较高教育层次的人群使用更多媒介和花费更多时间获取新闻，且更多关注政治、公共事件报道与本地新闻。职业等变量对新闻使用的影响显著性较低或结论不一致。

研究者对新闻使用中的动机因素给予了极大的关注。这些研究几乎全都依循"使用与满足理论"框架，这一理论从受众视角解释了使用

---

[1] BURGOON, J K, BURGOON M. Predictors of newspaper readership [J]. Journalism quarterly, 1980, 57(4): 589–596.

[2] ALTHAUS S L, TEWKSBURY D. Patterns of Internet and traditional news media use in a networked community [J]. Political communication, 2000, 17 (1): 21–45.

[3] OSCAR WESTLUND. From mobile phone to mobile device: news consumption on the go [J]. Canadian journal of communication, 2008, 33(3): 443–63.

不同媒介寻求满足的社会和心理根源。斯通（Stone）认为，民众不会去关注对他们而言没有价值的信息，只会在有价值的媒介内容中做出选择，即使这个价值只是一点点暂时的快乐。[1] 研究整理发现，受众使用新闻来满足以下四个方面的需求：（1）信息需求，即认知、了解世界动态和关注政府运行等[2]；（2）意见需求，即个人意见的确认和放弃[3]；（3）娱乐需求，即放松和娱乐[4]；（4）社交需求，即更好地与别人交流[5]。在四大需求中，信息需求被证实为人们使用新闻的最主要动机。[6]

新闻内容特征也是影响新闻使用的重要因素。尽管新闻媒体机构一直声称为受众服务，但研究显示，媒体从业者与受众之间关于哪些新闻值得关注仍存在较大差异。媒体记者偏爱硬新闻，受众更喜欢软新闻，[7] 而受众偏好对网络新闻内容设置的影响也非常弱。[8] 根据皮卡

---

[1] GERALD STONE. Examining newspapers: what research reveals about newspapers [M]. Newbury Park, CA: Sage, 1987.

[2] ARVIND DIDDI AND ROBERT LAROSE. Getting hooked on news: uses and gratifications and the formation of news habits among college students in an Internet environment [J]. Journal of broadcasting & electronic media, 2006, 50(2): 193–210.

[3] GARRETT R K. Echo chambers online? politically motivated selective exposure among Internet news users [J]. Journal of computer-mediated communication 2009, 14(2): 265–285.

[4] RUBIN A M. Ritualized and instrumental television viewing [J]. Journal of communication, 1984, 34(3): 67–77.

[5] PHILIP PALMGREEN, RAYBURN J D. Uses and gratifications and exposure to public television: a discrepancy approach [J]. Communication research, 1979, 6 (2): 155–179.

[6] HASTALL M R. Informational utility as Determinant of Media Choices [M]//Media choice: a theoretical and empirical overview. NY: Routledge, 2009.

[7] BOCZKOWSKI P J, PEER LIMOR. The choice gap: the divergent online news preferences of journalists and consumers [J]. Journal of communication, 2011, 61(5): 857–876.

[8] LEE A M, LEWIS S C, POWERS MATTHEW. Audience clicks and news placement: a study of time-lagged influence in online journalism[J]. Communication research, 2012, 41(4): 505–530.

德（Picard）关于媒体机构创造新闻经济价值的观点——媒体机构通过新闻内容的生产、新闻内容的组织和呈现两种方式实现其经济价值，[①]李（Lee）和齐（Chyi）重新界定了新闻内容价值的评价标准：相关（Relevant）和有趣（Interesting）。实证结果显示，这两个新闻内容要素对新闻使用的影响要大于年龄等人口学因素。[②]

在总结归纳新闻使用影响因素文献的基础上，2014 年，李（Lee）和齐（Chyi）构建了动机消费模型（Motivational Consumption Model），探讨公众使用新闻的心理结构。该模型整合了理性行为模型（Reasoned Action Model）和使用与满足理论，加入了新闻观念（News Beliefs）、动机（News Motivation）和态度（News Attitude）等变量来解释年龄和受教育程度这两个人口统计学变量对新闻使用（News Consumption）的影响机理。[③] 模型如图 2-1 所示。

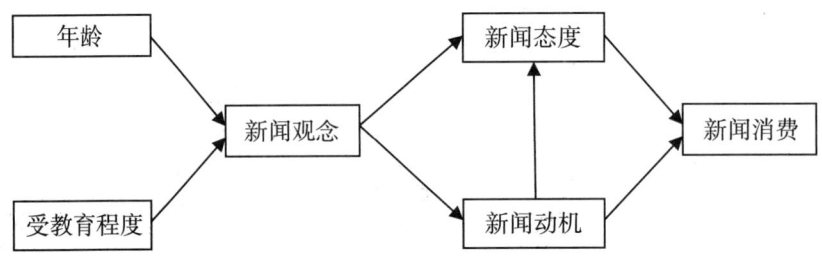

图 2-1　新闻的动机消费模型（Lee & Chyi, 2014）

---

① PICARD R G. Journalism, value creation and the future of news organizations [M]. Boston: Harvard University, 2006.

② LEE A M, CHYI H I. When newsworthy is not noteworthy [J]. Journalism studies, 2014, 15(6): 807–820.

③ LEE A M, CHYI H I. Motivational consumption model: exploring the psychological structure of news use [J]. Journalism & mass communication quarterly, 2014, 91(4): 706–724.

其中，新闻观念指公众对新闻在价值（Value）方面的整体看法，包括两个方面：新闻是有重要意义的；新闻可以赋予公众力量。新闻动机主要指信息需求，包括了解世界上发生了什么重大事件，关注政府行为，成为一个见多识广的公民，获得重要的新消息，满足知情需要等。新闻态度反映了公众消费新闻时功利价值和享乐价值的感知程度，包括两个方面：获取新闻是愉快的；获取新闻是有利的。

由 1143 个美国成年人组成调查对象的网络样本调查结果显示：新闻观念、动机和态度在年龄和受教育程度对新闻使用的影响中起调节作用。该模型对新闻使用的解释力达到 23.8%，而大多数使用与满足理论的解释力不到 10%。

第二节　新闻媒介使用研究综述

媒介是承载内容的载体。已有文献对影响新闻媒介使用的因素进行了大量的探讨，并取得了一系列重要成果。

在动机与媒介使用的关系研究中，使用与满足理论占据核心地位。默西（Mersey）指出，使用与满足理论认为个人使用媒介去满足他们的需求，在个人对不同媒介和内容的使用心理期望和动机研究中发挥了重要作用。具有自我意识的、能够寻求和选择信息的积极受众是该理论的前提。[①]

期望价值（Expectancy Value）作为影响媒介使用的前因变量已被证实。帕尔姆格林（Palmgreen）和雷伯恩（Rayburn）将社会心理学中的期望价值理论（Expectancy Value Theory）引入媒介使用研究

---

① MERSEY R D. Can journalism be saved? rediscovering america's appetite for news [M]. Santa Barbara, CA: Praeger. 2010.

中，认为受众对媒介的使用、使用意向和态度由两方面决定：一是期望，即对媒介具备的独特属性和媒介使用结果的可能性认知；二是评估，即媒介使用后对属性等特征的正面或负面感觉。他们发现，电视新闻的满足获得确实会受到媒介产品感知与评价的影响。[①] 巴布罗（Babrow）和斯旺森（Swanson）发现，对媒介评估后的看法会影响受众获得的满足，包括信息寻求、社会交往和娱乐方面。[②] Leung 和 Wei 分析了无线寻呼机的新闻使用，指出对寻呼机作为新闻传播媒介的期望会显著影响使用水平。[③]

满意度（Satisfaction）在媒介使用中的作用受到大多数人的认可。雅各布斯（Jacobs）指出，满意度是对媒介产品和服务的使用来说最有效的预测变量，并且对媒体机构经济价值的实现具有核心作用，因为满意程度高的受众更倾向于保持忠诚。[④] 实证研究发现，满意度对各媒介使用具有显著影响，包括报纸、[⑤] 有线电视、[⑥] 互联网[⑦] 等。有研究者指出，受众的不满意水平，比媒介使用频率和媒介重要

[①] PALMGREEN P, RAYBURN J. Gratifications sought and media exposure–an expectancy value model [J]. Communication research, 1982, 9(4): 561–580.

[②] BABROW A S, SWANSON D. Disentangling the antecedents of audience exposure levels – extending expectancy-value analyses of gratifications sought from television news [J]. Communication monographs, 1988, 55(1): 1–21.

[③] LEUNG L, WEI R. Seeking news via the pager: an expectancy-value study [J]. Journal of broadcasting & electronic media, 1999, 43(3): 299–315.

[④] JACOBS R D. Evaluating customer satisfaction with media products and services: an attribute-based approach [J]. European media management review, 1999(32): 11–18.

[⑤] BURGOON J K, BURGOON M. Predictors of newspaper readership [J]. Journalism quarterly, 1980, 57(4): 589–596.

[⑥] LAROSE R, ATKIN D. Satisfaction, demographic, and media environment predictors of cable subscription [J]. Journal of broadcasting & electronic media, 1988, 32(4): 403–413.

[⑦] PAPACHARISSI Z, RUBIN A M. Predictors of Internet use [J]. Journal of broadcasting & electronic media, 2000, 44(2): 175–196.

性感知能更好地预测受众对于媒介的负面使用意向。①

相对优势（Relative Advantage）是影响新媒介使用的关键因素，这一点已被证实。作为创新扩散的重要条件之一，②相对优势在以互联网为载体的网络新媒介使用中也获得了支持。③相对优势主要包括三个部分：内容、技术和成本优势。④内容优势体现在内容的数量和质量上。研究发现，内容质量对于手机电视的使用、⑤内容无限性对于网络媒介的使用⑥具有重要影响。技术优势能促使受众更多地使用某种新媒介。已有研究指出，在线报纸提供的互动和多媒体内容，如论坛、搜索、链接、实时更新和音视频等，能够帮助其在与纸质报纸的竞争中取得优势地位（Chyi & Sylvie, 2000）。⑦成本优势体现在使用价格上。研究发现，网络平台的低成本对于电影观看具有重要影响，⑧此外，网络新媒介带来的搜寻成本下降也对使用具有显著效果。

---

① PINKLETON B E, AUSTIN W E. Exploring relationships among media use, frequency, perceived media importance, and media satisfaction in political disaffection and efficacy [J]. Mass communication & society, 2002, 5(2): 141–163.

② LI S C. Exploring the factors influencing the adoption of interactive cable television services in Taiwan [J]. Journal of broadcasting & electronic media, 2004, 48 (3): 466–483.

③ LIN C A. Audience attributes, media supplementation, and likely online service adoption [J]. Mass communication and society, 2001, 4 (1): 19–38.

④⑤ JUNG Y, BEGONA P M, SONJA W P. Consumer adoption of mobile TV: examining psychological flow and media content [J]. Computers in Human behavior, 2009, 25 (1): 123–129.

⑥ SIMON D H, KADIYALI V. The effect of a magazine's free digital content on its print circulation: cannibalization or complementarity? [J]. Information economics and policy, 2007, 19 (3–4): 344–361.

⑦ CHYI H I, SYLVIE G. Online newspapers in the U.S.: perceptions of markets, products, revenue, and competition [J]. International journal on media management, 2000, 2 (2): 69–77.

⑧ JIYOUNG CHA. Determinants of the use of video-sharing websites: an exploration of perceptions, substitutability, and service evaluation factors. Paper presented at the International Communication Association Conference, Montreal, Canada, 2008.

媒介使用习惯和偏好也对新媒介的使用有一定影响。拉罗斯（LaRose）和伊斯汀（Eastin）指出，尽管使用与满足理论认为受众具有主动性，但媒介习惯的作用不可忽视。除非日程发生改变，个人的媒介使用会一直持续下去。① 已有研究发现网络新闻媒介的使用和传统新闻媒介的使用存在补充关系，且这种关系在重度新闻用户中表现得更加明显。② Chan 和 Leung 认为，技术之间基础设施的共享和功能交叉相比媒介属性和生活方式的匹配性更容易产生媒介使用上的技术聚合（Technology Cluster）。③

第三节 新闻媒体机构的使用研究综述

怎样才能在大批竞争者中脱颖而出，获得读者/听众/观众/用户的使用协议？这不仅是新闻传媒机构一直关心的问题，而且也是新闻媒介产业研究者的关注重点。

研究发现，满意度是传媒机构间竞争的关键因素，④ 构成媒介市场

---

① ROBERT LAROSE, MATTHEW EASTIN. A Social cognitive theory of Internet uses and gratifications: toward a new model of media attendance [J]. Journal of broadcasting & electronic media 2004, 48 (3): 358–377.

② AN NGUYEN, MARK WESTERN. The complementary relationship between the Internet and traditional mass media: the case of online news and information [J]. Information research, 2006, 11(3).

③ CHAN J K, LEUNG L. Lifestyles, reliance on traditional news media and online news adoption [J]. New media & society, 2005, 7 (3): 357–382.

④ MALTHOUSE E C, OAKLEY J L, CALDER B J, IACOBUCCI D. Customer satisfaction across organizational units. Media Management Center, 2003, http://www.mediamanagementcenter.org/research/customersatisfaction.pdf.

评价的重要部分。① 因此，研究者纷纷建立满意度评价模型来测量受众对某个传媒机构的认可程度。大众传播时代，基于媒体质量相关指标，如内容质量、编辑质量、广告质量、印刷 / 画面质量、发行 / 平台质量等构建的报刊和电视满意度模型较为常见。② 在网络环境下，互动质量也被列入满意度评价的基础指标。Chung 和 Nah 发现互动性对新闻网站的满意度有明显影响；③ Yoo 发现在线报纸相比印刷报纸的独有特征是提供社交动机的满足，而读者参与新闻生产与传播过程能够促使其继续使用。④

使用经历（Experiences）在传媒机构选择中的作用渐渐进入研究者的视野。考尔德（Calder）和默特豪斯（Malthouse，2004）认为，使用经历反映了传媒机构的内容与受众日常生活间的交互关系，他们采用量化和质化结合的方法获得了 44 种读者经历，并对随机选出的 101 家日报进行读者经历的比较，发现多种读者使用经历对报纸的选择和阅读具有显著影响。⑤ 进一步地，该团队引入接触经验（Engagement）概念，即读者所具有的报纸品牌使用累积经历或报纸品牌与读者日常生活的契合程度。研究证实了接触经验对报纸阅读的影响大于满意度，且满意度在接触经验与报纸阅读的关系中起部分中介作用。⑥

---

① 赵彦华. 媒介市场评价研究——理论、方法与指标体系 [M]. 北京：新华出版社，2004.
② 王彪，赵嘉颖."双因素"理论与报业受众满意度研究 [J]. 青年记者，2007(5): 57-58.
③ CHUNG D S, NAH S. The effects of interactive news presentation on perceived user satisfaction of online community newspapers [J]. Journal of computer-mediated communication, 2009,14 (4): 855–874.
④ YOO C Y. Modeling audience interactivity as the gratification-seeking process in online newspapers [J]. Communication theory, 2011, 21(1): 67–89.
⑤ CALDER B J, MALTHOUSE E C. Qualitative media measures: newspaper experiences [J]. International journal on media management, 2004, 6(1–2): 124–131.
⑥ MERSEY R D, MALTHOUSE E C, CALDER B J. Focusing on the reader: engagement trumps satisfaction [J]. Journalism & mass communication quarterly, 2012, 89(4): 695–709.

第四节　手机媒介与传播研究综述

手机媒介尤其是手机的普及速度极其迅猛，在不到半个世纪的时间里，手机用户数量已与全球人口总数相当。

手机媒介正在建立一种新的社会联系方式。作为与社会联系的重要入口，手机媒介在早期甚至就已被赋予某种神秘而超强的力量。[①] 事实上，为那些缺乏社会交往的人提供即时的群体性身份认证，是手机媒介所具备的一项独特的社会性价值。[②]

手机媒介也在塑造着新的人类传播方式。手机传播导致了传统上以大众传播媒体为主导的一对多传播模式走向衰弱，而用户作为传播者和接受者的双重角色大大强化。Wei 认为，手机传播从两方面对大众传播时代发起了正面挑战：一是智能手机普及会创建和维持用户之间的社会网络，产生"手机网络即社会网络"的图景，将人、群体、组织和社区连接起来；二是手机之间会形成手机连接，使身处不同地点的人们在任何时间实现实时联系。[③]

手机媒介不仅具有新媒介的数字化特征，也具有携带和使用方便这个其他媒介无法比拟的优势，能够深刻地影响人类的传播活动。[④] 凭借众多的用户基础和技术特征，基于手机媒介的传播最显著的特征有两点：一是 24/7 体验与永久连接，即 7 天 24 小时不间断在线体验，

[①] KATZ J E. Mobile media and communication: some important questions [J]. Communication monographs, 2007, 74(3): 389–394.

[②] WEI R, LO V. Staying connected while on the move: Cell phone use and social connectedness [J]. New media & society, 2006, 8(1): 53–77.

[③] WEI R. Mobile media: Coming of age with a big splash [J]. Mobile media & communication, 2013, 1(1): 50–56.

[④] 匡文波. 颠覆传媒——手机：新时代的电脑和器官 [M]. 北京：华夏出版社，2013.

指手机媒体用户可以不间断地通过与社会和个人进行联系,获得前所未有的永久性超级链接。[1] 每当重大突发事件发生时,新闻机构、现场目击者和经历者等发布的即时动态能极大地促进事件的公开传播与舆论引导,这也可以解释众多的媒体机构为什么把它们的平台拓展到微博、微信等社会化媒体平台上。二是用户个人处于交互和参与的中心,借助手机媒体的即时便携性特征,用户能够随时记录、上传自己的所见所想。

Leung 和 Wei 指出,作为移动媒介代表的手机,不仅能够借由手机通话实现远程的实时联系,还将在信息传播上发挥重要作用。[2] 在媒介融合的大背景下,手机媒介可以作为一种新的互联网接入方式,实现个人化的、精准化的信息传播。Wei 等人发现,通过社交媒体公众号关注新闻和从媒体机构站点获取新闻一样普遍。用户不再满足于简单地获取站点新闻,还会关注社交网站的媒体机构和记者公众号、新闻博客和日志等。[3]

第五节 手机新闻使用研究综述

手机新闻的使用研究自 2008 年开始引起学者重视,这与手机新闻

---

[1] RICE R E, HAGEN I. Social connectivity, multitasking, and social control: US and Norwegian college students' use of Internet and mobile phones. Paper presented to the International Communication Association, May, San Francisco, 2007.

[2] LEUNG L, WEI R. More than just talk on the move: uses and gratifications of the cellular phone [J]. Journalism & mass communication quarterly, 2000, 77 (2): 308-320.

[3] WEI R, LO V I, XU X, CHEN Y K, ZHANG G. Predicting mobile news use among college students: the role of press freedom in four Asian cities [J]. New media & society 2013, 16(4): 637-654.

终端（如 iPhone 发布）和手机通信技术（3G、4G）的发展密不可分。2011 年的国际传播学会年会 (Annual Conference of the International Communication Association) 上设立了单独单元讨论手机新闻。

已有的文献大致可分为三个方面：一是手机新闻用户行为研究，侧重调查分析用户的行为特征，如时间、地点、频率等；二是使用手机新闻的影响因素研究，包括动机、态度、人口统计学特征、媒介特征和文化国别等；三是多元新闻生态中手机新闻的使用及影响因素研究，涵盖了新闻媒介生态、手机新闻平台生态和手机新闻来源生态。

一、手机新闻用户行为研究

腾讯科技联合中国人民大学新闻学院发布的《移动媒体趋势报告：中国网络媒体的未来 2014》显示：近七成用户相比电脑更多地使用手机终端获取新闻资讯；超过 50% 的用户会在床上和卫生间浏览媒体信息，77.5% 的用户每天多次打开新闻客户端；安装后从未打开的仅有 0.7%。[①]

周懿瑾、吴暖暖对中国某知名品牌新闻客户端 2 万余名用户的调查发现，手机新闻客户端的典型用户特征为经济较发达地区的中青年男性、文化素质较高、月收入处于中上水平；用户的手机新闻阅读特征为阅读时间短、打开客户端频繁、阅读场合更加移动化和碎片化；参与评论跟帖的用户占到了四成以上，一成以上的用户是重度的评论者。[②]

---

① 腾讯网. 移动媒体趋势报告：中国网络媒体的未来 2014[EB/OL]. (2014–11–12) [2019-01-30]. http://tech.qq.com/a/20141112/048252.htm#p=1.
② 周懿瑾, 吴暖暖. 移动网民新闻阅读的特征、使用习惯及动机[J]. 新闻记者, 2013(10): 64–70.

二、使用手机新闻的影响因素研究

基于文献分析,现有研究主要从用户因素、媒介因素和文化国别因素三个方面来分析使用手机新闻的影响因素(见表2-1)。研究发现,用户对手机新闻的使用会受到多种因素的影响。其中,用户因素主要包括用户的性别、年龄、受教育程度、收入、个人创新性特质、个人积极性特质、以往媒介使用经验、以往新闻媒介使用经验、新闻使用类型偏好、手机功能使用情况、手机定位服务功能(Location-Based Services)的使用情况、科技设备拥有情况、手机使用动机、手机新闻使用动机、新闻态度、个人使用习惯等;新闻媒介因素主要包括新闻服务的获取成本(价格)、媒介相对优势、易用性、有用性、新闻期望价值、媒介期望价值等;文化因素主要包括国别、新闻自由度等。

表2-1 使用手机新闻的影响因素研究文献汇总

研究者	时间	因变量	用户因素	新闻媒介因素	文化因素	样本
Wei1	2008	是否使用手机新闻	手机使用动机、手机功能使用情况、年龄	——	——	208个随机样本
Westlund2	2010	是否使用手机新闻	年龄、性别	成本、有用性	日本、瑞典	3264个样本
Li3	2011	使用手机新闻的频率、时间	年龄、性别、受教育程度、收入、个人积极性、个人创新性、新闻态度、新闻使用习惯	——	——	1408个随机样本
Chan-Olmsted et al.4	2012	使用手机新闻的频率、时间和经验,手机新闻服务的付费意愿	以往媒介使用经验、以往新闻媒介使用经验、新闻使用类型偏好	媒介相对优势(内容优势、成本优势、技术优势和手机终端特征)、易用性、有用性		384名大学生

续表

研究者	时间	因变量	用户因素	新闻媒介因素	文化因素	样本
Wei et al.5	2013	使用手机新闻的频率、关注手机社交网站新闻的频率	年龄、性别、智能手机拥有情况、新闻媒介使用情况、手机功能使用情况	新闻期望价值、媒介期望价值	中国的上海、香港、台湾以及新加坡	3538名大学生
Weiss6	2013	是否使用手机新闻	年龄、科技设备拥有情况、手机定位功能使用	——	——	1989名大学生

三、多元新闻生态中手机新闻的使用及影响因素研究

首先，在多元的新闻媒介生态中，手机媒介与其他媒介既有竞争也有合作。体现在研究框架方面，前者采用媒介生态位理论，后者采用媒介选择集合理论。

迪米克（Dimmick）等人利用时间—地点日志法的调查发现，各类新闻媒介在使用时间、地点和内容上存在显著区别。手机在除了早晨和晚上的其余时间段具有明显优势，且在移动状态时处于完全主导地位；电视在晚上和深夜时段有明显优势，且集中于一般新闻和天气新闻；报纸在早晨时段的体育新闻和一般新闻使用上有明显优势；台式机和笔记本一般用于工作时段的新闻使用；广播则主要用于早晚上下班开车时的新闻使用。①

另一方面，Yuan 在中国的研究发现，民众倾向于从多个媒介获取新闻，其中，17.3% 的人选择用手机看新闻，而电视、报纸和电脑

---

① DIMMICK J, FEASTER J C, HOPLAMAZIAN G J. News in the interstices: the niches of mobile media in space and time [J]. New media & society, 2010, 13 (1): 23–39.

是三种最常使用的媒介。如何选择并组合这些媒介，有赖于用户对新闻的兴趣、媒介可得性和可信度的评价。新闻的兴趣和媒介可得性越高，用户的新闻使用时间就越长，越会选择更多媒介获取新闻，而可信度是衡量媒介被选择的关键因素之一。① 沃尔夫（Wolf）和雪纳伯（Schnauber）的研究显示，对手机技术相关特征（随时使用、随地使用、永久在线、适应环境需求、适应兴趣需要）重要性的评估会对用户选择媒介产生显著影响。这些特征越重要，用户就越会选择手机终端获取新闻，电脑次之，传统媒介排在后面。②

其次，在多元的手机新闻平台生态中，新闻客户端的发展势头迅猛，但这种专属的手机新闻应用是否替代了原有的手机新闻网页呢？对此 Xu 等人首次做了探索。他们对福克斯新闻（Fox News）App 发布后对福克斯手机新闻网页的影响做了实证研究。结果显示，两者为促进关系而非替代关系，且这种关系在对特定新闻内容偏好、具有明确政治倾向和更少时间限制的人群中更明显。③

再次，在多元的手机新闻来源生态中，国内外出现了明显差异。针对德国样本的调查发现，用户对传统新闻机构提供的手机新闻服务青睐有加。在用户最常使用的 3 个手机新闻来源中，传统新闻机构创办的新闻 App、手机新闻网站或其他平台服务占据了 61% 的份额，远远超过互联网机构 32%、手机互联网机构 6% 的份额（Wolf

---

① YUAN E. News consumption across multiple media platforms [J]. Information, communication & society, 2011, 14(7): 998–1016.
② WOLF C, SCHNAUBER A. News consumption in the mobile era [J]. Digital journalism, 2014, http://dx.doi.org/10.1080/21670811.2014.942497
③ Xu J, Forman C, Kim J B, Ittersum K V. News media channels: complements or substitutes? Evidence from mobile phone usage [J]. Journal of marketing, 2014, 78 (7): 97–112.

& Schnauber, 2014）。① 中国的情况则是另一番景象。艾媒咨询发布的《2013年中国手机新闻客户端市场研究报告》显示，搜狐新闻、腾讯新闻和网易新闻客户端的活跃用户分列前三名，分别为31.2%、29.4%和27.6%。② 可以看出，商业门户网站开发的手机客户端在用户份额上占有主导地位，传统新闻机构仍面临较强的竞争压力。

第六节 小结

已有研究发现，用户因素（人口统计学变量、观念、态度、动机等）和新闻内容因素（有用性、期望价值等）会对新闻使用产生影响，而手机媒介可以为用户带来7/24体验和参与的主导地位。两者结合后，手机新闻使用影响因素的研究也主要是从用户、内容和媒介三方面展开的。这些研究对理解手机新闻在使用中的特征和优势有重要意义。

但是，正如前文所言，这些研究基本围绕手机新闻媒介本身，很少将整个新闻生态发生的深刻变化纳入考量范围。尽管迪米克和其他学者发现了手机新闻媒介与其他媒介之间的竞争与共存，但对于用户采用手机媒介获取新闻影响因素的探究仍仅停留在可信度和媒介技术特征方面。因此，我们亟须从更多维度来系统考察手机新闻使用的影响因素。

另一方面，手机新闻的平台和来源使用开始引起研究者的兴趣。

---

① WOLF C, SCHNAUBER A. News consumption in the mobile era [J]. Digital journalism, 2014, http://dx.doi.org/10.1080/21670811.2014.942497
② 艾媒网. 2013年中国手机新闻客户端市场研究报告[EB/OL].（2014-03-03）[2019-01-30]. http://www.iimedia.cn/37080.html

尽管这些研究的出现已经令人欣喜，但社交网络对手机新闻使用的影响仍未得到应有的重视。实际上，社交网站已成为现阶段获取新闻的重要平台，社交网站上的信息交流，尤其是他人的评论和推荐信息，越来越受到用户的关注。因此，我们亟须考察手机新闻平台和来源使用影响机制的更多研究。

第三章

手机新闻媒介的采用及影响因素研究

新闻生态正在发生急剧变化。手机新闻对其他媒介造成替代了吗？为什么用户会更多地从手机上获取新闻？显然，这都是新闻学界和业界非常关注且亟待解决的问题。

事实上，一种新媒介出现引发的媒介生态变化，一直都是学者研究的热点。从广播、电视到互联网，关于媒介间相互替代与补充关系的争执从未停歇，"媒介中心派"（Medium-Centric Approach）与"用户中心派"（User-Centric Approach）由此产生。前者强调媒介技术特征的关键作用，倾向于新媒介的替代效应；后者认为媒介使用者的需求获得满足最为重要，受众使用多种媒介满足某一类需求表明不同媒介间的互补关系。

然而，媒介技术特征与受众需求满足之间不是简单对立的关系。对媒介技术特征有一定了解的受众根据自身需求和期待来判断评价并使用特定媒介，只有更好、更有效地实现已有媒介功能的新媒介才会产生替代作用，出现使用时间上的替代效果。[①]

具体到新闻媒介（媒介的功能之一），目前所能找到的对于手机新闻对其他媒介时间替代的研究只有 1 篇，使用了时间地点日志法，研究样本来自美国，[②]且尚未发现针对中国本土的手机新闻对其他媒介替代主题的研究。

在新闻媒介使用的影响因素方面，创新扩散模型、技术接受模型

[①] DEFLEUR, M, BALL-ROKEACH, S. Theories of mass communication [M]. New York: Longman. 1982.

[②] DIMMICK J, FEASTER J C, HOPLAMAZIAN G J. News in the interstices: the niches of mobile media in space and time [J]. New media & society, 2010, 13 (1): 23–39.

被广泛应用。Chan-Olmsted 等人在整合上述两个模型的基础上加入媒介和新闻使用偏好等变量解释受众的手机新闻使用行为，解释力最高达到 45%。[①] 满足—效用和满足机会等生态位宏观维度也被用于理解不同新闻媒介的竞争性使用，其中迪米克等人采用满足机会维度证实了互联网新闻对报纸和电视的竞争性优势，且只此一种维度的解释力高达 70%。[②] 根据文献回顾，目前还没有手机新闻对其他媒介尤其是桌面互联网竞争性使用的生态位解释的研究。

因此，本章将基于媒介生态位理论，从满足维度解释手机新闻对其他媒介时间替代效应的产生机制。

第一节 新媒介采用理论综述

新媒介能否被采纳使用，是关乎其生存发展的关键问题。为了理解用户对新信息传播技术（Information and Communication Technologies，简称 ICTs）的采用机理，学者们进行了大量研究。其中，最被广泛认可的是三种理论：创新扩散理论、技术接受模型和媒介生态位理论。手机新闻媒介的采用可以视为手机新闻这一新事物被接受和扩散的过程，且这一过程是伴随与其他新闻媒介的竞争共存的。

[①] CHAN-OLMSTED S, RIM H, ZERBA A. Mobile news adoption among young adults: examining the roles of perceptions, news consumption, and media Usage [J]. Journalism & mass communication quarterly, 2012, 90(1): 126–147.

[②] DIMMICK, J W, CHEN Y, LI, Z. Competition between the Internet and traditional news media: the gratification-opportunities niche dimension [J]. The journal of media economics, 2004, 17(1): 19–33.

一、创新扩散理论

罗杰斯（Rogers）于 1962 年提出了创新扩散理论（Innovation Diffusion Theory，简称 IDT）。在研究多个案例的基础上，这位传播学者考察了创新扩散的过程，解释了人们为什么会采纳创新。他认为采纳或者拒绝一项创新会受到以下四个方面的影响：一是采纳者的个人特征；二是社会经济影响；三是人际沟通和大众媒介的使用；四是对此项创新特征的认知。

其中，创新特征主要表现为以下五个方面：（1）相对优势（Relative Advantage），指相比现存的替代品优越的程度；（2）相容性（Compatibility），指与潜在接纳者现在的需求、价值观和以往实践相适应的程度；（3）复杂性（Complexity），指被了解或被使用的难易程度；（4）可试性（Trialability），指某些特定环境中能够被试验或尝试的可能性；（5）可观察性（Observability），指利益或属性能够被潜在接纳者观察、想象或描述的容易程度。总体来说，如果某些技术被认为具备较强的相对优势，相容性好，可试性高，同时也不复杂，那么这些技术相比其他技术的采用速度将会快很多。[①]

二、技术接受模型

戴维斯（Davis）于 1986 年提出了技术接受模型（Technology Acceptance Model，简称 TAM），他不仅指出了影响用户接受 ICTs 的关键因素，还估计了这些因素的相对重要性。

TAM 模型是在理性行为理论（Theory of Reasoned Action，简称

---

① ROGERS E M. Diffusion of innovations [M]. New York: Free Press. 1995.

TRA）和计划行为理论（Theory of Planned behavior，简称 TPB）的基础上整合而成的，对影响用户使用信息或媒介系统行为意愿的因素进行了探究，提出了两个关键变量——感知有用性（Perceived Usefulness，简称 PU）和感知易用性（Perceived Ease of Use，简称 PEU），以及这两个变量与用户态度、行为意向和实际使用之间存在的因果关系。"感知有用性"指个人对使用特定 ICT 提升工作效率的主观判断；"感知易用性"指个人对使用特定 ICT 容易程度的评价。除此之外，诸如系统设计、用户特征、任务特征、组织结构等外部变量也对用户的技术接受有显著影响，且这种影响受到感知有用性和感知易用性的中介作用。①

在 TAM 模型中（如图 3-1 所示），使用行为由使用意愿决定，使用意愿由态度和感知有用性决定。更进一步来说，态度由感知有用性和感知易用性决定，而感知有用性也受到感知易用性的影响。

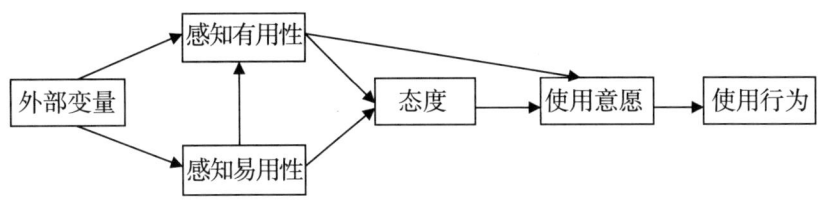

图 3-1　技术接受模型（Davis et al.）

尽管后来戴维斯添加了主观规范、形象、工作相关性等变量构建了 TAM2 等更加全面和有解释力的模型，但 TAM 模型本身的简洁性和可扩展性使其不仅成为解释新 ICT 接受方面最有影响力的模型，也

---

① DAVIS F D, BAGOZZI R P, WARSHAW P R. User acceptance of computer technology: a comparison of two theoretical models [J]. Management science, 1989, 35(8): 982-1003.

被认为是信息系统规划方面非常有价值的工具。①

三、媒介生态位理论

迪米克将生态位理论引入媒介组织和传媒产业研究中，是媒介生态位理论的首倡者。他在权威期刊上发表了多篇围绕这一主题的论文，并在2003年出版了专著《媒介竞争与共存：生态位理论》(*Media Competition and Coexistence: The theory of Niche*)。生态位理论是用物种对资源的使用状况来解释生活在同一环境中的不同物种之间的竞争关系；媒介生态位理论则通过比较各媒介对资源维度的占有情况来解释不同媒体行业之间的竞争关系。②

其中，生态位（Niche）指一个单位（群体或个人）在多维空间中所占据的部分，表示其可掌控和使用的全部资源空间，而生态位属性主要通过资源维度（Resource Dimensions）来界定。对于传媒机构和传媒行业而言，媒介生态位主要有六个宏观维度：满足—效用（Gratification-Utility）、满足机会（Gratification Opportunity）、消费者时间支出、费用支出、广告投放以及媒体内容。③ 这六个资源维度共同组成了媒介竞争与共存空间的整体图景，而生态位宽度、重叠度和竞争优势的计算也分别在这些资源维度上进行。它们之间的关系如图3-2所示。

---

① TAYLOR S, TODD P A. Understanding information technology usage: a test of competing models [J]. Information systems research, 1995, 6(2): 144–176.

②③ DIMMICK J. Media competition and coexistence: the theory of the niche [M]. Mahwah, NJ: Lawrence Erlbaum Associates. 2003.

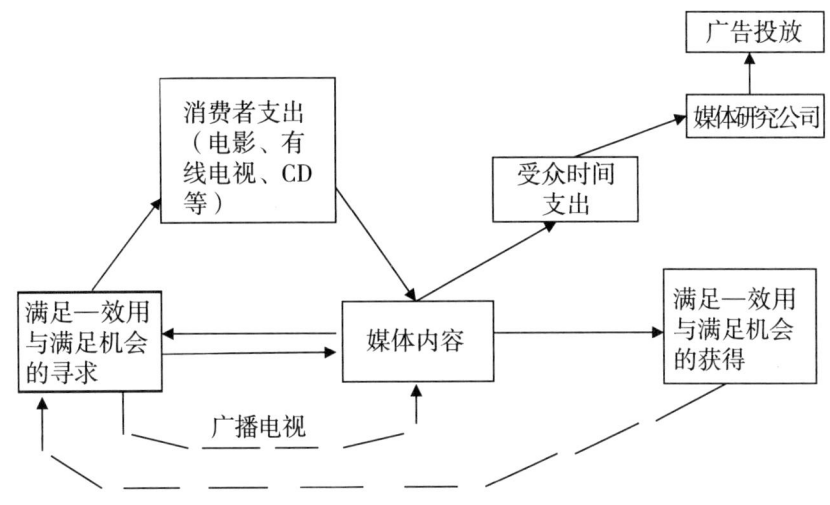

图 3-2　媒介生态位维度之间的关系 (Dimmick)

迪米克认为，新媒介相比旧媒介更多地被使用（替代效应）需要具备两个条件：一是生态位重叠，新媒介必须能够提供旧媒介所提供的大部分满足，即两者在满足维度上的相似性必须处于较高水平；二是生态位优势，即新媒介必须要优于旧媒介。这里的替代效应分为两种：完全被取代的现象称为排斥；部分被取代的现象称为竞争性替代。

每种关键资源维度都可进行媒介竞争生态位的考察（如内容、受众的时间和费用支出、满足—效用和满足机会、广告等），但是这些资源维度之间不是相互独立而是存在相互转换的关系，尽管对这种关系的探索远未深入。迪米克检验了时间维度与满足机会维度之间的关系。① 张明新提出媒体资源生态位存在一种"层级关联"模式，认为媒体的受众心理（或需求）生态位影响内容生态位，而内容生态位进

---

① Dimmick J W, Chen Y, Li Z. Competition between the Internet and traditional news media: The gratification-opportunities niche dimension [J]. The journal of media economics, 2004, 17(1): 19–33.

一步影响受众（如年龄、教育结构）生态位，最终受众层面的生态位影响广告资源的生态位。[1]

四、新媒介采用理论综述小结

首先，从相对优势、相容性、复杂性、可试性和可观察性，到技术有用性和易用性，再到多种资源维度生态位竞争优势，可以看到从新技术获得的收益正一步步细化。正是这种测量方式的改进，使得人们对新技术采用的解释力越来越强。

其次，创新扩散理论和技术接受模型并非专门针对媒介技术本身提出，而媒介生态位理论则是专门面向媒介研究的理论，经过数次经验数据的验证，具备较好的效度和应用前景。

最后，在新技术对已有技术影响的考量方面，媒介生态位理论做得最好，创新与扩散理论次之，技术接受模型排在末位。

基于三个理论在以上方面的比较和本研究的思路，媒介生态位理论可被用于手机新闻媒介使用的研究中，尤其是手机新闻媒介使用对其他媒介的影响方面。

第二节　研究问题及假设

一、媒介使用时间维度的研究问题及假设

媒介使用时间是伴随媒介服务使用而必须消耗的资源，也是媒介之间竞争的关键资源。迪米克将其列入媒介生态位竞争的六大宏观资

---

[1] 张明新.媒体竞争分析：架构、方法与实证——一种生态位理论范式的研究[M].武汉：华中科技大学出版社，2011：70–74.

源维度之一,认为媒介使用时间是受众有可能(从广告商的角度看)用以关注广告信息的时间,媒体机构以此为基础销售广告并产生经济价值。[1] 因此,媒介使用时间的下降,即时间替代效应的出现,会影响广告收入水平并最终导致媒介的衰弱甚至消亡。就手机新闻而言,普及率和使用时间都呈现逐年增长态势,但是否对新闻媒介生态造成了影响则尚未定论。

已有研究主要从四种方式测量分析时间替代效果:(1)自陈法,即自我回答"对新媒介的新闻使用是否减少了其他媒介新闻的使用时间";[2](2)比较法,即使用新媒介与未使用新媒介的新闻受众在时间上是否存在显著差异;[3](3)时间相对比例法,即新媒介的新闻使用时间相对比例与其他媒介是否存在相关关系;[4](4)时间日志法,即记录用户在各时间段上对不同媒介的新闻使用情况,以此分析哪种媒介在某个时间段相比其他媒介更多地被使用。[5] 本章综合以上几种测量方法,首先提出以下研究问题及假设:

RQ1:手机新闻的使用是否导致用户其他媒介新闻使用时间的减少?

---

[1] DIMMICK J. Media competition and coexistence: the theory of the Niche [M]. Mahwah, NJ: Lawrence Erlbaum Associates. 2003.

[2] DIMMICK J W, CHEN Y, LI Z. Competition between the Internet and traditional news media: The gratification-opportunities Niche dimension [J]. The journal of media economics, 2004, 17(1): 19–33.

[3] 潘忠党,於红梅. 互联网使用对传统媒体的冲击:从使用与评价切入 [J], 新闻大学, 2010(2): 4–13.

[4] LEE P S, LEUNG L. Assessing the displacement effects of the Internet [J]. Telematics and informatics, 2008, 25(3): 145–155.

[5] DIMMICK J, FEASTER J C, HOPLAMAZIAN G J. News in the interstices: the niches of mobile media in space and time [J]. New media & society, 2010, 13 (1): 23–39.

H1：手机新闻的使用时间越多，其他媒介（报纸、广播、电视、桌面互联网）的使用时间就越少。

RQ2：在一天内的不同时间段，手机新闻的使用相比其他媒介是否具有明显优势？

二、满足机会与满足—效用维度的研究问题

时间替代是媒介竞争的宏观结果，功能替代则在微观层面上给出了解释。迪米克结合麦库姆斯（McCombs）关于"功能替代"概念和罗杰斯创新扩散理论中"相对优势"概念的论述，认为受众是否选择某种新媒介置换旧媒介主要取决于两者在满足需求方面的生态位竞争优势，而且一种媒介对另一种媒介影响的结论需要通过受众调查测量的实证研究来增加说服力。①

满足机会（Gratification Opportunities）和满足—效用（Gratification-Utility）是从受众需求视角理解新闻媒介竞争的生态位宏观维度，但两者各有侧重。前者突出媒介本身的特征，反映了受众对该媒介在时间和空间使用上的自由控制程度和新闻信息多元丰富程度的认知，而这种认知对从媒介获得的满足会产生扩大或缩减作用。②例如，互联网比传统媒介提供了更丰富的内容和更自由的选择，广播相比其他媒介在驾车时提供了更好的满足；后者强调媒介功能与个人社会心理需求的对接，主要表现在认知情感方面，即新闻媒介对个人认知社会和实现个人心理满足上的贡献。

迪米克从满足机会维度检验了互联网新闻对传统媒介的替代，解释力高达70%。本章不仅继续检验满足机会维度的解释力，也将满

---

①② DIMMICK J. Media competition and coexistence: the theory of the niche [M]. Mahwah, NJ: Lawrence Erlbaum Associates. 2003.

足—效用维度加入，主要有以下几方面考虑：一是检验两种满足生态位维度是否可以显著增加对新闻媒介替代作用的解释力，这也是迪米克呼吁的研究方向；二是尚无研究从满足生态位维度检验手机新闻对其他媒介的替代作用，本研究试图做到尽量全面地分析；三是以往研究多产生于美国等自由主义新闻体制和媒介发达国家，而手机新闻在中国的研究需要考虑具体的社会文化和管理体制因素。

手机媒介传播的中国式流行除了技术本身的优势外，还得益于社会文化环境、新旧媒体管理政策、体制机制等客观因素。首先，在更加商业化和自由的中国社会文化环境中，新媒体为言论表达开辟了新的空间，并渐渐成为社会变革进程的重要组成部分。[①] 其次，新媒体管理宽松、传统媒体管理严格形成的"两个舆论圈"，也有相当部分是由于两者监管部门尺度把控的不一致造成的。Xu 的研究发现，政府对主流媒体的管控越多，手机新闻用户越期望在手机平台上看到更多不一样的和深度的报道，并会积极参与分享和评论新闻。[②] 再次，传统主流媒体是由各级各地党委、政府部门主办的国有事业单位，跨区域的限制明显，改革步伐缓慢，而新媒体是由社会多元资本经营的市场化机构，具有天然的跨区域特征，受到资本市场的青睐且发展迅猛。最后，中国国内对于网络及数字传播版权的法律保护较弱，导致传统媒体的内容被盗版和不合理使用。

手机媒介独有的传播优势也被商业新闻网站充分利用。陈冠男在对中国四大门户网站在 PC 新闻门户和手机新闻客户端的新闻主题类

---

① CARA W. New media practices in China: youth patterns, processes, and politics [J]. International journal of communication, 2011, 5: 406–436.

② XU X. Comparing mobile news use among college students. Paper presented at the Annual International Association for Media, Communication and Research, 13–17 July, Istanbul, Turkey, 2011.

型进行对比后发现，手机新闻客户端更多关注负面民生新闻、国际新闻和软新闻，而 PC 新闻门户网站则更多关注国内政治新闻并在新闻主题的选择上显得更加保守和谨慎。[①]

媒介生态位的计算包括生态位宽度、生态位重叠和生态位优势。延续迪米克的研究思路，本章进一步提出以下研究问题：

RQ3：各新闻媒介（报纸、广播、电视、桌面互联网和手机）的生态位宽度是多少？

RQ4：在满足机会和满足—效用的维度上，手机新闻与其他媒介的生态位重叠程度如何？

RQ5：手机新闻相比其他媒介的生态位优势如何？

三、手机新闻媒介采用影响因素的研究问题

根据迪米克的研究思路，时间替代状况和与生态位优势得分配对的个人比例则被用来衡量生态位维度的解释力。[②] 本研究中，满足机会和满足—效用维度的生态位优势与时间替代的"配对"被用来理解手机新闻媒介采用的影响因素。因此，本章最后提出以下研究问题：

RQ6：满足机会和满足—效用维度的生态位优势对时间替代作用的解释程度如何？

本章关于手机新闻媒介采用的研究框架如图 3-3 所示。

---

① 陈冠男. 手机客户端与 PC 端门户网站新闻主题的差异性研究 [D]. 上海：上海交通大学，2013.

② DIMMICK J W, CHEN Y, LI Z. Competition between the Internet and traditional news media: The gratification-opportunities niche dimension [J]. The journal of media economics, 2004, 17(1): 19–33.

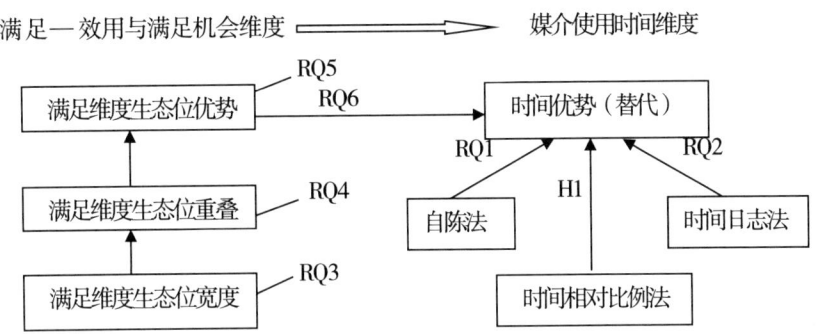

图 3-3 手机新闻媒介采用的研究框架

第三节 变量测量

本章中的变量主要有三个部分：满足机会和满足—效用、媒介使用时间、人口统计学变量。

满足机会和满足—效用，基本沿用了迪米克的测量方式，[①]但也有细微的调整。满足机会维度的测量沿用 8 个题项；满足—效用维度的测量从原有的 18 个题项缩减为 9 个题项，其中，认知因子的 9 个题项全部保留，情感因子的 9 个题项全都剔除。这样做的原因有三：一是已有文献指出信息需求是新闻使用的最主要动机，因而着重考察认知因子；二是剔除 9 个情感因子题项是考虑了之前研究中各个媒介在情感维度上的差异不明显，即在情感需求维度上，不同媒介的效果相近导致该维度解释效果较弱，这与本研究的目的不一致；三是尽量保持同已有研究相同的测量方式，有利于与原有研究做比较和深化认

---

① DIMMICK J. Media competition and coexistence: the theory of the niche [M]. Mahwah, NJ: Lawrence Erlbaum Associates. 2003.

识,并可进一步检验原有测量方式的信度和效度。本研究中,受访者被要求对各题项打分,1为非常不好,5为非常好。满足机会和满足—效用维度的测量量表如表3-1和表3-2所示。

表3-1 满足机会维度的测量量表

	题项
1	获取新闻符合我的日程安排
2	能接收到新闻的最新动态
3	在我需要新闻的时候能获得它
4	有许多主题和领域的新闻可供选择
5	在最快的时间内获得新闻
6	能使我更好地利用自己的时间
7	在新闻报道上有很多选择
8	便利地获取新闻

表3-2 满足—效用维度的测量量表

	题项
1	了解本地发生的重大事件
2	了解国内发生的事情
3	了解国际重大事件
4	获取复杂事件的详情分析
5	获取重大事件的细节信息
6	获取政府或官员的深层信息
7	获取支持自己观点的信息
8	获取个人形成对重大事件看法所需要的信息
9	了解别人对于重大事件的看法

媒介使用时间部分,分为媒介使用时间变量和媒介使用时间段变量。前者用新闻媒介使用的相对时间做测量。首先,让受访者回答平均每天对各个新闻媒介的使用时长(以连续5分钟以上计),然后汇

总各个媒介的使用时间形成总的新闻媒介使用时间预算，并在此基础上最终计算出各个新闻媒介在新闻消费时间预算中所占的相对比例。后者指使用某一新闻媒介时所处的时间段，全天划分为 7 个时间段，包括：0:00～6:00、6:00～9:00、9:00～12:00、12:00～14:00、14:00～17:00、17:00～21:00、21:00～24:00。如果受访者在某一时间段上使用某种媒介，标记为 1，反之则标记为 0。需要稍作说明的是，平板电脑和新闻杂志也被列入平均每天使用的新闻媒介清单，这主要是为了统计用户平均每天的新闻媒介使用总时间，但上述两种新闻媒介没有在本研究中重点讨论，原因有二：一是平板电脑尚未进入普及期，且平板电脑出现于智能手机之后，与本研究对手机作为新媒介的采用主题不符；二是新闻杂志出版周期长、用户群体相对细分化，与本研究关于日常新闻媒介的采用研究不符。

人口统计学变量，包括性别、年龄、受教育程度、婚姻状况和职业等。具体来看，性别方面，男性标记为 1，女性标记为 0；年龄方面，22～25 岁标记为 1，26～30 岁标记为 2，31～40 岁标记为 3；受教育程度方面，大专标记为 1，本科标记为 2，硕士及以上标记为 3；婚姻状况方面，已婚标记为 1，未婚标记为 0；职业方面，企业/公司职员标记为 1，政府/事业单位人员标记为 2，个体户标记为 3。

第四节　数据收集

一、调查方法

在数据收集上，本研究结合了时间日志法和问卷调查法。前者主要用于时间利用调查，后者是受众研究和消费者行为研究的常用方法。

时间日志法要求被访者提供某个时间段内连续的活动情况，这种记录可以是在活动中同时进行的（即在选定的时间段内，每完成一项活动便马上记录下来），或称为"明天日记"（Tomorrow Diary），也可以是由被访者回忆来完成的（即回忆在过去某个时间段内的活动记录），或称为"昨日回忆"（Yesterday Recall）。①

时间日志法在传播学中的应用主要集中在视听率调查、媒介时间预算研究、媒介接触情境研究、媒介复用行为研究、媒介内容消费和功能使用研究、媒介接触行为发生时的人际关系研究和媒介接触情绪研究领域（喻国明等，2012）。和本研究相关的是媒介时间预算，即受众在特定周期内如何分配花费在各类媒介接触上的时间，这也是时间日志法最常研究的一个问题。

时间日志法的优势与不足也很明显：在测量受众媒介使用时长方面，总体而言准确度相对较高，但填答量明显高于问卷的负担容易出现受访者弃填、误填与随意填答的情况。②综合考虑后，本研究中的时间日志采用"昨日"回忆的方式让受访者记录在过去一个工作日7个时间段中新闻媒介的使用情况。

问卷调查法是社会科学研究中收集数据的一种常用方法。巴比（Babbie）界定了问卷调查法的适用范围：一是以个体为研究对象；二是如果样本总体数量太大，则有些情况无法直接观察；三是主要用来测量受访者的态度。③因此，本研究对手机新闻用户的媒介使用行为研究适合采用问卷调查。

具体来说，本章设计的问卷由三部分组成（见附录1）。首先是

---

① FLEMING, S. Using time use data: a history of time use surveys and uses of time use data[R]. New Zealand: Statistics New Zealand Te Tari Tatau Wellington, 1999.

② 喻国明，吴文汐，徐子豪，刘佳莹. 中国人的媒介接触：时间维度与空间界面[M]. 北京：人民日报出版社，2012: 442-458.

③ BABBIE E R. The practice of social research [M]. Wadsworth Publishing Company, 2012.

问卷介绍，其次是问卷正文，最后是个人信息。问卷首先介绍了本次调查的主要目的，并保证调查的匿名性。问卷正文由两方面的维度构成：一是时间维度测量，包括受访者使用手机获取新闻后对其他媒介的使用时间是否有所变化、在各个新闻媒介所花费时间的比例构成，更重要的是详细记录昨日 24 小时各个时间段上的新闻媒介使用实况；二是满足机会和满足—效用维度测量，分别对应 5 种媒介的 17 个题项。个人信息主要涉及用户的人口统计学变量，如年龄、性别、受教育程度、婚姻状况和职业等。

二、问卷的前测

在正式问卷形成之前，需要进行前测，对变量测量的有效性进行分析。信度和效度是衡量测量有效性的主要指标。本章中，对于满足机会和满足—效用两个宏观维度需要迪米克信度和效度分析，其余单题项变量不需要做分析。

本研究对已经参加工作且结婚的好友发放了 30 份调查问卷，主要面向笔者的同学、朋友等。最终回收的有效问卷为 30 份，有效问卷回收率为 100%。由于两个维度的所有题项都来自于成熟的量表，内容效度上有保证，而信度分析和因子分析的结果也表明这两个变量具有良好的信度和效度。

三、问卷的正式发放与回收

（一）样本的选择

CNNIC 发布的《中国移动互联网调查研究报告》显示，年龄为 30 岁及以下的手机网民在总体手机网民中占比达 60%，其中 20—29

岁年龄段的手机网民占比最大，为33.4%。① 因此，本研究的样本主要面对年轻人。

此外，沿用迪米克的研究，样本必须具备以下几个条件：一是受访者一天内使用报纸、广播、电视、桌面互联网和手机中的两种及两种以上媒介获取新闻，且其中一种是手机；二是受访者须为18岁以上的全职工作者，业余工作者和非劳动者尤其是在校学生因其时间日程性较弱须排除在外；三是受访者最好具备高中以上学历，因为这些群体对新闻的兴趣度相对较高。

综合以上因素，本研究的样本选择主要是于企事业单位工作的年轻员工。

（二）调查方式

本研究通过线上方式邀请受访者填写时间日志和问卷，使用了问卷星网站（www.sojump.com）提供的付费样本服务，在网站庞大的样本库中设定基本条件搜寻到合适的个人并邀请填写。问卷星拥有超过260万的样本资源，通过手机和邮件验证保证样本的可靠性，对同一用户及IP地址填写有严格的质量控制，并设置陷阱题等甄别随意填写的问卷，在调研领域有较好的口碑。为鼓励参与，应邀调查的个人在填写完问卷后有100%的机会赢得奖品，价值从几元到几百元不等。

（三）样本规模

时间日志法对样本的要求很高，需要受访者仔细回忆并作出回

---

① CNNIC. 2013—2014年中国移动互联网络调查研究报告[EB/OL].（2014–08–26）[2019–01–30]. http://www.cnnic.cn/ hlwfzyj/hlwxzbg/ydhlwbg/201408/t20140826_47880.htm.

答，这对于缺乏耐心的被调查者来说是极为痛苦的。实际上，迪米克针对美国样本采用的新闻媒介使用时间地点日志法中，746 个符合要求的样本最终只获得 166 个有效样本，[①] 可见，回收率偏低是时间利用调查中不得不面对的问题。

（四）问卷回收

本调查从 2014 年 11 月到 2014 年 12 月，近 2 个月的时间内共收集问卷 338 份。剔除时间日志记录不完整和使用手机作为唯一新闻获取方式的样本，最终获得有效问卷 217 份。

第五节　数据分析

一、描述性统计

描述性统计有助于对样本整体形成系统认识。本章主要对样本数据进行两方面的描述性分析：一是样本的人口统计学特征，包括用户的年龄、性别、受教育程度、婚姻状况和职业等；二是相关变量的描述性统计，主要是用户的新闻媒介使用日期和总时间。

（一）样本的人口统计学特征

如表 3-3 所示，从性别来看，男性样本 111 个，女性样本 106 个，男女比例基本持平；从年龄分布来看，26 岁及以上人群占比超过 90%；受教育程度方面，本科及以上学历人群占比超过 85%；婚姻

---

① DIMMICK J, FEASTER J C, HOPLAMAZIAN G J. News in the interstices: the niches of mobile media in space and time [J]. New media & society, 2010, 13 (1): 23–39.

状况方面，已婚的样本占比超过 90%；职业方面，企事业单位的员工占比超过 90%。这些样本符合研究设计的初衷，即受教育程度较高的年轻全职工作者群体。

表 3-3 样本的人口统计学特征

样本特征	分类标准	人数	比率
性别	男	111	51.2%
	女	106	48.8%
年龄	22～25 岁	21	9.7%
	26～30 岁	154	71.0%
	31～40 岁	42	19.3%
受教育程度	大专	28	12.9%
	本科	125	57.6%
	研究生	64	29.5%
职业	企业/公司职员	108	49.8%
	政府/事业单位人员	96	44.2%
	个体经营者	13	6.0%
婚姻状况	已婚	196	90.3%
	未婚	21	9.7%

（二）相关变量的描述性统计

1. 问卷填写日期的统计

将样本平均地分配至各个工作日是很有必要的，这是为了防止时间分配不均导致的行为差异（Duck et al., 1991）。结果显示，问卷填写的日期分布为：星期二 49 份，星期三 33 份，星期四 41 份，星期五 54 份，星期六 40 份。由此看出，受访者所记录的"昨日"均为工作日而非周末，且样本在每个工作日的分配较为平均。

2. 受访者平均每天的新闻使用总时间统计

结果显示，样本中 60～90 分钟的用户有 73 人，占比最高，达到 43.3%，接近一半；90～120 分钟的用户有 54 人，占比排在第二位，接近 25%；30～60 分钟的用户有 50 人，排名第三，达到 23%；30 分钟以下的用户有 29 人，占比 13.4%；120 分钟以上的有 10 人，占比 4.6%。总体来看，每天使用 30～120 分钟看新闻的人群超过 80%，符合本研究的研究要求。

二、变量的信度和效度检验

本部分采用主轴因子分析（Principal-axis Factor Analysis）对满足机会维度和满足—效用维度进行效度检验，采用克朗巴哈 α 系数（Cronbach's Alpha）进行信度检验。在效度检验标准上，大于 175 个样本的变量检验中题项的负载不应低于 0.3。在信度检验标准上，如果克朗巴哈 α 系数大于 0.8，则认为量表的信度很高；如果克朗巴哈 α 系数大于 0.6，则认为量表是可以信任的；如果克朗巴哈 α 系数小于 0.5，则认为量表设计存在问题。[①] 如表 3-4 所示，5 个新闻媒介的满足机会微观维度都反映了一个因子（即满足机会宏观维度），且在该因子上的负载值均超过 0.3，信度均在 0.8 以上。如表 3-5 所示，5 个新闻媒介的满足—效用微观维度都反映了一个因子（即满足机会宏观维度），且在该因子上的负载值均超过 0.45，信度均在 0.8 以上。因此，本研究中两个变量的信度和效度都通过了检验。

---

① 薛薇. SPSS 统计分析方法及应用：第 3 版 [M]. 北京：电子工业出版社，2013.

表 3-4　满足机会维度的信度和效度检验

满足机会	报纸	广播	电视	电脑	手机
GO1	0.327	0.818	0.823	0.704	0.892
GO2	0.823	0.913	0.871	0.911	0.919
GO3	0.880	0.910	0.880	0.824	0.888
GO4	0.753	0.939	0.877	0.949	0.922
GO5	0.784	0.881	0.918	0.931	0.924
GO6	0.324	0.910	0.824	0.825	0.850
GO7	0.343	0.893	0.912	0.886	0.904
GO8	0.628	0.911	0.883	0.871	0.880
Cronbach's Alpha	0.832	0.970	0.962	0.956	0.971
N	65	52	126	183	217

表 3-5　满足—效用维度的信度和效度检验

满足—效用	报纸	广播	电视	电脑	手机
GU1	0.586	0.897	0.839	0.837	0.831
GU2	0.550	0.901	0.905	0.885	0.862
GU3	0.566	0.960	0.909	0.857	0.884
GU4	0.630	0.945	0.927	0.945	0.922
GU5	0.717	0.926	0.920	0.945	0.938
GU6	0.781	0.934	0.837	0.920	0.924
GU7	0.636	0.900	0.876	0.923	0.931
GU8	0.474	0.897	0.854	0.926	0.897
GU9	0.598	0.917	0.853	0.931	0.918
Cronbach's Alpha	0.842	0.980	0.968	0.976	0.974
N	65	52	126	183	217

三、假设检验

（一）媒介使用时间维度检验

RQ1 询问手机新闻的使用是否导致了其他媒介新闻使用时间的减少，调查结果如表 3-6 所示。可以看出，手机新闻对其他的每一种新闻媒介都有替代作用。替代效应最大的是报纸，有 67.7%（52.3% 大幅减少 +15.4% 有点减少）的人在使用手机获取新闻后减少了对报纸的使用时间，而其他媒介使用时间减少的比例依次为电视 54%（11.1% 大幅减少 +42.9% 有点减少）、电脑 41%（6.6% 大幅减少 +34.4% 有点减少）、广播 30.7%（19.2% 大幅减少 +11.5% 有点减少）。对于其他媒介（报纸、广播、电视和电脑）而言，只有 10% 左右（分别为 4.6%，11.5%，6.4%，13.2%）的人指出在手机新闻使用后增加了对该媒介的使用时间。因此，从用户自己陈述的角度而言，手机新闻对其他媒介的时间替代作用是存在的。

表 3-6 使用手机获取新闻后其他媒介的使用时间统计

	报纸	广播	电视	电脑
大幅减少（%）	52.3	19.2	11.1	6.6
有点减少（%）	15.4	11.5	42.9	34.4
基本不变（%）	27.7	57.7	39.7	45.9
有点增加（%）	4.6	7.7	4.8	6.6
大幅增加（%）	——	3.8	1.6	6.6
N	65	52	126	183

H1 指出手机新闻的使用时间与其他媒介（报纸、广播、电视、桌面互联网）之间存在负相关关系。我们沿用 Lee 和 Leung 的研究方法，采用各新闻媒介使用时间比例的方式来测量两者的相关性。

Pearson 相关性检验的结果显示（如表 3-7 所示），在手机上获取新闻的时间占用户新闻使用总时长的比例与其他媒介之间的相关系数都为负数，分布在 0.226～0.494 的范围，且在 p < 0.01 的水平下显著。其中，手机新闻使用与电视新闻使用的负面相关程度最高，与报纸的负面相关程度最低。这一分析结论表明，从用户对各媒介时间使用相对比例的角度而言，手机新闻的使用时间越多，其他媒介上的新闻使用时间就越少。

表 3-7 手机使用时间比例与其他新闻媒介使用时间比例的相关性检验

		手机	报纸	广播	电视	电脑	杂志	平板
手机	Pearson 系数	1	-0.226**	-0.256**	-0.494**	-0.347**	-0.382**	-0.343**
	显著性（双尾）		0.001	0.000	0.000	0.000	0.000	0.000
	总体		215	215	215	215	215	215

* $p < 0.05$；** $p < 0.01$

RQ2 询问在一天内的不同时间段手机新闻的使用相比其他媒介是否具有明显优势。如表 3-8 所示，在 6:00～9:00 的早间时间段，使用各媒介获取新闻的用户较为活跃，手机作为新闻媒介的使用人数为 187，达到全天的最高值。具体来看，使用手机获取新闻明显多于报纸（t=13.640，p < 0.001）、电视（t=15.361，p < 0.001）、电脑（t=20.052，p < 0.001），而手机对广播的优势不明显（t=1.136，p = 0.196）；在 9:00～12:00 的上午班期间，广播和电视未被使用，使用手机获取新闻明显大于报纸（t=6.583，p < 0.001），而使用电脑获取新闻相比手机具有优势（t=-8.404，p < 0.001）。在 12:00～14:00 的午休时间段，报纸、广播和电视失去了使用的可得性，手机新闻与电脑相比更有优势（t=10.376，p < 0.001）；在 14:00～18:00 的下午班和下班期间，使用手机获取新闻明显多于

广播（t=3.846，p < 0.001）和电视（t=11.747，p < 0.001），而电脑具有相对优势（t=-5.161，p < 0.001）；在 18：00 ～ 21：00 的晚间黄金时间，使用手机获取新闻明显多于报纸（t=10.925，p < 0.001）、广播（t=7.345，p < 0.001）和电脑（t=4.140，p < 0.001），而电视的优势地位未被撼动（t=-1.798，p = 0.075）；在 21：00 ～ 24：00 期间，手机新闻的使用具有显著优势，分别是报纸（t=10.660，p < 0.001）、广播（t=8.933，p < 0.001）、电视（t=7.208，p < 0.001）、电脑（t=15.415，p < 0.001）；在 0：00 ～ 6：00 的午夜时段，在手机上看新闻具有压倒性优势，分别是电视（t=15.241，p < 0.001）、电脑（t=16.530，p < 0.001）。这一结果表明，从用户使用时间段的角度来看，手机这种新型的新闻媒介已完全介入人们的日常生活中，且在大部分时间段相比其他媒介具有明显优势。

表 3-8　一天中各时间段的新闻媒介使用人数分布

	报纸	广播	电视	电脑	手机
6：00 ～ 9：00	15	36	34	62	187
9：00 ～ 12：00	8	0	0	151	122
12：00 ～ 14：00	0	0	0	76	165
14：00 ～ 18：00	0	14	2	132	119
18：00 ～ 21：00	4	6	82	90	139
21：00 ～ 24：00	2	6	56	53	167
0：00 ～ 6：00	0	0	6	4	137

根据媒介生态位理论，一种媒介在某个特定功能或某个用户需求的领域能部分替代其他媒介的现象被称为竞争替代。结合以上三个角度的检验，本研究认为，手机新闻对其他媒介在使用时间上产生了明显的竞争替代作用。

（二）媒介满足机会与满足—效用维度检验

RQ3 询问各新闻媒介（报纸、广播、电视、桌面互联网和手机）的生态位宽度。生态位宽度用来衡量媒介能够提供满足的程度，即媒介能满足用户需求的范围是相对广泛还是相对狭窄。根据迪米克的生态位宽度计算公式（3-1），[①] 本研究分别计算了5种媒介在满足机会和满足—效用维度上的生态位宽度指数。

$$B = \sum_{n=1}^{N} \frac{GO_n - K}{4KN} \qquad (3\text{-}1)$$

在公式 3-1 中，

GO——满足—效用和满足机会的取值，从 1 到 5；

N——受访者中使用某种媒介的人数；

n——第一位受访者；

K——满足—效用和满足机会的 17 个微观维度。

结果显示（如表 3-9 所示），在满足机会维度上，手机媒介的得分最高（0.81），说明手机媒介具备最宽的满足机会生态位，能够满足最广泛的用户需求；电脑的得分排名第二（0.75），说明电脑能满足比较宽泛的新闻需求；在传统媒介中，电视的得分位居首位（0.57），广播（0.49）和报纸（0.48）的得分最低，说明它们能够满足受众相对狭窄的需求。在满足—效用维度上，手机媒介的得分最高（0.73），说明手机媒介具备最宽的满足—效用生态位；电脑的得分排名第二（0.75），电视的得分位列第三（0.58），满足—效用生态位最窄的是报纸（0.48）和广播（0.46）。

---

① DIMMICK J. Media competition and coexistence: the theory of the niche [M]. Mahwah, NJ: Lawrence Erlbaum Associates, 2003.

表 3-9 5 种新闻媒介生态位宽度的计算结果

	人数	满足机会生态位宽度	满足—效用生态位宽度
报纸	65	0.48	0.48
广播	52	0.49	0.46
电视	126	0.57	0.58
电脑	183	0.75	0.67
手机	217	0.81	0.73

RQ4 询问满足机会和满足—效用维度上，手机新闻与其他媒介的生态位重叠程度。生态位重叠指标主要用于衡量两种媒介在特定满足维度上的相似性。根据迪米克的生态位重叠计算公式（3-2），本研究分别计算了手机和其他媒介在两个宏观维度上的生态位重叠。

$$O_{i,j} = \frac{\sum_{n=1}^{N} \sum_{k=1}^{K} \sqrt{\frac{(GO_i - GO_j)^2}{K}}}{N} \quad (3\text{-}2)$$

在公式 3-2 中，

i, j——分别代表两种新闻媒介；

GO——在某个维度上，从两种媒介获得的满足机会和满足—效用的取值；

N——同时使用两种媒介的受访者人数；

n——第一位受访者；

K——满足机会和满足—效用的 17 个维度；

k——在各满足维度上的第一个取值。

结果显示（如表 3-10 所示），在满足机会维度上，手机与电脑的生态位重叠得分最低（0.88），与广播的生态位重叠得分最高（2.04），而电视（1.43）和报纸（1.99）的得分居中。在满足—效用维度上，手机与电脑的生态位重叠得分依然最低（0.80），与广播的生态位重叠得分也同样最高（2.01），电视和报纸的得分居中。

生态位重叠的取值范围是0-4。当两种媒介的共同用户在各个维度上获得的满足相同时，生态位重叠获得最小值0；而当两种媒介的共同用户在各个维度上分别得到最高值和最低值时，生态位重叠会获得最大值4。本研究的结果表明，手机与电脑所能提供的满足机会有较高的相似性，替代性较强；相反，手机与广播所能提供的满足机会相似性较低，替代性较弱。也就是说，手机与电脑之间的竞争很激烈，而与广播的竞争相对较弱。

表 3-10　手机与其他新闻媒介的生态位重叠计算结果

	人数	满足机会 生态位重叠	满足—效用 生态位重叠
报纸—手机	65	1.99	1.67
广播—手机	52	2.04	2.01
电视—手机	126	1.43	1.34
电脑—手机	183	0.88	0.80

RQ5询问手机新闻相比其他媒介的生态位优势程度。竞争优势主要考察哪种媒介能提供更多满足。竞争优势计算结果高的媒介，在为受众和用户提供满足方面更占优势。两种媒介的竞争优势计算结果的差异是否显著则需要通过相关样本群体的t检验进行验证。根据迪米克的生态位优势计算公式（3-3，3-4），本研究分别计算了手机作为新闻媒介和其他媒介在满足机会和满足—效用两个宏观维度上的生态位优势。

$$S_{i>j} = \frac{\sum_{n=1}^{N}\sum_{k=1}^{K}(m_{i>j})}{N} \quad (3\text{-}3)$$

$$S_{j>i} = \frac{\sum_{n=1}^{N}\sum_{k=1}^{K}(m_{i>j})}{N} \quad (3\text{-}4)$$

在上述两个公式中，

i, j——分别代表两种新闻媒介；

$m_{i>j}$——在媒介 i 比媒介 j 得分高的项目上，调查对象的打分情况（分值之和）；

$m_{j>i}$——在媒介 j 比媒介 i 得分高的项目上，调查对象的打分情况（分值之和）；

K——满足机会和满足—效用的 17 个维度；

k——在各满足维度上的第一个取值；

N——同时使用两种媒介的受访者人数；

n——第一位受访者。

结果显示（如表 3–11 所示），在满足机会和满足—效用维度上，手机比其他所有媒介都具有明显优势，且这种优势在 $p < 0.05$ 甚至 $p < 0.001$ 的水平上具有显著性。手机对报纸在满足机会和满足—效用维度上的生态位优势值都为最大，分别是 17.48 和 16.72；手机对广播在满足机会维度上的生态位优势位列第二，达到 15.40，在满足—效用维度上的生态位优势位列第三，为 14.20；手机对电视在满足机会维度上的生态位优势位列第三，为 12.62，在满足—效用维度上的生态位优势位列第二，达到 15.45；手机对电脑在两个维度上的生态位优势相对最小，分别是 7.23 和 7.07，但也都达到了显著水平。这一结论表明，手机在满足机会和满足—效用维度上显著优于其他新闻媒介，也显示了手机对其他新闻媒介的竞争替代作用。

表 3-11　手机对其他新闻媒介的生态位优势计算结果

	人数	满足机会维度			满足－效用维度		
		生态位优势	T		生态位优势	T	
报纸—手机	65	17.48	9.64	$p < 0.001$	16.72	8.02	$p < 0.001$
		0.59			1.51		
广播—手机	52	15.40	8.29	$p < 0.001$	14.20	8.34	$p < 0.001$
		0.82			1.25		
电视—手机	126	12.62	5.81	$p < 0.001$	15.45	10.61	$p < 0.001$
		0.94			1.09		
电脑—手机	183	7.23	2.46	$p < 0.05$	7.07	2.29	$p < 0.05$
		1.87			2.24		

RQ6 询问满足机会和满足—效用维度的生态位优势对时间替代作用的解释程度。沿用迪米克的研究，[①]本研究将受访者在两种维度上对两种媒介生态位优势的评价与受访者自身汇报的新闻媒介使用变化情况进行对比，将二者的匹配度作为衡量变量解释力的依据。如果受访者在使用手机获取新闻后使用其他媒介的时间有点减少或大幅减少，然后其对手机媒介的生态位评价也高于其他媒介，这就形成了"匹配"。结果显示，在那些自称报纸新闻使用时间减少的群体中，94.1%的用户对手机新闻满足机会和满足—效用维度的评价高于报纸；在那些自称广播新闻使用时间减少的群体中，92.6%的用户对手机新闻满足机会和满足—效用维度的评价高于广播；在那些自称电视新闻使用时间减少的群体中，89.9%的用户对手机新闻满足机会和满足—效用维度的评价高于电视；在那些自称桌面互联网新闻使用时间减少的群

---

① DIMMICK J W, CHEN Y, LI Z. Competition between the Internet and traditional news media: the gratification-opportunities niche dimension [J]. The journal of media economics, 2004, 17（1）: 19–33.

体中，90.7%的用户对手机新闻满足机会和满足—效用维度的评价高于桌面互联网。也就是说，满足机会和满足—效用维度对手机替代报纸、广播、电视、桌面互联网的解释力分别达到94.1%、92.6%、89.9%、90.7%。

第六节　研究结论及讨论

一、研究结论及进一步讨论

本章采用媒介生态位理论中满足机会和满足—效用维度与使用时间维度的关系框架，解释了用户使用手机新闻的影响因素。

（一）手机新闻媒介在使用时间维度上的竞争优势

本章综合了多种方式来测量手机新闻使用对其他媒介使用时间的影响。其中，自陈法是最直接却也是最易被诟病的一种方式；相关法采用各新闻媒介使用时间的相对比例作为分析的基础；时间日志法由于较为充分地展示了时间的实际利用情况从而具有较高的参考价值。

具体来看，认为自己在使用手机获取新闻后对报纸、广播、电视和桌面互联网使用时间有所减少的用户比例分别是67.7%、30.7%、54%和41%，也就是说，少则三分之一、多则三分之二的用户对手机新闻的使用导致了其他媒介新闻使用时间的减少。这与迪米克对网络新闻替代其他传统媒介的调查结论一致，且本章中，各媒介使用时间减少的程度远远超过十年前在美国的调查。这一结果表明，一方面，中国年轻人的新闻消费习惯正快速地向手机数字化的方式转换；另一方面，中国的新闻媒介面临着手机新闻的强势冲击。

手机的新闻使用时间与报纸、广播、电视、桌面互联网、杂志和平板电脑的相关系数都为负数，且均达到显著性水平。其中，手机与电视的相关系数最高，达到 0.494；手机与报纸的相关系数最低，为 0.226，也就是说，使用手机新闻的时间越多，对其他媒介（报纸、广播、电视、桌面互联网等）的使用时间就越少。这与 Lee 和 Leung 对网络新闻使用时间替代其他传统媒介的研究结论基本一致，他们发现网络新闻对报纸和电视有影响。本章的研究则将这种替代关系拓展到所有媒介，显示出手机在新闻媒介生态中具备霸主地位。

手机获取新闻的时间优势还表现在一天内的各个时间段上。在一天的 7 个主要时间段上，手机都作为主要的新闻获取媒介存在，并开始对传统媒介的自留地（早晨、车上和晚间的黄金时段）产生一定影响。这与迪米克等人对手机新闻媒介与其他媒介时间替代研究的结论有些不一致。他们认为手机的生存空间仅限于其他媒介无法接入的"移动中"（On the Go）情境，但是本章的研究表明，手机作为新闻媒介的使用已不再仅仅是在路上，它也向家中、办公场所等固定地点渗透。7/24 体验的优势已被用户充分利用。

（二）手机新闻媒介在满足机会与满足—效用维度上的竞争优势

本章采用满足机会和满足—效用两个宏观维度来考察各种新闻媒介的生态位竞争状况，包括生态位宽度、生态位重叠和生态位优势。

具体来看，手机作为新闻媒介在满足机会和满足—效用维度上的生态位宽度都比其他媒介要大，这表明手机能够满足用户相对多样的新闻需求，包括新闻使用的时间、地点和内容。迪米克等人针对美国用户的调查发现，网络新闻媒介的满足机会生态位宽度为 0.814，而本章对手机作为新闻媒介满足机会和满足—效用维度的生态位宽度分别是 0.81 和 0.73，都为各研究中所有新闻媒介的最大值。这表明，手机已开始替代桌面互联网和传统新闻媒介，成为满足用户需求最广的媒介。

手机作为新闻媒介在满足机会和满足—效用维度上与其他媒介存在较多的重叠，其中，与桌面互联网的重叠最多（0.88和0.80），与广播的重叠最少（2.04和2.01），这表明，手机与桌面互联网在提供的满足方面存在较多相同之处，而与广播的相同之处较少。迪米克等人针对美国用户的调查发现，网络新闻媒介与有线电视的重叠最多（1.03），与广播的重叠最少（1.37）。与本章的研究结论对比后可发现，中国情境的手机和桌面互联网之间的相似性和竞争性更高，可能是因为手机新闻大都由网络新闻延伸而来，且手机新闻发展较快。

手机作为新闻媒介，在满足机会和满足—效用维度上相比其他媒介具备更多优势，其中，与报纸相比，其竞争优势最大；与桌面互联网相比，竞争优势最小，但都达到了显著水平，这表明，手机可以更好地满足用户的新闻需求。迪米克等人针对美国用户的调查发现，其他媒介对网络新闻媒介的竞争优势全都在3以上，而本章中的数据都在3以下且大都在1以下，说明中国报纸、广播和电视在手机新闻媒介面前毫无竞争优势可言，传统主流媒体渐渐失去自身赖以生存的关键资源。

（三）满足机会和满足—效用维度对媒介使用时间在手机新闻媒介上的解释力

满足机会和满足—效用维度用来解释媒介使用时间的替代效果。结果显示，这两种生态位维度的解释力都非常强，达到90%左右，其中，对报纸的解释力最高，为94.1%。迪米克等人采用满足机会维度对网络新闻媒介替代传统媒介时间的解释力约为70%，对比后可以看出，本章所采用的两种维度解释力更强，能对手机作为新闻媒介的竞争优势作出更好的解释。

二、研究结论的理论和实践价值

（一）理论价值

首先，本研究充分地证实了手机新闻媒介对其他媒介的时间替代作用。相比之前仅通过某种单一的方式来测量时间替代，本章采用自陈法、时间相对比例法和时间日志法三种方式的测量，使得测量结果更为全面和系统。

其次，本研究综合考虑手机新闻媒介的技术优势和内容优势，基于本地的社会文化体制考察中国的手机新闻媒介竞争生态位特征，比单从技术特征推理更有说服力。

最后，本研究从媒介竞争的生态位视角探究手机新闻媒介使用的影响因素，而满足机会和满足—效用双维度的高解释力也进一步验证和推动了媒介生态位理论。

（二）实践价值

首先，基于手机新闻媒介对其他媒介具有竞争性替代作用的结论，传统主流媒体需加紧主动实施"互联网+"战略，尤其要加强对手机媒介的投入力度，做到有的放矢。具体来说，收缩原有平台上的人员和资源投入，吸收具备互联网技术和产品运营意识的人才，放弃旧的考核和管理体制，这是报社、电台、电视台必须执行的举措。

其次，基于满足机会维度对手机新闻媒介采用具有重要影响作用的结论，致力于手机新闻传播的机构需要充分利用手机在使用时间、地点和内容数量上的优势。比如，推送突发新闻、加入地点定位服务功能、在关键时段更新内容等，应是值得关注的重点。

最后，基于满足—效用维度对手机新闻媒介采用具有重要影响作用的结论，各手机新闻来源需要提升内容的质量，在内容的深度、广度和相关性、有趣性方面下功夫。比如，可视化新闻和数据新闻的推进、用户数据的深度挖掘以及实时更新内容设置等，需要技术部门和编辑部门付出更多努力。

第七节 小结

本章使用媒介生态位理论来分析手机新闻媒介采用的影响因素，建立了满足机会和满足—效用维度与媒介使用时间之间的关系框架。采用时间日志法和问卷调查法收集的217个样本数据的分析结果显示，手机作为新闻媒介对其他媒介在使用时间作用、使用时间比例和使用时间段等方面具有明显的替代效果，而满足机会和满足—效用维度的生态位宽度、生态位重叠和生态位优势的计算结果也表明手机对其他媒介具有较强的竞争优势，且这种解释力高达90%。

第四章
手机新闻的平台选择及影响因素研究

2014 年，中国手机网民在手机端资讯获取首选方式上，手机新闻客户端、手机浏览器、微博、微信的占比分别是 35.8%、20.9%、18.7%、15.3%，这四种平台的总和超过 90%。① 具体来看，新闻客户端是应用软件程序，手机浏览器是桌面浏览器在手机端上的延伸，微博和微信是新兴的社交类应用。

微博和微信在手机新闻使用平台中的力量不容小觑。中国社交类应用的用户调查显示，关注新闻／热点话题是微博使用的首要功能，用户使用率达 75.9%，且 85% 的用户会在手机端使用微博。在微信用户关注的公共账号中，新闻媒体类账号以 41.5% 的使用率居首。喜欢看大家都关注的热点新闻、短新闻和别人转发的新闻是使用社交应用获取新闻资讯的主要原因。②

中国传统主流媒体和重点新闻网站纷纷进行移动化转型，以加紧适应新的传播生态。随着不断涌现的转型失败案例，人们开始认识到并不是所有的媒体机构都能在各平台建设中取得成就。那么，为什么有的平台转型就会成功，有的就会失败呢？哪些因素影响用户对手机新闻平台的选择呢？显然，平台选择决策是学界和业界都关心且亟待解决的问题。

根据媒介选择集合理论，用户会选择多种媒介满足自身的某些特定需求。本研究尝试将"媒介选择集合"理论拓展到"平台选择集

---

① 艾媒网. 2014 年中国手机新闻客户端用户研究报告 [EB/OL].（2014–12–17）[2019-01-30]. http://www.iimedia.cn/38275.html.

② CNNIC. 2014 年中国社交类应用用户行为研究报告 [EB/OL].（2014–08–22）[2019-01-30]. http://www.cnnic.cn/hlwfzyj/hlwxzbg/sqbg/201408/t20140822_47860.htm.

合"理论，并就手机新闻平台的"集合"使用作为研究对象进行检验，这在国内外尚属首次。需要明确的是，平台选择与平台使用在媒介使用中属于同一概念，以下不作区分。

在媒介选择的影响因素方面，研究者发现，可信度、新闻类型对媒介选择的作用较为显著，并建议从受众和媒介结构两方面进一步考察媒介选择的影响因素。[1]根据文献梳理，渠道（任务）因素、产品因素和消费者因素是影响消费者多渠道选择行为的主要因素。两者结合来看，平台因素主要指各手机新闻平台为用户的新闻使用和满足提供的各类收益，其中包括可信度和该平台入驻的新闻媒体机构或自媒体的数量（即媒介结构）。产品因素主要指各手机新闻平台使用的新闻类型、新闻形态类型和新闻来源类型（其中，新闻形态类型包括文本、图片和视频等；新闻来源类型则包括体制内的主流新闻媒体、商业性的互联网门户网站和创业型的新闻垂直类媒体三类）。用户因素主要指使用该手机新闻平台的动机、新闻使用时间、以往使用经验及个人创新性等。

因此，本章将构建平台因素、产品因素和用户因素对手机新闻平台使用的影响框架，并检验"平台选择集合假说"是否成立。

第一节　平台选择理论综述

新媒介完全取代旧媒介，是一个非常漫长的过程。事实上，新媒介和旧媒介会长时间地处于共存状态，因为人们一般会通过使用多种媒介来满足自身的需要。在与之相对应的平台层面，媒体融合背景下

---

[1] YUAN E. News consumption across multiple media platforms [J]. Information, communication & society, 2011, 14（7）: 998–1016.

的传统媒介机构纷纷涉入多个平台分发新闻内容，意在获取新时代的用户和商业认可。

之前已经提到，手机新闻媒介出现之前，媒介和平台的概念并无太大区别，新闻传播学界也基本不讨论受众的平台选择问题。因此，本研究对媒介平台选择的理论综述借用两个学科的内容：一是传播学中的媒介选择集合理论，被用于多媒介共同使用研究中；二是消费者行为学的多渠道选择理论，其中，任务渠道匹配模型等成果值得借鉴。

一、媒介选择集合理论

希特（Heeter）在 1985 年提出了频道选择集合（channel repertoire）概念，即"一个家庭或个人经常性观看的频道集（set of channel）"，[1] 建立在以下研究结论的基础上：有线电视家庭订户可接收到 34 个频道，但一周内一般使用不到 10 个。该研究认为，频道集是用来应对渐渐丰富和复杂的媒介环境的处理方式。

这一概念的出现是两种截然不同的媒介使用视角的整合。第一种视角是节目安排、媒介接入（access to media technology）和受众使用可行性（audience availability）等结构性因素影响媒介使用；第二种以"使用与满足理论"为代表，把媒介使用视为受众主动的、目的明确的理性行为，这一过程受到心理状态的影响。吉登斯（Giddens）认为，受众使用媒介的结构性资源去满足自身需求，重构和改变了原有的结构性媒介环境，表现为受众与结构性因素"互构"（mutually constituted）。[2]

---

[1] HEETER C. Program selection with abundance of choice: a process model [J]. Human communication research, 1985, 12 (1): 126–152.

[2] GIDDENS A. The constitution of society: outline of the theory of structuration [M]. Berkeley: University of California Press, 1984.

观众通常只在整个频道资源中使用由少量频道组成的频道集，这一点被更多的研究所证实。① 包括有线电视订阅、电视使用时长等结构性因素对频道选择集合有极大的影响，而人口统计学因素的影响尚未得到证实。②

里根（Reagan）将这一概念从单一媒介（电视）扩展到多媒介，发现对某一领域感兴趣的受众倾向于使用多种媒介获取相关内容，比如，对体育新闻感兴趣的人会使用电视、报纸和杂志的媒介集合。他强调对媒介选择集合的研究应避免笼统地将人们标记为"电视导向""报纸导向"，而应将他们更多地视为对某些信息的多媒介使用者。③ 可以看出，媒介与内容偏好是影响媒介选择集合的重要因素。Yuan 发现中国城市居民更多选择由两三种媒介（电视、报纸和网络）组成的新闻媒介集，新闻使用时长、媒介可信度、新闻类型对媒介选择集合有显著影响。④

二、消费者行为学中的渠道选择理论

渠道能否满足消费者的要求，是摆在企业经营者和营销者面前的关键问题。赫勒（Hoehle）和赫夫（Huff）提出了任务渠道匹配模型（Task Channel Fit Model，简称 TCF），他们二人在比较实体营业网点与电子渠道不同特征的基础上，考察了银行任务特征与电子银行渠道

---

① FERGUSON D. PERSE E. Media audience influences on channel repertoire [J]. Journal of broadcasting and electronic media, 1993, 37（1）: 31–47.

② YUAN E. WEBSTER J G. Channel repertoires: using peoplemeter data in Beijing [J]. Journal of broadcasting and electronic media, 2006, 50（3）: 524–536.

③ REAGAN J. The "repertoire" of information sources [J]. Journal of broadcasting & electronic media, 1996, 40（1）: 112–121.

④ YUAN E. News consumption across multiple media platforms [J]. Information, communication & society, 2011, 14（7）: 998–1016.

特征的匹配性对电子银行服务渠道选择的影响作用。①

任务渠道匹配模型的基础是任务技术匹配模型（Task Technology Fit Model，简称 TTF），由古德休（Goodhue）和汤普森（Thompson）提出（如图 4-1 所示）。他们认为只有当"任务特征与技术特征匹配"和"技术特征与使用者特征匹配"都满足时，才能达到最佳的任务技术匹配程度，从而推动系统使用，提高个人绩效。其中，任务特征指个体使用技术时将输入转化为输出过程中所采取的行动；技术特征指个体在完成特定任务时所使用的工具；任务技术匹配则指技术支持个体完成工作任务的有效程度；使用者特征主要指使用者的计算机使用水平、经历以及对特定信息系统的了解程度。② 相比技术接受模型（TAM）等从用户感知、态度和意愿角度分析用户对技术的评价，任务技术匹配模型是建立在成本与收益视角基础上的分析。

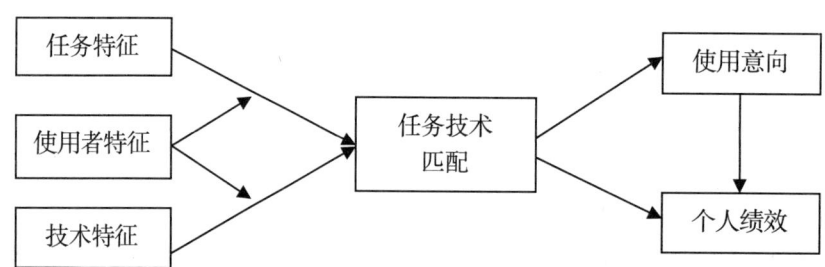

4-1　任务技术匹配模型（Goodhue & Thompson）

随着技术的发展，互联网和移动互联网成为产品销售和服务提供的重要平台。吴泗宗、苏靖认为，在多渠道的背景下，可以继续发挥技术任务匹配模型的作用，将消费者要购买的产品看作任务，营销渠

---

① HOEHLE H, HUFF S. Electronic banking channels and Task-Channel fit [M]. ICIS 2009 Proceedings, 2009: 98.
② GOODHUE D L, THOMPSON R L. Task-technology fit and individual performance [J]. MIS quarterly, 1995, 19（2）: 213–236.

道看作技术，从渠道特征、产品特征和消费者特征来理解消费者的渠道决策过程，而这三种因素之间的匹配程度是影响消费者渠道选择行为的决定性因素。①

近年来，多渠道环境下消费者的选择行为成为国内外学者的关注热点，取得了较多成果，尤其是由更多变量构成的研究模型。布莱克（Black）等人在文献梳理和质化访谈的基础上提出了银行服务渠道选择行为的概念模型（如图4–2所示），指出产品特征（复杂性、使用风险和价格）、渠道特征（人际接触、便利性、成本和风险）、组织因素（组织形象、规模、历史和经营范围）以及消费者的个人特征（产品介入度、社会生活形态和价值观等）是消费者进行渠道选择时要综合考虑的因素。②施恩巴克勒（Schoenbachler）和戈登（Gordon）把顾客分为多渠道购买者、单渠道购买者和非购买者，提出感知风险、直销渠道购买经验、购买动机、商品类别和网站设计对顾客渠道选择行为影响的概念模型（如图4–3所示）。③

王全胜等人对西方顾客的渠道选择行为研究进行了文献分析，概括了影响选择行为的三大因素：渠道因素、情景因素和消费者因素。其中，渠道因素主要是对渠道使用带来的成本和收益的评价，如服务质量、便利性、风险和交易成本；情景因素主要是产品类别和购买阶段；消费者因素包括人口统计学特征、心理特征（生活方式、创新特质）、行为特征（以往购物经验）和使用态度等。④

---

① 吴泗宗，苏靖. 消费者平台选择意愿形成机制研究 [J]，当代财经，2012（1）：75–83.
② BLACK N J, LOCKETT A, ENNEW C, WINKLHOFER H, MCKECHNIE S. Modelling consumer choice of distribution channels: an illustration from financial services [J]. International journal of bank marketing, 2002, 20（4）: 161–173.
③ SCHOENBACHLER D D, GORDON G L. Multi-channel shopping: understanding what drives channel choice [J]. Journal of consumer marketing, 2002, 19（1）: 42–53.
④ 王全胜，韩顺平，陈传明. 西方消费者平台选择行为研究评析 [J]，南京社会科学，2009（7）：32–36.

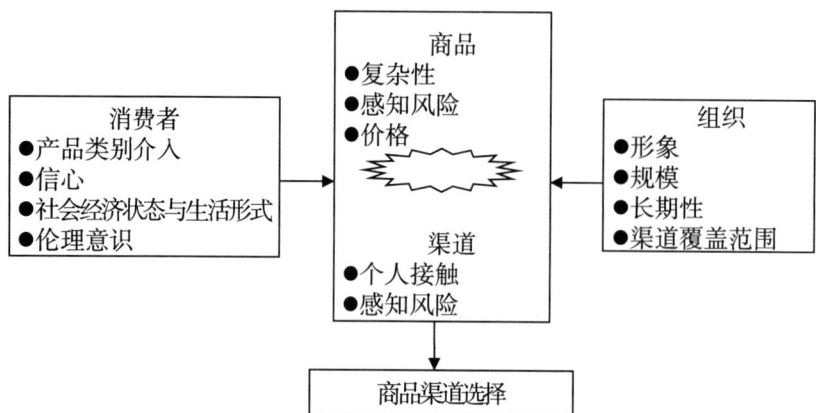

图 4-2　渠道选择模型（Black et al.）

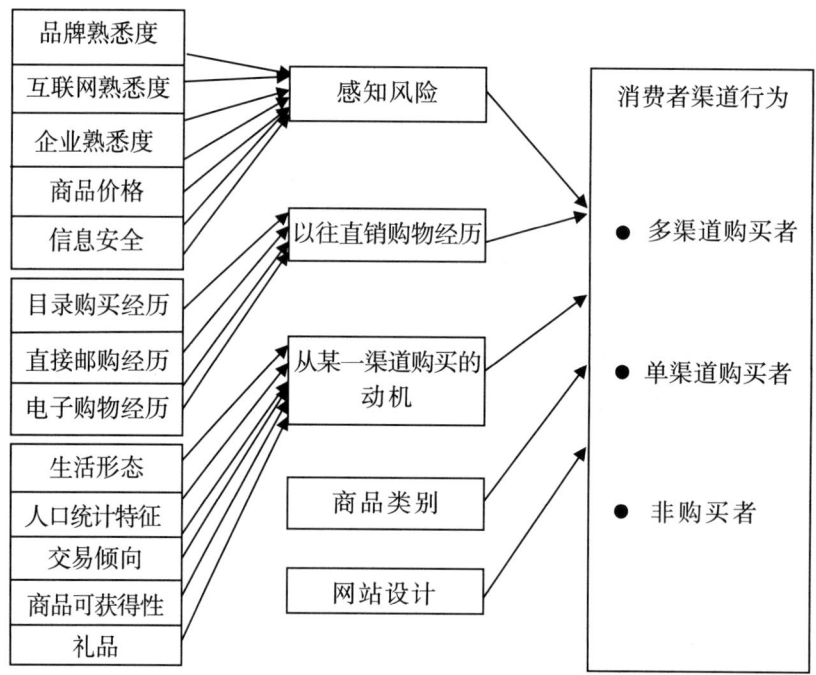

图 4-3　渠道选择模型（Schoenbachler & Gordon）

杨永清（2012）对近 10 年来的国外相关文献进行梳理后发现，消费者的渠道选择行为会受到产品因素、个体因素、渠道特征和社会因素等多种因素的影响。其中，产品因素主要包括产品/服务的可获得性、可识别性、可比较性、标准化程度等；个体因素主要包括消费者的年龄、性别、职业、经济状况、个性、购物习惯和自我效能等；渠道特征主要包括渠道风险、产品与信息丰富度、产品/服务的匹配性、互动性和相对优势等；社会因素主要包括主观规范、自我形象等。[①]

三、平台使用理论综述小结

手机新闻平台的选择与使用是一个全新的议题，这对本研究来说也是一个全新的挑战。因此，借鉴媒介选择集合理论与渠道选择理论促进手机新闻的平台选择研究，具有现实的必要性和可行性。

媒介选择集合理论是对媒介选择行为规律性的认识，它能否在"平台"领域发挥作用，有待实证检验。其中有三点最值得注意：

一是有关手机新闻平台选择影响因素的讨论，不仅要关注可信度等平台特征，更要加入媒介结构性因素和用户因素，同时也存在"集合"的方式，即用户是否选择由几种平台组成的平台集。

二是手机新闻平台的使用形式，即用户对不同新闻类型在不同平台上的使用情况。

三是有关手机新闻平台选择影响因素的讨论，不仅要关注可信度等平台特征，更要加入媒介结构性因素和用户因素。

消费者行为学的渠道选择理论为本研究带来了有益的参考，因为

---

① 杨永清. 基于消费者视角的平台扩展与选择行为研究[D]. 武汉：华中科技大学，2012.

它们对平台因素、用户因素的探究更为深入。结合手机新闻平台的实际情况，在平台因素方面，平台质量、互动性、平台任务的匹配程度、平台的产品丰富度等参数应列入考量范围；在用户因素方面，用户人口统计学特征、创新性特质、以往使用经验、动机等尤为值得关注。

第二节 研究问题及假设

一、用户因素与平台选择集合大小关系的研究假设

媒介选择集的大小，即选择媒介的数量，与受众的媒介使用时间显著相关。袁（Yuan）和韦伯斯特（Webster）发现，收看电视时间越长的观众经常性选择的频道数也越多。[①]袁（Yuan）针对中国城市样本的研究显示，每周看新闻时间越多的人，使用的媒介数量也越多。[②]

新闻使用时间反映了受众的新闻媒介可得性程度和新闻使用兴趣。一个对新闻有浓厚兴趣的人，更有可能使用在某个物理时空中能接触到的所有媒介来满足自身的新闻需求。就手机新闻使用而言，如果个人花很多时间去看新闻，那么他/她有可能通过更多的平台来获取手机新闻。本章因此提出以下假设：

H1：用户对手机新闻的使用时间越多，平台选择集也就越大。

[①] YUAN E, WEBSTER J G. Channel repertoires: using peoplemeter data in Beijing [J]. Journal of broadcasting and electronic media, 2006, 50（3）: 524–536.

[②] YUAN E. News consumption across multiple media platforms [J]. Information, communication & society, 2011, 14（7）: 998–1016.

二、用户因素与平台使用关系的研究假设

使用经验反映了用户的技能熟练程度和知识掌握情况。施恩巴克勒和戈登发现，以往的渠道使用经历对消费者的多渠道选择有显著作用。[1] 一个人对某媒介越了解，越会快速寻找到满足需求的产品和服务。就手机新闻平台使用而言，当用户对手机上网获取新闻的经验越多，搜寻信息的能力越强，就越有可能选择更适合的平台。本章因此提出以下假设：

H2：手机新闻使用经验对用户的平台使用具有显著影响。

个人创新性反映个人对新事物的接受意愿。个人创新性越高，越会快速地接受新技术。Li 发现，想要改变（desire for change）的个人创新性特质对手机被作为新闻获取手段有重要影响。[2] 就手机新闻平台使用而言，当用户个人的创新性特质越高，就越有可能选择更吸引他的平台。本章因此提出以下问题：

H3：个人创新性特质对手机新闻平台的使用具有显著影响。

使用动机是驱使用户使用行为的内在动力。根据文献回顾，受众使用新闻的动机主要有信息需求、娱乐放松、社会交往等。手机相比其他媒介能够提供更便捷的新闻内容、更多的可视化信息和更丰富的互动方式。客户端、浏览器、微博和微信等平台作为手机新闻使用的主要平台，在满足信息、娱乐和社交需求方面的表现是否显著仍未可知。因此，本章尝试提出以下假设：

---

[1] SCHOENBACHLER D D, GORDON G L. Multi-channel shopping: understanding what drives channel choice [J]. Journal of consumer marketing, 2002, 19（1）: 42–53.

[2] LI XIGEN. Predictive Value of Innovativeness vs. Personal Initiative in Cell Phone Use as a News Device. Paper presented at 61th Annual Conference of the International Communication Association, May 27, Boston, MA, 2011.

H4a：满足信息需求的能力对手机新闻平台的使用具有正向影响。
H4b：满足娱乐需求的能力对手机新闻平台的使用具有正向影响。
H4c：满足交往需求的能力对手机新闻平台的使用具有正向影响。

三、平台因素与平台使用关系的研究假设

平台因素是消费者平台选择决策的主要考虑因素。对手机新闻用户来说，各手机新闻平台能否带来高质量的新闻服务、能否提供最好的用户体验、能否享有丰富的选择来源等，往往是优先考虑的因素。目前的手机新闻市场上，社交和定制功能渐成新闻客户端的标配，数据新闻和视频大行其道，时间比拼、小编提醒几乎涉及微博和微信公号的各条信息。

根据已有文献和深度访谈结果，本研究认为手机新闻平台收益可重点考虑以下方面：相关和有趣是新闻内容价值的评价标准，两者在受众的新闻使用中具有显著影响，[1]可继续在手机新闻平台使用中发挥作用；满足机会被证实为媒介之间竞争的关键因素，[2]各手机新闻平台在方便性、日程适合度、内容覆盖多领域等方面差别不大，但快速获知重要新闻和获取最新动态方面需要进一步检验；互动化、定制化、平台化是手机新闻的主要特征和发展趋势，[3]因此个性化新闻、互动性和丰富的新闻来源方面的提供水平在各手机新闻平台之间也值得比

---

[1] LEE A M, CHYI H I. When newsworthy is not noteworthy [J]. Journalism studies, 2014, 15（6）: 807–820.

[2] DIMMICK J. Media competition and coexistence: the theory of the Niche [M]. Mahwah, NJ: Lawrence Erlbaum Associates. 2003.

[3] 艾媒网. 2014年中国手机新闻客户端用户研究报告 [EB/OL].（2014-12-17）[2019-01-30]. http://www.iimedia.cn/38275.html.

较；用户在各手机新闻平台上的停留时间相比点击率等能更好地反映使用水平，因此深度新闻和沉浸式体验提供水平要继续进行对比。此外，新闻内容的可信度依然作为评价各手机新闻平台的重要项目加以检验。因此，本章提出以下假设：

H5a：可信度对手机新闻平台的使用具有正向影响。

H5b：内容相关性对手机新闻平台的使用具有正向影响。

H5c：内容有趣性对手机新闻平台的使用具有正向影响。

H5d：内容时效性对手机新闻平台的使用具有正向影响。

H5e：快速获知重要新闻的能力对手机新闻平台的使用具有正向影响。

H5f：提供个性化新闻的水平对手机新闻平台的使用具有正向影响。

H5g：提供深度新闻的水平对手机新闻平台的使用具有正向影响。

H5h：提供沉浸体验的水平对手机新闻平台的使用具有正向影响。

H5i：互动性对手机新闻平台的使用具有正向影响。

H5j：可选来源的丰富性对手机新闻平台的使用具有正向影响。

四、产品因素与平台选择集合形式关系的研究问题

媒介选择的集合使用表现为两种形式：补充式（complementary patterns），即受众选择不同媒介获取不同类型的新闻，这样对一种媒介的选择并不影响另一种媒介的选择；聚合式（convergent patterns），即受众选择不同媒介获取相同类型的新闻，这样对一种媒介的选择与另一媒介的选择会联系在一起（Chaffee，1986）。[①]Yuan（2011）发现，

[①] CHAFFEE, S H. Mass media and interpersonal channels: competitive, convergent or complimentary? [M]//Intermedia: interpersonal communication in a media world, 3rd ed. New York: Oxford University Press, 1986.

除了补充式和聚合式，专属式（exclusive patterns，即选择单一媒介获取多种类型的新闻）在中国公众的媒介选择集合中也有体现。[①] 根据消费者多渠道选择理论的文献总结，产品类型是影响渠道选择决策的重要因素。两者结合来看，包括新闻类型在内的产品类型在影响手机新闻平台选择集合中应作重点探讨。

在对深度访谈材料进行分析后发现，各新闻形态类型（文本、图表和视频）在各手机新闻平台的使用都呈普遍化特征，即在客户端、浏览器、微博和微信上，用户对新闻的使用会结合多种形态，而图表、视频等消耗数据流量较大的形态会尽量选择 wifi 状态下使用，但在各平台间并无明显区别。新闻机构类型在各手机新闻平台上也呈现出全面开花的状态，这说明无论是传统的主流媒体抑或是互联网公司，都会利用多种平台来传播自身的产品，尽管各平台之间在编辑理念和运营方式上有所差异。因此，新闻形态类型和新闻机构类型在本研究中不作探讨，本章仅考虑新闻类型在手机新闻平台选择中的作用，提出以下研究问题：

RQ1：手机新闻用户的平台选择集合表现为何种形式？

本章关于手机新闻的平台选择研究框架如图 4-4 所示。

---

① YUAN E. News consumption across multiple media platforms [J]. Information, communication & society, 2011, 14（7）: 998–1016.

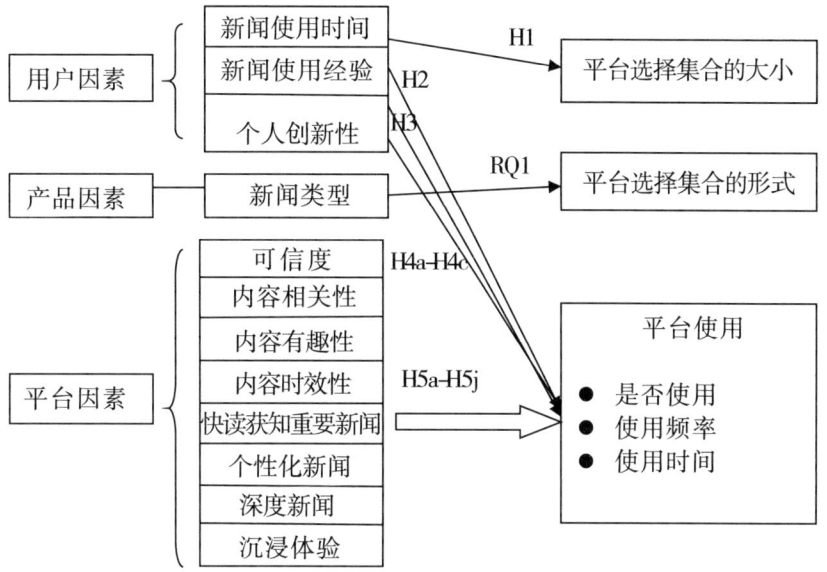

图 4-4　手机新闻的平台选择研究框架

第三节　变量测量

本章量表指标是根据已有文献的成熟量表和专家、用户深度访谈设计，而小规模访谈是问卷完善的必经之路。在对 10 名新闻传播学和市场营销学的研究生访谈后发现，个别语句措辞过于学理和复杂化，少数题项本身具有一定的倾向性，题义方面也稍有歧义。本研究对其一一做了修改，最终拟定了相关量表和题项。

具体来看，除了用户的性别、年龄、受教育程度和职业等人口统计学变量作为控制变量测量外，自变量和因变量的测量如下：

一、自变量测量

（一）手机新闻使用时间

询问受访者一周内使用手机新闻的平均天数，5个选项分别是从不使用、1天、3天、5天和7天；然后是受访者前一天使用手机新闻的时长，以5分钟为计量单位；最后将两者相乘获得用户每周使用手机新闻的总时间。

（二）手机新闻使用经验

询问受访者使用手机新闻的年份数，5个选项分别是1年以下、1～3年、3～4年、4～5年、5年以上。

（三）个人创新性

采用阿加瓦尔（Agarwal）和普拉萨德（Prasad）的研究量表，[①] 有3个题项，分别是"我知道出了一种新技术/产品，我将找机会去体验一下""我乐意参与新技术/产品的试用""在我的亲朋好友里，我通常是最先试用新技术/产品的人"。

（四）可信度

延续Yuan的测量方式，[②] 直接询问受访者对所用手机新闻平台提供可信任新闻的评价，采用李克特5分量表。1表示非常不好，5表示非常好。

[①] AGARWAL R, PRASAD J. A conceptual and operational definition of personal innovativeness in the domain of information technology [J]. Information systems research, 1998, 9（2）: 204–215.

[②] YUAN E. News consumption across multiple media platforms [J]. Information, communication & society, 2011, 14（7）: 998–1016.

（五）内容相关性

沿用 Lee 和 Chyi 的测量方式，[①] 直接询问受访者对所用手机新闻平台内容提供所需要信息的评价，采用李克特 5 分量表。1 表示非常不好，5 表示非常好。

（六）内容有趣性

沿用 Lee 和 Chyi 的测量方式，[②] 直接询问受访者对所用手机新闻平台内容轻松有趣呈现程度的评价，采用李克特 5 分量表。1 表示非常不好，5 表示非常好。

（七）内容时效性

延续迪米克关于新闻媒介满足机会维度的相关测量方式，[③] 直接询问受访者对所用手机新闻平台提供最及时新闻的评价，采用李克特 5 分量表。1 表示非常不好，5 表示非常好。

（八）快速获取重要新闻的能力

延续迪米克关于新闻媒介满足机会维度的相关测量方式，[④] 直接询问受访者对所用手机新闻平台能够帮助快速获取重要新闻的评价，采用李克特 5 分量表。1 表示非常不好，5 表示非常好。

[①][②] LEE A M, CHYI H I. When newsworthy is not noteworthy [J]. Journalism studies, 2014, 15（6）: 807-820.

[③] DIMMICK J. Media competition and coexistence: the theory of the niche [M]. Mahwah, NJ: Lawrence Erlbaum Associates. 2003.

(九)个性化新闻的提供水平

采用 Chan-Olmsted 等人对手机新闻技术优势的相关测量方式,[①] 直接询问受访者对所用手机新闻平台提供个性化新闻,即推荐和定制感兴趣内容的评价,采用李克特 5 分量表。1 表示非常不好,5 表示非常好。

(十)深度新闻的提供水平

直接询问受访者对所用手机新闻平台提供深度新闻,即呈现相关内容引导深度阅读的评价,采用李克特 5 分量表。1 表示非常不好,5 表示非常好。

(十一)沉浸体验的提供水平

直接询问受访者对所用手机新闻平台提供沉浸体验,即长时间融于阅读环境的评价,采用李克特 5 分量表。1 表示非常不好,5 表示非常好。

(十二)互动性

参考赖茨(Reitz)对社交网站互动性的测量方式,[②] 直接询问受访者对所用手机新闻平台提供的互动功能的评价,即与编辑、其他用户之间良好交流的评价,采用李克特 5 分量表。1 表示非常不好,5

[①] CHAN-OLMSTED S, RIM H, ZERBA A. Mobile News Adoption among Young adults: examining the roles of perceptions, news consumption, and media usage [J]. Journalism & mass communication quarterly, 2012, 90 (1): 126–147.

[②] REITZ A R, Online consumer engagement: understanding the antecedents and outcomes [D]. Fort Collins: Colorado State University, 2012.

表示非常好。

(十三) 可选新闻来源的丰富性

直接询问受访者对所用手机新闻平台上可选择新闻媒体或自媒体丰富程度的评价，采用李克特 5 分量表。1 表示非常不好，5 表示非常好。

(十四) 新闻动机

采用 Im 等人关于网络新闻使用动机的测量方式，[①] 共 8 个题项。其中，信息需求有 3 个题项，分别是"我使用该新闻平台是为了认识社会""我使用该新闻平台是为了学习新知识""我使用该新闻平台是为了更好地作出决策"；娱乐需求有 3 个题项，分别是"我使用该新闻平台是因为它能带来快乐""我使用该新闻平台缓解无聊""我使用该新闻平台来放松"；交往需求有 2 个题项，分别是"我使用该新闻平台是为了更好地向他人展示自己""我使用该新闻平台是为了同他人进行交流，使我在他们眼中有吸引力"。所有题项均采用李克特 5 分量表。1 表示非常不好，5 表示非常好。

(十五) 新闻类型使用

沿用 Yuan 的研究，[②] 将手机新闻平台上的新闻分为 6 种类型：时事政治新闻、财经新闻、娱乐新闻、社会新闻、体育新闻以及包括天气、交通等信息的其他新闻。受访者被要求回答他们在所用手机新闻

---

① IM Y, KIM E, KIM K, KIM Y. News perceptions and uses among online-news users [J]. Korean journal of communication, 2008, 52 (4): 181–204.

② YUAN E. News consumption across multiple media platforms [J]. Information, communication & society, 2011, 14 (7): 998–1016.

平台上对这 6 种新闻类型的使用频率，即从不、偶尔、有时、经常、总是。

二、因变量测量

（一）平台选择集的大小

询问受访者通常使用手机新闻客户端、微博、微信和手机浏览器中的哪个平台或哪些平台获取手机新闻，并统计其平台使用数量的总和，分别是 1、2、3、4。

（二）平台使用

借用 Chan-Olmsted 等人对手机新闻采用的研究，[1]本章对平台使用的考察主要分为三个方面，即是否使用某个手机新闻平台、使用频率和使用时间。其中，是否使用是分类变量，1 表示是，0 表示否。使用频率和使用时间的测量参考媒网对手机新闻客户端使用的测量方式，[2]前者采用李克特 5 分量表，分别是：从不、每天一两次、每天三五次、每天六到十次、每天十次以上；后者也采用李克特 5 分量表，分别是：0 分钟、15 分钟以下、15 分钟到 30 分钟、30 分钟到 1 小时、1 小时以上。

---

[1] CHAN-OLMSTED S, RIM H, ZERBA A. Mobile news adoption among young adults：examining the roles of perceptions, news consumption, and media usage [J]. Journalism & mass communication quarterly, 2012, 90（1）: 126–147.

[2] 艾媒网. 2014 年中国手机新闻客户端用户研究报告 [EB/OL].（2014-12-17）[2019-01-30]. http://www.iimedia.cn/38275.html.

第四节　数据收集

一、调查方法

本章采用问卷调查的方法收集数据，这是测量用户态度和行为的主要方法。

本章和下一章的问卷是合二为一的（见附录2），本章的问卷对应其中的第一部分。整个问卷在开始部分介绍了本次调查的主要目的，并对"手机新闻"做了明确界定。本章的问卷正文部分对应四大类变量，即用户因素变量、产品因素变量、平台因素变量和平台选择（使用）变量。最后的个人信息部分主要涉及人口统计学变量。

二、问卷的前测

在正式问卷形成之前，我们需要进行前测，对变量测量的有效性进行分析。信度和效度是衡量测量有效性的主要指标。本章中，新闻使用动机和个人创新性两个多题项变量需要做信度和效度分析，其余单题项变量不需要做分析。

本研究对在校学生发放了80份调查问卷，主要面向笔者的同学、朋友等。最终回收的有效问卷为68份，有效问卷回收率为85%。由于两个变量的所有题项都来自于成熟的量表，内容效度上有保证，而信度分析和因子分析的结果也表明这两个变量具有良好的信度和效度。

三、问卷的正式发放与回收

（一）样本的选择

CNNIC（2014）发布的《中国移动互联网调查研究报告》显示，

年龄为30岁及以下的手机网民在总体手机网民中占比达60%，其中20～29岁年龄段手机网民占比最大，为33.4%。学生群体在所有职业中占比最大，达到24.9%。①

CNNIC（2014）发布的《中国社交类应用用户行为研究报告》显示，在年龄结构上，68.2%的微博用户年龄在30岁以下，微信等即时通信工具的用户年龄分布与总体网民一致；在受教育程度上，微博用户大专及以上比例为49.9%，以微信为代表的即时通信工具大专及以上比例为46.7%。此外，手机成为人们刷微博的主要设备之一，近85%的微博用户会在手机端使用微博，近90%的新浪微博用户使用微博手机端。②

年轻人尤其是在校大学生是手机新闻使用的主要群体。已有的手机新闻使用研究文献中也采用了大学生样本，并验证了大学生样本的有效性。Chan-Olmsted等人指出，年轻人尤其是大学生处于建立新闻消费习惯的阶段，具备多重优势的手机新闻正在融入他们的日常生活并将对未来产生深远影响。③此外，根据文献回顾，年龄和受教育程度是影响手机新闻使用的重要因素。

综合以上考虑，本研究的样本定位在高校学生。

（二）调查方式

鉴于调查对象是有手机新闻使用经历的用户，问卷数据的收集采

---

① CNNIC. 2013-2014年中国移动互联网络调查研究报告[EB/OL].（2014-08-26）[2019-01-30]. http://www.cnnic.cn/hlwfzyj/hlwxzbg/ydhlwbg/201408/t20140826_47880.htm.

② CNNIC. 2014年中国社交类应用用户行为研究报告[EB/OL].（2014-08-22）[2019-01-30].http://www.cnnic.cn/hlwfzyj/hlwxzbg/sqbg/201408/t20140822_47860.htm.

③ CHAN-OLMSTED S, RIM H, ZERBA A. Mobile news adoption among young adults: examining the roles of perceptions, news consumption, and media usage [J]. Journalism & mass communication quarterly, 2012, 90（1）: 126-147.

用电子调查问卷的方式,通过问卷星网站平台邀请在校学生填写。本研究采取分层抽样的方式选择样本,首先,在上海市的高校中随机挑选出 5 所,再在所选高校中随机挑选 2 门公共基础课程(政治、英语)或通识课程,然后协调老师与助教进行问卷的发放(二维码扫描、网址链接等)。时间在 2014 年 11 月到 12 月,调查以参与有奖的方式进行,受访者在问卷首页被告知他们有机会赢取数十元到数百元不等的奖品。

(三)问卷回收

电子调查问卷一共回收 784 份,其中有效问卷 529 份,符合中等样本的要求。

第五节　数据分析

一、数据描述性统计分析

描述性统计有助于对样本整体形成系统认识。本章主要对样本数据进行两方面的描述性分析:一是控制变量的描述性统计,即人口统计学变量,包括用户的性别和年级等;二是自变量和因变量的描述性统计,主要为用户的基本使用特征。

(一)控制变量的描述性统计

从性别来看,男性样本 290 个,女性样本 239 个,男性比例稍高于女性。从年级来看,本科生 369 人,占比 69.8%;硕士生 135 人,占比 25.5%;博士生 25 人,占比 4.7%。

(二)自变量和因变量的描述性统计

首先是自变量的描述性统计。由于有些变量是针对各手机新闻平台单独测量而无法统计，这里仅对所有样本都回答的变量和题项进行分析。在手机新闻使用时间方面，一周平均使用天数的均值为1.93（1表示7天，2表示5天），即略超过5天，而一天平均使用时间的均值为35分钟，超过30分钟。在个人创新性方面，"找机会体验""乐意参与试用""最先使用新产品"的同意程度均值分别是3.62、3.64、3.11，三者相加的均值为3.46（3表示一般，4表示同意），即具备一点点创新性。手机新闻使用经验的均值为2.43（2表示1～3年，3表示3～5年），即3年左右。可以看出，本样本在各方面的表现都比较平均化，较好地代表了普通的手机新闻用户。

接下来是因变量的描述性统计。在平台选择集合的大小方面，样本中使用单个平台获取手机新闻的人数最多，达到215人，占比40.6%；使用两个平台的用户有176人，占比33.3%；使用三个平台的用户有98人，占比18.5%；使用全部四个平台的用户仅有40人，占比不到10%。平均来看，用户使用的手机新闻平台数量为1.93，接近2个。也就是说，用户大多只使用1～2个平台来看新闻。

具体来看，客户端和微信是使用人数最多的两个平台，使用率分别是58.4%和55.2%；浏览器排在第三位，使用率为41.4%；微博位于最后，为38.0%。此外，全部样本用户一共使用的平台总数为1021个，客户端依然以30.3%的总使用率位居首位，微信、浏览器、微博分别是28.6%、21.4%和19.7%。

二、数据的信度和效度检验

本章需要检验的变量是各手机新闻平台的使用动机和个人创新性。

信度分析主要考察量表的有效性，主要目的是测量数据结果的稳定性和可靠性程度。信度分析的常用方法是克朗巴哈α系数。如表

4-1 所示，各变量的克朗巴哈 α 系数都在 0.73 以上，说明测量的可靠性程度较高，具有良好的内部效度，符合研究的要求。

表 4-1 变量的信度检验

变量	题项	系数
个人创新性	3	0.834
客户端平台的新闻使用动机	8	0.737
微博平台的新闻使用动机	8	0.778
微信平台的新闻使用动机	8	0.803
浏览器平台的新闻使用动机	8	0.786

效度分析主要包括内容效度和结构效度。由于本章的主要变量完全来自于成熟的量表，经过多次实证检验，有较高的有效性，因此变量具有良好的内容效度。

结构效度是指量表反映各个变量之间关系的能力。本章采用因子分析方法来进行检验，通常采用巴特利特球度检验（Bartlett test of sphericity）和 KMO（Kaiser-Meryer-Olkin）的方式。其中，如果巴特利特球度检验统计量的观测值比较大，且对应的概率值 p 小于给定的显著性水平，则该变量适合做因子分析；KMO 统计量的取值在 0 和 1 之间，越接近于 1 则越适合做因子分析。常用的 KMO 度量标准是：0.9 以上表示非常适合，0.8 表示合适，0.7 表示一般，0.6 表示不太适合，0.5 以下表示极不适合。如表 4-2 所示，本章中的巴特利特球度检验显示 p < 0.01，KMO 经过检验为 0.829，说明样本数据适合因子分析。

采用主成分分析法加上正交旋转，最终得到 13 个特征值大于 1 的因子，如表 4-3 所示。可以看到，所有因子在相应变量上的载荷值都大于 0.7，说明所有量表的收敛效度都很好，符合研究的要求。

表 4-2　KMO 测度及巴特利特球度检验表

Kaiser-Meyer-Olkin Measure of Sampling Adequacy.		0.829
Bartlett's Test of Sphericity	Approx. Chi-Square	3091.031
	Df	528
	Sig.	0.000

表 4-3　因子分析表

变量	因子												
	1	2	3	4	5	6	7	8	9	10	11	12	13
个人创新性	0.818	0.083	0.185	0.103	0.103	0.105	0.143	0.121	0.102	0.025	0.078	0.012	0.135
	0.815	0.219	0.101	0.131	0.072	0.112	0.025	0.168	0.063	0.105	0.131	0.101	0.110
	0.806	0.806	0.138	0.082	0.068	0.025	0.127	0.184	0.010	0.055	0.121	0.148	0.045
客户端使用动机	0.042	0.825	0.102	0.162	0.051	0.002	0.103	0.192	0.084	0.096	0.081	0.080	0.022
	0.052	0.818	0.111	0.153	0.162	0.131	0.135	0.171	0.150	0.066	0.091	0.095	0.093
	0.073	0.812	−0.089	0.105	0.123	0.107	0.076	0.182	0.211	0.037	0.082	0.121	0.095
	0.094	0.148	0.810	0.071	0.038	0.023	0.069	0.010	0.009	0.088	0.125	0.123	0.014
	0.129	0.183	0.734	0.014	0.103	0.024	0.106	0.005	0.003	0.150	0.110	0.101	0.068
	0.103	0.153	0.714	0.103	0.015	0.189	0.073	0.041	0.194	0.088	0.092	0.053	0.097
	0.011	0.160	0.094	0.752	0.043	0.132	0.132	0.014	0.121	0.027	0.083	0.051	0.031
	0.134	0.154	0.123	0.731	0.151	0.089	0.027	0.126	0.158	0.094	0.003	0.027	0.135
微博使用动机	0.103	0.136	0.105	0.134	0.856	0.151	0.089	0.027	0.186	0.035	0.002	0.049	0.215
	0.161	0.172	0.121	0.172	0.858	0.132	0.125	0.103	0.096	0.068	0.134	0.062	0.213
	0.192	0.134	0.104	0.156	0.819	0.015	0.131	0.126	0.178	0.148	0.141	0.133	0.199
	0.103	0.061	0.052	0.103	0.052	0.787	0.062	0.097	0.121	0.025	0.143	0.092	0.023
	0.176	0.103	0.173	0.013	0.102	0.822	0.061	0.073	0.086	0.192	0.087	0.131	0.025
	0.003	0.034	0.168	0.120	0.104	0.795	0.256	0.182	0.124	0.073	0.134	0.176	0.123
	−0.030	0.056	−0.009	0.152	0.186	0.013	0.775	0.013	0.031	0.051	0.172	0.136	0.103
	0.134	0.038	0.185	0.085	0.132	036	0.737	0.036	0.037	0.183	0.156	0.029	0.185

续表

变量	因子												
	1	2	3	4	5	6	7	8	9	10	11	12	13
微信使用动机	0.117	0.093	0.083	0.158	0.173	0.148	0.061	0.872	0.156	0.013	0.103	0.026	0.044
	−0.034	0.168	0.158	0.188	0.126	0.183	0.052	0.852	0.112	0.036	0.052	0.039	0.182
	0.056	0.135	0.034	0.034	0.102	0.153	0.104	0.775	0.146	0.027	0.203	0.179	0.163
	0.038	0.003	0.021	0.021	0.115	0.160	0.103	0.125	0.849	0.128	0.114	0.083	0.196
	0.079	0.131	0.019	0.019	0.038	0.154	0.112	0.103	0.821	0.139	0.116	0.156	0.173
	0.065	0.084	0.082	0.068	0.163	0.136	0.123	0.018	0.779	0.115	0.143	0.196	0.161
	0.026	0.092	−0.103	0.046	0.183	0.172	0.094	0.197	0.025	0.822	0.145	0.014	0.120
	0.255	0.103	0.071	0.138	0.115	0.134	0.002	0.082	0.161	0.804	0.173	0.183	0.139
浏览器使用动机	0.124	0.132	0.196	0.099	0.225	0.108	0.152	0.112	0.057	0.083	0.855	0.098	0.032
	−0.023	0.171	0.079	0.103	0.231	0.081	0.061	0.135	0.031	0.069	0.836	0.131	-0.025
	0.165	0.078	0.141	0.190	0.271	0.097	0.026	0.172	0.027	0.078	0.781	0.125	0.163
	0.051	0.097	0.190	0.136	0.073	0.031	0.151	0.078	0.181	0.053	0.139	0.879	0.121
	0.077	0.128	−0.183	0.051	0.044	0.067	0.108	0.052	0.112	0.031	0.187	0.796	0.097
	0.103	0.084	0.178	0.104	0.023	0.187	0.081	0.071	0.135	0.172	0.204	0.763	0.130
	0.073	0.101	0.217	0.201	0.218	0.139	0.097	0.197	0.172	0.184	0.013	0.119	0.813
	0.062	0.113	0.201	0.171	0.221	0.203	0.152	0.192	0.078	0.175	0.053	0.203	0.741

三、研究假设的检验

（一）手机新闻使用时间与平台选择集合大小之间的关系

H1 指出手机新闻使用时间与平台选择集合大小之间存在正相关关系。本部分采用相关分析来揭示变量间统计关系的强弱，由于一周使用天数、一天使用时间、一周使用时间和平台选择集合大小等四个变量均为定距变量，因此使用 Pearson 简单相关系数。结果显示（如

表 4-4 所示），一周使用天数与平台选择集合之间呈较弱的负相关关系（r=0.210，p<0.01），一天使用时间与平台选择集合之间呈现较弱的正相关关系（r=0.166，p<0.01），而一周使用天数与一天使用时间相乘得到的一周使用时间与平台选择集合之间没有显著的相关性（r=0.076，p>0.05）。这说明手机新闻使用时间越长的用户选择的平台集并不一定越大，因此 H1 没有得到验证。

表 4-4 手机新闻使用时间与平台选择集合之间的相关性分析

		平台选择集合大小	一周使用手机新闻天数	每天使用手机新闻时间	一周使用手机新闻时间
平台选择集合大小	Pearson Correlation	1	−0.210**	0.166**	−0.076
	Sig.（2-tailed）		0.000	0.000	0.079
	N	529	529	529	529

**. p<0.01

（二）新闻使用经验、个人创新性对各平台是否使用的影响

考虑到平台是否使用属于定类变量，本部分采用了二项 Logistic 回归来分析新闻使用经验和个人创新性的影响。将手机新闻使用经验和个人创新性作为自变量，四个平台是否使用分别作为因变量，Enter 强制进入作为筛选策略，结果显示（如表 4-5 所示），新闻使用经验对各平台的使用均无显著影响，个人创新性对微博（β=0.401，p<0.01）、微信（β=0.357，p<0.05）平台的选择具有显著影响。这说明手机新闻使用经验越多的用户不一定会选择越多的平台，这与 H1 的结论一致。此外，个人的创新性特质越高，越会选择社会化媒体作为手机新闻获取的重要平台。

表 4-5　手机新闻平台是否使用影响因素的二元 Logistic 回归

		B	S.E.	Wald	df	Sig.
客户端	手机新闻使用经验	0.037	0.082	0.208	1	0.649
	个人创新性	0.233	0.147	2.511	1	0.113
	Constant	−0.553	0.493	1.260	1	0.262
		B	S.E.	Wald	df	Sig.
微博	手机新闻使用经验	0.121	0.082	2.179	1	0.140
	个人创新性	0.401	0.153	6.901	1	0.009
	Constant	−2.181	0.521	17.548	1	0.000
		B	S.E.	Wald	df	Sig.
微信	手机新闻使用经验	0.122	0.082	2.183	1	0.140
	个人创新性	0.357	0.148	5.811	1	0.016
	Constant	−1.315	0.499	6.945	1	0.008
		B	S.E.	Wald	df	Sig.
浏览器	手机新闻使用经验	0.055	0.081	0.470	1	0.493
	个人创新性	−0.054	0.146	0.138	1	0.710
	Constant	−0.295	0.490	0.364	1	0.546

（三）手机新闻使用经验、个人创新性、使用动机和平台收益评价对各平台使用的影响

本部分采用多元回归分析的方法来验证各个自变量对平台使用频率和时间的影响假设。在回归分析之前，需要对自变量进行相关检验和多重共线性检验。

检验序列相关的统计量采用的是杜宾（Drubin-Watson）检验。如果 DW=0，表示样本数据完全自相关；DW=2，表示样本数据不存在自相关；DW=4，表示样本数据完全负相关。一般来说，DW 值在 2 附近可以认为样本数据不存在自相关，可以进行回归分析。本研究中，各手机新闻平台（客户端、微博、微信、浏览器）的使用频率对

手机新闻使用经验、个人创新性、使用动机和平台（任务）评价等变量的回归方程的杜宾检验 DW 值分别是 2.109、2.031、2.115 和 2.214，而使用时间回归方程的杜宾检验 DW 值分别是 1.793、2.002、2.170 和 2.037，都在 2 附近，说明变量之间不存在序列相关。

检验多重共线性的主要有容忍度（Tolerance）和方差膨胀因子（Variance inflation factor，VIF）。容忍度在统计上等于 $1-R2$，其中 R2 是自变量与其他自变量之间的复相关系数的平方，R2 越大代表模型中其他变量可以有效解释这个变量。容忍度的取值范围在 0 至 1 之间，越接近于 0 表示多重共线性越强；越接近于 1 表示多重共线性越弱。方差膨胀因子是容忍度的倒数，VIF 的值越大，变量之间越可能存在共线性的问题。一般认为容忍度大于 0.1，方差膨胀因子小于 10，自变量的共线性不大，可以接受。本研究中，各手机新闻平台（客户端、微博、微信、浏览器）的使用频率对手机新闻使用经验、个人创新性、使用动机和平台（任务）评价等变量的回归方程的容忍度范围分别是 0.607～0.960、0.753～0.974、0.747～0.934、0.780～0.981，而使用时间回归方程的容忍度范围分别是 0.582～0.960、0.641～0.933、0.690～0.960、0.424～0.799，都在 0.4 以上。在方差膨胀因子方面，各手机新闻平台（客户端、微博、微信、浏览器）的使用频率对手机新闻使用经验、个人创新性、使用动机和平台（任务）评价等变量的回归方程的 VIF 值范围分别是 1.042～1.648、1.027～1.329、1.071～1.338、1.020～1.282，而使用时间回归方程的 VIF 值范围是 1.041～1.675、1.071～1.561、1.025～1.449、1.251～2.360，都在 2.5 以下。这说明变量之间不存在多重共线性。

各变量对手机新闻平台使用频率和使用时间的影响，如表 4–6 和表 4–7 所示。

表 4-6　手机新闻平台使用频率影响因素的回归分析

	客户端	微博	微信	浏览器
手机新闻使用经验	0.236**	0.271**	0.206**	
个人创新性		0.131#	−0.185#	
可信度				
内容相关性	0.150*			
内容有趣性				0.239**
内容时效性		0.240**		
快速获取重要新闻		0.232*	0.173*	
个性化新闻	0.134*			0.255**
深度新闻	−0.116#			
沉浸体验			0.108#	
互动性				
来源选择丰富性	0.136*			
信息需求	0.169*			
娱乐需求			0.220**	
交往需求				
性别	−0.412**		0.290*	−0.599**
年龄			0.173*	
年级	0.229**			
R2	0.255	0.166	0.167	0.215
调整后的 R2	0.232	0.157	0.147	0.204

\# $p < 0.1$；* $p < 0.05$；** $p < 0.01$

表 4-7 手机新闻平台使用时间影响因素的回归分析

	客户端	微博	微信	浏览器
手机新闻使用经验	0.116**	0.286**	0.154**	0.144**
个人创新性	0.268**			
可信度				
内容相关性	0.231**	0.372**		
内容有趣性				
内容时效性			−0.131#	
快速获取重要新闻	0.185**	0.255**	0.147*	
个性化新闻			0.235**	0.295**
深度新闻				0.304**
沉浸体验	0.206**	−0.172#		
互动性	−0.135#	0.233**		−0.252**
来源选择丰富性				
信息需求				
娱乐需求			0.235**	0.201**
交往需求	−0.219**	−0.208*		
性别	−0.219#		0.298*	−0.414**
年龄				−0.187*
年级	0.160#			0.365**
R2	0.270	0.255	0.179	0.362
调整后的 R2	0.245	0.232	0.162	0.334

\# $p<0.1$；* $p<0.05$；** $p<0.01$

H2 指出手机新闻使用经验对平台使用具有显著影响。回归分析的结果显示，手机新闻使用经验对客户端（$\beta = 0.236$，$p < 0.01$）、微博（$\beta = 0.271$，$p < 0.01$）、微信（$\beta = 0.206$，$p < 0.01$）的使用频率有显著的正向影响，对浏览器的影响则不显著。手机新闻使用经验对客户端（$\beta = 0.116$，$p < 0.01$）、微博（$\beta = 0.286$，$p < 0.01$）、微信

（β = 0.154，p < 0.01）和浏览器（β = 0.144，p < 0.01）使用时间的正向作用全部显著。可以看出，资深的手机新闻用户会频繁地使用各种平台上的新闻信息。结合之前手机新闻使用经验对各平台是否使用无显著影响的结论，H2 被大部分证实。

H3 指出个人创新性对平台使用具有显著影响。回归分析的结果显示，个人创新性会对客户端使用时间产生积极影响（β = 0.268，p < 0.01），对微博的使用频率有一定的正向影响（β = 0.131，p < 0.1），对微信的使用频率会有一定的负面作用（β = −0.185，p < 0.1），对其他平台的使用频率和使用时间都没有显著影响。结合之前个人创新性对平台是否使用影响的分析，这一发现颇为有趣：一方面，微信作为高创新性特质用户的经常性使用新闻平台的地位有所下降；另一方面，客户端和微博被高创新性特质用户使用的时间显著增加，这在一定程度上反映了手机新闻平台生态的竞争趋势。H3 被部分证实。

H4a 指出信息需求对平台使用具有正向影响。回归分析的结果显示，信息需求只对客户端的使用频率具有显著的积极影响（β = 0.169，p < 0.05），而对其他平台的使用频率和所有平台使用时间的影响都不显著。这一发现确认了客户端作为获取手机新闻最重要、最频繁的平台地位。H4a 只得到部分验证。

H4b 指出娱乐需求对平台使用具有正向影响。回归分析的结果显示，娱乐需求会对微信的使用频率（β = 0.220，p < 0.01）和使用时间（β = 0.235，p < 0.01）产生显著的正向作用，也对浏览器的使用时间有显著的积极影响（β = 0.202，p < 0.01），而对其他平台的使用频率和使用时间都没有显著作用。可以看出，微信和浏览器在提供放松、娱乐方面有优势，也衬托出客户端和微博平台的严肃性。H4b 被部分证实。

H4c 指出交往需求对平台使用具有正向影响。回归分析的结果显示，交往需求会对客户端的使用时间（β = −0.219，p < 0.01）和微博

的使用时间（β =–0.208，p < 0.05）产生显著的负面影响，而对其他平台的使用时间和所有平台的使用频率并无显著作用。这表明用户并不把客户端和微博作为进一步互动和交流的经常性工具，其中的原由值得深思。H4c 没有得到验证。

H5a 指出可信度对平台使用具有正向影响。回归分析的结果显示，可信度对各平台的使用时间和使用频率的影响都不显著。这表明可信度在四种平台间的差异越来越模糊，手机新闻的重度用户没有将可信度作为评判标准。H5a 没有得到验证。

H5b 指出内容相关性对平台使用具有正向影响。回归分析的结果显示，内容相关性会对客户端的使用频率（β = 0.150，p < 0.05）和使用时间（β = 0.231，p < 0.01）产生积极影响，也会对微信（β = 0.372，p < 0.01）的使用时间有正向的显著影响，而对其他平台的使用频率和使用时间无显著作用。可以看出，客户端和微信在持续提供用户所需要的内容上表现得很好，这两个平台的内容建设确实是当前新闻媒体机构投入资源最多的地方。H5b 被部分证实。

H5c 指出内容有趣性对平台使用具有正向影响。回归分析的结果显示，内容有趣性会对浏览器的使用频率产生积极影响（β = 0.239，p < 0.01），对其他平台的使用频率和使用时间则无显著影响。这一发现令人惊讶，浏览器平台的内容以令人印象深刻和有吸引力的方式呈现出来，或许是借助 HTML5 等新技术实现了升级改造。H5c 被部分证实。

H5d 指出内容时效性对平台使用具有正向影响。回归分析的结果显示，内容时效性会对微博的使用频率产生显著的正向影响（β = 0.240，p < 0.01），但也对微信平台的使用时间产生一定的负面作用（β =–0.131，p < 0.1），对其他平台的使用频率和使用时间作用不显著。这一发现确认了微博和微信两种社交平台在实现新闻动态第一时间传播方面的差异。H5d 被部分证实。

H5e 指出快速获取重要新闻的程度会对平台使用具有正向影响。

回归分析的结果显示，快速获取重要新闻的程度对客户端的使用时间（$\beta = 0.185$，$p < 0.01$）、微博使用频率（$\beta = 0.232$，$p < 0.05$）、微博使用时间（$\beta = 0.255$，$p < 0.01$）、微信使用频率（$\beta = 0.173$，$p < 0.05$）和微信使用时间（$\beta = 0.147$，$p < 0.05$）均产生正向的显著影响，而对客户端的使用频率和浏览器的使用时间与使用频率均无显著作用。可以发现，客户端和社交平台在快速获知重要新闻方面的优势成为其频繁被使用的重要动力，而融合社交和媒体双重功能的微博和微信平台更是大出风头。H5e 被大部分证实。

H5f 指出个性化新闻的提供水平对平台使用具有正向影响。回归分析的结果显示，个性化新闻的提供水平会对客户端使用频率（$\beta = 0.134$，$p < 0.05$）、微信使用时间（$\beta = 0.235$，$p < 0.01$）、浏览器使用频率（$\beta = 0.255$，$p < 0.05$）和浏览器使用时间（$\beta = 0.147$，$p < 0.01$）产生显著的积极影响，而对其他平台的使用频率和使用时间则无显著影响作用。有两点值得注意：一是浏览器也加入了越来越多的用户定制和推荐功能；二是微博提供个性化新闻的能力有所降低，这或许也是微博渐趋衰弱的重要原因之一。H5f 被部分证实。

H5g 指出深度新闻的提供水平对平台使用具有正向影响。回归分析的结果显示，深度新闻的提供水平会对客户端的使用频率产生一定的负面影响（$\beta = -0.116$，$p < 0.1$），对浏览器的使用时间会有显著的正向作用（$\beta = 0.304$，$p < 0.01$），而对其他平台的使用频率和使用时间均无显著影响。可以显见，客户端在深度新闻提供方面与浏览器存在明显差距，这也是客户端接下来要重点突破的地方。H5g 部分证实。

H5h 指出沉浸体验的提供水平对平台使用具有正向影响。回归分析的结果显示，沉浸体验的提供水平会对微信的使用频率产生一定的积极影响（$\beta = 0.108$，$p < 0.1$），对客户端的使用时间会具有显著的正向作用（$\beta = 0.206$，$p < 0.01$），对微博的使用时间会产生一定的负面影响（$\beta = -0.172$，$p < 0.1$），而对其他平台的使用频率和使用时间均无显著

影响。可以看出，客户端和微信在提供用户长时间阅读环境方面表现出众，而微博由于广告和冗余信息导致用户持续使用的积极性下降。H5h 被部分证实。

H5i 指出互动性会对平台使用具有正向影响。回归分析的结果显示，互动性评价会对客户端的使用时间产生一定的负面影响（$\beta = -0.135$，$p < 0.1$），对浏览器的使用时间具有显著的负面影响（$\beta = -0.252$, $p < 0.01$），对微博的使用时间具有显著的正向作用（$\beta = 0.233$, $p < 0.01$），而对微信的使用时间和所有平台的使用频率均无显著影响。微博的开放性与互动性是其他平台所不能比拟的，客户端仍需继续推进社交化进程，而微信和浏览器天然地处于弱势。H5i 被部分证实。

H5j 指出来源选择的丰富性对平台使用具有正向影响。回归分析的结果显示，来源选择的丰富性评价只对客户端的使用频率有显著的积极影响（$\beta = 0.136$，$p < 0.05$），而对其他平台的使用频率和所有平台的使用时间的影响都不显著。新闻媒体机构和自媒体把更多的重心放在打造客户端平台上，并通过用户数据挖掘来有效提升体验。H5j 只得到部分验证。

（四）手机新闻平台集合的使用形式

RQ1 探究的是手机新闻平台的使用形式。本章对 24 种新闻类型（4 种平台 *6 种新闻类型）进行了因子分析，以期对这 24 种新闻类型的使用进一步简化和汇总。根据调查结果，本章中的巴特利特球度检验显示 $p < 0.01$，KMO 经过检验为 0.698，说明这 24 种新闻类型适合通过因子分析来降维。

本章采用了方差最大法进行正交旋转的主成分因子分析，并设置了因子和条目选择的 2 项原则：每个因子的特征根值大于 1；条目的因子负荷值至少要高于 0.5。结果显示，提取出来的 8 个因子共解释了原有变量总方差的 75.679%。

表 4-8　手机新闻平台的使用形式因子分析

	Component							
	1	2	3	4	5	6	7	8
因子1：浏览器平台新闻的专属使用								
浏览器：时政新闻	0.677	0.195	0.144	0.055	-0.061	0.321	-0.055	0.063
浏览器：娱乐新闻	0.572	-0.023	0.042	0.030	0.380	0.070	-0.096	0.016
浏览器：社会新闻	0.757	-0.042	0.123	0.016	0.155	0.092	0.091	0.139
浏览器：其他新闻	0.659	0.072	0.074	0.010	-0.098	-0.100	0.376	-0.005
因子2：新旧平台的补充使用								
客户端：财经新闻	0.063	0.672	0.436	0.106	0.031	-0.026	-0.073	-0.177
微博：财经新闻	-0.021	0.653	-0.078	0.063	0.024	0.323	0.306	-0.077
微信：财经新闻	0.026	0.800	-0.063	0.005	-0.023	0.091	0.046	0.262
浏览器：财经新闻	0.456	0.559	0.034	-0.006	-0.075	-0.025	0.059	-0.055
因子3：客户端平台的专属使用								
客户端：时政新闻	0.158	0.293	0.623	0.073	-0.157	0.416	-0.048	0.090
客户端：社会新闻	0.119	-0.103	0.771	0.068	0.094	0.140	0.072	0.126
客户端：其他新闻	0.155	0.084	0.606	0.114	0.074	-0.116	0.445	0.039
因子4：新旧平台的补充使用								
客户端：体育新闻	0.121	0.060	0.331	0.735	-0.003	-0.077	-0.139	-0.016
微博：体育新闻	-0.002	-0.010	-0.076	0.644	0.215	0.234	0.190	-0.066
微信：体育新闻	-0.091	0.011	-0.014	0.754	-0.108	0.068	0.100	0.270
浏览器：体育新闻	0.404	0.137	0.079	0.556	-0.030	-0.093	0.006	-0.119
因子5：新平台间的补充使用								
客户端：娱乐新闻	0.083	0.014	0.380	-0.032	0.624	-0.167	0.066	-0.010
微博：娱乐新闻	0.065	-0.121	-0.201	00.192	0.753	0.161	0.042	-0.029
微信：娱乐新闻	-0.087	0.104	0.057	-0.141	0.671	-0.030	0.021	0.376
因子6：社交平台间的补充使用								
微博：时政新闻	0.082	0.125	0.095	0.083	-0.018	0.831	0.117	-0.080
微信：时政新闻	0.159	0.290	0.063	0.046	-0.008	0.665	-0.130	0.470
因子7：社交平台间的补充使用								
微博：其他新闻	0.059	0.235	0.050	0.078	-0.016	0.068	0.795	0.111
微信：其他新闻	0.170	-0.049	0.156	0.045	0.042	0.086	0.603	0.489
因子8：社交平台间的补充使用								
微博：社会新闻	0.050	-0.125	0.081	-0.002	0.312	0.291	-0.283	0.731
微信：社会新闻	0.055	-0.006	0.096	0.088	0.149	-0.060	0.199	0.809
累计可解释变异	75.679							

如表 4-8 所示，在这 8 个因子中，因子 1 和因子 3 的全部条目分别从属于浏览器和客户端上使用的新闻类型，主要包括时政新闻、社会新闻和其他新闻，因此将其分别命名为浏览器平台的专属使用（exclusive use）和客户端的专属使用，表明浏览器和客户端对其他平台的替代作用；因子 2 和因子 4 的全部条目分别来自 4 种平台的财经新闻和体育新闻，表明用户会使用多种平台来满足同一类新闻需求，因此命名为新旧平台的补充使用（这里的"旧"指传统的网页平台）；因子 5 的全部条目来自客户端、微博和微信上的娱乐新闻，表明用户会使用这些相对较新的平台来满足娱乐需求，因此将其命名为新平台的补充使用；因子 6、因子 7 和因子 8 的全部条目分别来自微博、微信平台上的时政新闻、其他新闻和社会新闻，表明用户会使用社交平台来满足上述的某一类新闻需求，因此将其命名为社交平台的补充使用。也就是说，手机新闻平台的选择集合主要表现为单个平台的专属使用和多个平台的补充使用，并没有在多个平台上使用多种新闻类型的情况。因此，对 RQ1 的回答是：手机新闻平台的选择集合属于单平台专属式和多平台补充式。

第六节　研究结论及讨论

一、研究结论

本章采用了相关分析、回归分析和因子分析的方法，对影响手机新闻平台集合的大小、形式和平台使用的因素做了系统研究。

（一）用户因素的影响效应

相关分析结果表明，用户因素中的手机新闻使用时间对平台选择集合大小没有显著影响。具有较高新闻兴趣的用户并不会把太多的平台作为经常性的选择，而是倾向于选择一到两个平台。这表明新闻媒体机构要想在手机新闻市场上取得成功，并不能简单地实施"全平台"覆盖策略，而是要深耕能施展自身优势的平台。

回归分析结果表明，用户因素中，对手机新闻平台使用有部分显著影响的是使用经验、使用动机和个人创新性。使用经验对平台使用频率和时间有显著影响，但对平台选择没有显著作用。手机新闻市场的壮大需要培育高黏度的用户实现经济价值，当前的形势比较有利。在使用动机方面，客户端作为手机端新闻信息专属服务的龙头地位已得到认可，但其劣势是互动性较弱，这有待社交功能的加入和支持。作为中国目前最火的社交应用，微信的朋友圈推荐内容和公众号精心服务营造的愉悦氛围加速了新闻的传播和扩散，而微博交流和互动功能的弱化或许是其渐趋颓势的原因之一。个人的创新性特质越高，越会频繁地使用客户端和微博，这表明客户端和微博在优化服务、增加新功能上已有起色，而微信平台并没有做出更好的表现。

（二）新闻类型的影响效应

因子分析结果表明，不同平台新闻类型使用的主要方式简化为单平台专属式和多平台补充式。进一步分析后发现，单平台专属式主要体现在两个非社交平台上，它们分别为用户提供丰富的新闻类型选择，这一方面表明了用户开始习惯于在单个平台上选择多种新闻类型满足自身的需求，另一方面也说明用户在主动建立分属于不同平台的媒体集群，这与客户端和浏览器的平台特性密切相关。多平台补充式可细分为新旧平台补充式、新平台补充式和社交平台补充式，表明用户会通过多种平台来满足自身的新闻兴趣，社交平台在提供时政新闻、社会新闻和天气交通等信息方面的作用不可小觑。

这一结论与已有的媒介选择集合理论有所不同。之前的文献指出,受众的媒介选择集合形式是多样的:补充式、聚合式和专属式。但本研究中用户的手机平台选择没有聚合式,即在多种平台上使用不同类型的新闻,如在电视上看社会新闻、在报纸上看时政新闻。这一现象表明用户对新闻平台的使用沿着横向和纵向延伸,值得今后更加深入的探讨。

(三)平台因素的影响效应

回归分析结果表明,平台因素中,对手机新闻平台使用有部分显著影响的是内容相关性、内容有趣性、内容时效性、快速获知重要新闻的程度、个性化新闻提供水平、深度新闻提供水平、沉浸体验、互动性和可选来源的丰富性。手机新闻相比其他媒介新闻确实在技术方面有优势,但这种优势在不同平台上的表现却是不同的。具体来看,客户端在内容相关性、内容时效性、快速获知重要新闻、个性化新闻、沉浸体验和可选来源丰富性方面具有优势,但在深度新闻提供和互动性方面劣势明显;微博在内容时效性、快速获知重要新闻和互动性方面具有优势,但在沉浸体验方面略显不足;微信在快速获知重要新闻、个性化新闻和沉浸体验方面具有优势,但在内容时效性方面存在缺陷;浏览器在内容有趣性、个性化新闻、深度新闻方面有优势,但其互动性的劣势也很明显。

可信度对手机新闻平台使用的影响并不显著。与之对照的是,在媒介选择集合理论中,可信度是影响媒介选择的重要因素。可能原因是,新闻机构和个人在4种平台上都有覆盖,且内容表现上无明显差异。多种媒介中选择一种媒介,与同一种媒介中选择不同平台,可信度的作用是不能沿用的。

二、研究结论的理论和实践价值

（一）理论价值

本章建立了手机新闻的平台选择模型，从用户因素、产品因素和平台因素几方面进行了系统的研究，具有重要的理论意义。

首先，本研究基于手机新闻的发展现状提出了平台选择集合假说，这是对媒介选择集合理论的拓展。已有文献多关注多媒介生态中媒介选择集合的问题，并没有将手机新闻多平台的生态纳入考虑范围。

其次，本研究深化了对平台选择集合影响因素的认识，提出用户因素、产品因素和平台因素作为主要解释变量，而以往的研究多强调媒介结构性因素和用户因素。

再次，本研究对平台选择的测量不仅仅停留在大小和是否使用上，而是结合了使用频率、使用时间和使用形式等多种方式进行评估。

最后，本研究的平台选择集合假说是对消费者渠道选择理论在新闻消费领域的初探，其中，新闻使用动机、新闻类型和平台收益等是切合手机新闻平台的选择实际的。

（二）实践价值

首先，基于新闻使用时间并不影响手机平台组合大小的结论，那些以为实现了"全平台"覆盖就能留住深度用户进而实现经济效益的媒体机构，应该重新考量如何深耕更具有吸引力的平台。

其次，基于手机新闻平台使用形式为单平台专属式和多平台补充式的结论，手机新闻服务提供者需要在单个平台上提供丰富的新闻内容，从而吸引用户较长时间的停留。通过开设多个分类的账号、鼓励记者和编辑在社交平台上更新内容、建设吸引自媒体入驻的平台，媒体机构可以实现对用户各种类型新闻需求的满足。此外，手机新闻的运营者需要做好新闻内容在各平台上的分工合作，服务于用户的跨平台新闻使用需求。事实上，澎湃新闻和界面新闻已经开始这么做了。

最后，基于用户因素和平台因素对手机新闻平台使用影响的结论，手机新闻服务提供者需要明确各平台在满足各类人群的某方面需求上的相对差异，并对各平台在服务上的优劣势有清楚的认知，从而制定有针对性的应对措施。比如，微信平台的经常使用者通常具有较多的新闻使用体验，但创新性特质有限，他们最关心如何快速获知重要新闻和个性化新闻来满足自身的放松和娱乐需求。

第七节 小结

本章构建了手机新闻的平台选择影响因素模型，并对平台选择集合假说进行了验证。通过对529个在校学生样本的问卷调查，并采用回归分析和因子分析后的结果发现，用户因素对平台选择集合大小的影响不明显；新闻类型对平台选择集合形式的影响表现为单平台专属式和多平台补充式；平台因素对平台使用的影响大部分被支持。这些结论既界定了平台选择集合理论的适用范围，也拓展了媒介选择集合理论的应用范围。

第五章
手机新闻的来源使用及影响因素研究

手机新闻的获取，除了考虑平台的因素外，还要对各种来源进行选择。各类新闻媒体机构纷纷进行"全媒体""全平台"转型，央视新闻客户端、壹读微信公众号、人民日报微博等均获得了相当多用户的青睐。但，究竟什么样的手机新闻来源才能被关注下载使用？哪些因素影响用户对这些手机新闻来源（品牌）的选择过程？这些都是值得关注并研究的新课题。

对于手机新闻运营者来说，稳定性、经常性的用户使用才是他们追求的目标，以借此获得广告和其他收入补贴。这与传统新闻媒介类似，例如报社举办各类促销或营销活动吸引全年订户。我们可以这样认为，对某个手机新闻的来源使用不仅是下载关注那几分几秒的事，而且是长期性的重复使用。因此，本研究将用户对手机新闻来源的忠诚作为考察的重点。

手机新闻的兴起赶上了社交网络的热潮。来自所关注的他人/好友的评论、推荐等信息对用户阅读新闻内容、订阅新闻媒体、下载新闻应用等使用行为的影响愈加明显。一篇好的文章被分享、被评论、被点赞的次数越多，越能产生巨大的传播效应。事实上，手机新闻客户端也在朝着社交化的方向发展，而以今日头条为代表的新型手机客户端也正是借助于对用户社交网络数据的挖掘，实现了信息的精准推荐和个人定制化信息功能。

根据文献回顾，目前我们还没有发现社交媒体时代背景下社会影响因素对用户新闻媒体来源选择的研究。本章则结合社会影响因素和手机新闻服务质量因素，建构手机新闻的来源使用研究模型，从而探究用户选择和使用手机新闻的来源机理。

第一节 来源使用理论综述

有关新闻媒体机构来源使用的文献表明，满意度、品牌经验等在来源（品牌）选择及使用中具有重要影响。事实上，这些研究视角几乎全都来自消费者行为学。因此，本研究重点梳理了消费者行为学中关于来源（品牌）使用的相关理论及进展，依照时间顺序大体可分为传统时期的"质量—满意—忠诚"模型、互联网时期的"电子质量—契合—忠诚"模型以及社会化媒体时代社会影响因素在消费决策中的强化。

值得提及的是，这些消费者行为模型的背后都有"刺激—机体—反应"（Stimulus-Organism-Response，S-O-R）经典模型的身影。源自环境心理学的该模型认为，环境中的某些特定特征会引发个人的某些心理状态，并导致相应的行为反应，[1] 在被应用于消费者行为研究中时则将消费者视为处理所接收信息的机体。[2] 刺激（Stimulus）指消费时的环境设计、产品质量和社会属性等；机体（Organism）指消费者的情感和认知状态；反应（Response）则通过行为或态度表现出来。[3] 具体到下述模型中，质量、电子质量、社会影响因素是刺激；满意、契合是机体；忠诚是反应。

---

[1] DONOVAN R J, ROSSITER J R. Store atmosphere: an environmental psychology approach [J]. Journal of retailing, 1982, 58（Spring）: 34–57.

[2] VERMA H V. Service marketing: text and cases. Nodia, India: Dorling Kindersly Pvt. Ltd. 2012.

[3] LOUREIRO S, RIBERIO L. The effect of atmosphere on emotions and online shopping intention: Age differentiation. Paper presented at the Australian and New Zealand Marketing Academy Conference, November, Perth, Australia, 2011.

一、"质量—满意—忠诚"模型

"质量—满意—忠诚"模型是对消费者满意度指数模型的概括，被广泛应用于传统商品或服务领域的消费者行为研究中。

美国消费者满意度指数模型（ACSI）是近来年被最多研究者采用的消费者满意度模型，由美国密歇根大学商学院国家质量研究中心的福内尔（Fornell）教授提出。实证结果表明，ACSI 走势与 GDP 变化、道琼斯工业指数变动及消费者支出情况高度相关。[①]

ACSI 模型认为，消费者满意度主要是由消费者在购买和使用产品的经历中所产生的对产品质量和价值的实际感知，并将这种感知与之前的期望比较而得到的感受和体验所决定的。这与期望价值理论密切相关。

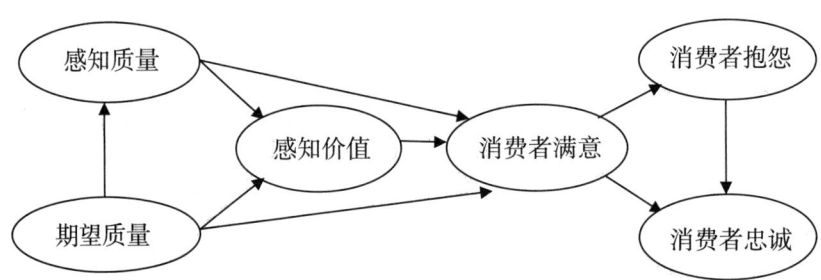

图 5-1　消费者满意度模型（ACSI）

如图 5-1 所示，感知质量对消费者满意的影响有两条路径：直接影响和通过感知价值中介作用的间接影响。消费者满意对忠诚有直接影响。其中，感知质量用质量定制化感知、质量可靠性感知和质量总体评价三个方面衡量；感知价值用产品服务成本与收益比较后的性价比来衡量；消费者满意用总体满意度、产品质量与预期的比较、产品

---

① 霍映宝. 顾客满意度测评理论与应用研究 [M]. 南京：东南大学出版社，2010：14–17.

质量同理想产品的比较三个方面衡量；消费者忠诚用重复购买的可能性、价格承受力两个方面衡量。①

二、"电子质量—契合—忠诚"模型

在当前的互联网环境下，传统的"质量—满意—忠诚"理论模型受到挑战。王高山等人对已有文献梳理后发现，这些挑战主要体现在以下四个方面：②

（一）电子服务质量的定义需要重新改写

从用户感知评价电子服务质量是研究者的共识，目前已有多种测量模型，如 E-S-QUAL/E-RecS-QUAL、WEBQUALTM、WebQual4.0、PWQ（Perceived Web Quality）、SITEQUAL、eTailQ 和 eTransQual。尽管如此，针对具体的应用和服务仍需要根据用户的实际体验设计更适合的量表。

（二）对服务质量的测量与对顾客满意度的测量越来越接近

已有文献的梳理显示，服务质量与顾客满意度之间存在显著的正相关关系，且多数服务质量量表中已经包括了能直接体现满意度的顾客感受的测量。因此，检验服务质量与伴随网络环境出现的新变量之间的关系，如信任、价值、顾客契合等，显得更有必要。

---

① JOHNSON M D, ANDERSON E W, FORNELL C. Rational and adaptive performance expectations in a customer satisfaction framework [J]. Journal of consumer research, 1995, 21(4): 695-707.
② 王高山，于涛，张新. 电子服务质量对用户持续使用的影响：顾客契合的中介效应[J]. 管理评论, 2014 (10): 126-137.

（三）顾客契合（Customer Engagement）受到极大的关注

这得益于新兴网络技术及社交媒体的发展和营销思想的转变。顾客与企业所发生的联系可以在网络上得以追踪、测量和分析，这种测量分析结果反映了顾客的某种心理状态，且顾客被视为价值的共同创造者而非仅仅是使用者，因此，顾客契合在购买决策中的作用值得深入探究。

（四）忠诚与持续使用

信息系统研究中把用户对某种信息系统重复、稳定的使用行为称为"持续使用"，消费者行为研究中把用户重复购买的可能性、价格承受力等作为衡量"忠诚"的要素。在电子环境下，忠诚的概念与持续使用基本接近，也指消费者对该公司网站或产品网页的经常性光顾。

在此背景下，新技术环境下的顾客契合议题成为研究的热门，但就"顾客契合"这一概念本身尚未达成共识。目前，业界和学界给出了两类定义：前者从管理实务出发，偏概念化，如美国国家质量奖《卓越绩效准则》认为"顾客契合是顾客对组织的品牌和供应品的投入或承诺"；后者将顾客契合视为一种心理状态，具有认知、情感和行为等多维特征，更具有研究的可操作性。

尽管研究者对顾客契合的测量采用了不同类型的维度，但人们还是发现并验证了"电子质量—契合—忠诚"模型。赖茨（Reitz）将用户契合分为认知、情感和参与三个层面，对 Facebook 上关注企业账号的用户使用及购买行为进行了探索，发现企业网页的信息质量、娱乐质量和互动质量对用户契合有显著影响，并通过用户契合的中介作用影响企业的关注忠诚度。[①] 王高山等人将用户契合分为热情、有意

[①] REITZ A R. Online consumer engagement: understanding the antecedents and Outcomes [D]. Fort Collins: Colorado State University, 2012.

识地参与和社会互动三个层面，对电子购物网站的用户契合及持续使用进行了研究，发现电子购物网站的安全便利性、商品质量保证性和互动性对用户契合有显著影响。①

三、社会化媒体时代社会影响因素在购买决策中的强化

个人行为会受到他人的影响这一点已被学界所认同，这些因素被称为社会影响。多伊奇（Deutsch）和杰拉德（Gerard）把社会影响分为两类：信息性影响和规范性影响。前者指个人将他人信息作为真实的信息来看待，主要考察所接收信息的内容、来源和传者；后者指个人顺从他人的期望，主要考察他人的态度。他们发现，消费者乐于从各类参照群体那里获取信息，比如朋友、同学或者与他们相似的其他消费者。②

在之后的研究中，学者们对信息性影响和规范性影响进行了更深入的探讨。在信息性影响方面，信息来源可靠性、相似性感知的作用得到证实，即消费者更愿意信任那些在某个领域的专家和值得信赖的人，③也更倾向于向那些跟自己相似的来源寻求建议。④在规范性影响方面，产品流行度的作用得到较多认可。

---

① 王高山，于涛，张新. 电子服务质量对用户持续使用的影响：顾客契合的中介效应 [J]. 管理评论，2014（10）：126–137.

② DEUTSCH M, GERARD H B. A study of normative and informational social influences upon individual judgment [J]. The journal of abnormal and social psychology, 1955, 51（3）: 629–636.

③ PETTY R E, HAUGTVEDT C P, SMITH S M. Elaboration as a determinant of attitude strength: Creating attitudes that are persistent, resistant, and predictive of behavior [M] //Attitude strength: antecedents and consequences. Mahwah: Lawrence Erlbaum Associates. 1995.

④ SMITH D, MENON S, SIVAKUMAR K. Online peer and editorial recommendations, trust, and choice in virtual markets [J]. Journal of interactive marketing, 2005, 19（3）: 15–37.

托多罗夫（Todorov）等人指出，启发—系统式信息处理模型（Heuristic-Systematic Information-Processing Model）可以较好地解释社会影响因素的作用机制。该模型将个人处理信息的方式分为两种：一是启发式处理，用关键性的少数信息作为判断依据；二是系统式处理，用尽可能多的信息支持决策。为了减少不确定性，更多人会选择启发式的信息处理方式。①

互联网时代的信息被极大地延展，但这也造成了信息的过剩和用户选择的困难。社会化媒体的出现则提供了新的过滤和参考机制。这种新兴传播平台的显著特征是人们能够利用它分享信息、意见和观点，增进了人们之间的联系和互动。社会化媒体营销也正是利用用户的在线评论和推荐提升了产品价值和购买意愿。目前，社会化购物网站的蓬勃发展即是明证。

在针对社会化网站购买行为的实证研究中，社会影响因素的作用得到了充分验证。格兰奇（Grange）和本巴萨特（Benbasat）指出，相似性感知、专业性感知和集体启发等被更多地用于社会化消费环境中的信息处理。②萧（Hsiao）等人发现，在社会化网站的购买决策中，用户对这个虚拟社区的专业性感知、真诚性感知和流行性感知具有重要作用，而用户对虚拟社区中推荐意见的信任起中介作用。③钟雪

---

① TODOROV A, CHAIKETV S, HENDERSON M D. The heuristic-systematic model of social information processing [M]. //The persuasion handbook: developments in theory and practice. CA: SAGE, 2002.

② GRANGE, C, BENBASAT I. Strategies used for consumers to extract value from online shopping networks [C]// Social mediating technologies workshop at the ACM 2009 SIGCHI conference on human factors in computing systems, 2008.

③ HSIAO K L , LIN J C, WANG X Y, LU H R, YU H. Antecedents and consequences of trust in online product recommendations: an empirical study in social shopping [J]. Online information review, 2010, 34（6）: 935-953.

提出了社交购物网站中社会影响因素对消费者光顾及购买意愿的影响模型，以相似性感知、专业性感知、真诚性感知和流行性感知等为自变量，以功利价值、享乐价值和社会价值为中介变量。[①]

四、来源使用理论综述小结

对传播学和消费者行为学关于来源或品牌选择及使用的文献对比后发现，传播学的受众研究一直在紧跟消费者行为学研究的步伐。因此，本研究需要在以下方面作出努力：

首先，手机新闻服务质量需要制定有针对性的测量方案。在考虑新闻信息质量、互动性的基础上，要根据手机新闻的发展状况和使用实际加入更多的衡量指标。

其次，手机新闻来源的用户契合有待深入研究，主要表现在两方面：一是在众多的顾客契合概念中挑选出更符合手机新闻使用的概念；二是对用户契合与用户使用的关系做进一步探讨。

最后，社会化媒体时代的手机新闻来源使用应考虑到社会影响因素的作用，这一点在以往的研究中并未涉及，且应重点了解其中的影响机理。其中，如何将质量—契合—忠诚模型与社会影响因素相结合，是本研究面临的重大挑战。

第二节 研究模型

基于 S-O-R 框架，本研究结合社会影响理论、信息系统成功模型

---

① 钟雪兒. 消费者在社交网站中的光顾及购买意愿研究 [D]. 合肥：中国科技大学，2013.

建立手机新闻的来源使用影响机制模型（如图5-2所示）。该模型以社会影响因素和手机新闻服务质量因素作为刺激因素，调查它们对用户契合三个维度（机体）的影响，而用户契合三个维度对手机新闻的来源忠诚（反应）关系也将得到检验。

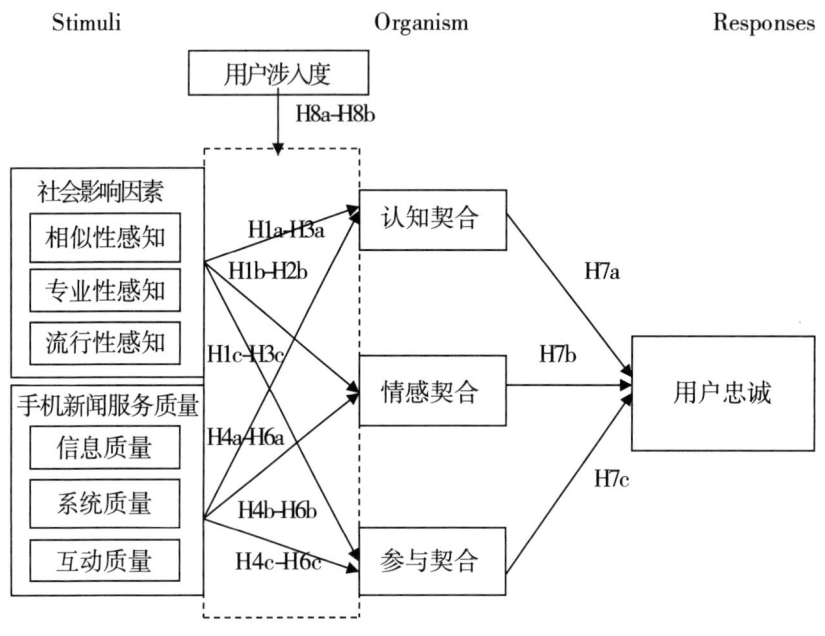

图5-2　手机新闻的来源使用理论模型

该研究模型中，社会影响因素大体上沿用了钟雪艹的界定，[①]包括相似性感知、专业性感知、流行性感知，但去除了"善意性感知"一项。根据深度访谈的资料分析可得知，少量的恶意刷分和差评并没有造成用户对意见和推荐信息的理解困扰。

手机新闻服务质量因素的研究主要参考了"改进版信息系统成功模型"，该模型将影响信息系统成功的因素归纳为"系统质量

---

① 钟雪艹.消费者在社交网站中的光顾及购买意愿研究[D].合肥：中国科技大学，2013.

（System Quality）"、"信息质量（Information Quality）"和"服务质量（Service Quality）"。① 手机新闻伴随手机尤其是智能手机的发展而出现，这个信息系统的好坏是衡量其能否成功的关键。本研究在考虑手机新闻服务特征的基础上，将手机新闻服务质量划分为"系统质量""信息质量""互动质量"。

关于"用户契合"的概念学界尚未达成共识。赖茨从3H（Head, Heart and Hands）的角度界定在线用户契合，其中，Head代表用户契合的认知部分，Heart代表用户契合的情感部分，Hands代表用户契合的行动部分即参与，经实证检验，具备良好的信度和效度。② 他的研究针对的是Facebook网站上"关注"企业信息的用户忠诚使用及产品购买意愿，这与社交化时代手机新闻服务使用的情境大致契合，因此本研究也沿用这一分类法——认知契合、情感契合、参与契合。

第三节 研究假设

本章的研究假设分为以下四个部分：社会影响因素对用户契合的影响；手机新闻服务质量对用户契合的影响；用户契合对用户忠诚的影响；用户涉入度对社会影响因素和手机新闻服务质量与用户契合之间关系的调节效应。

---

① DELONE W H, MCLEAN E R. The DeLone and McLean model of information systems success: a ten-year update [J]. Journal of management information systems, 2003, 19 (4): 9-30.

② REITZ A R. Online consumer engagement: understanding the antecedents and outcomes [D]. Fort Collins: Colorado State University, 2012.

一、社会影响因素与用户契合关系的假设

相似性感知（Perceived Similarity），包括人口统计学上的相似性感知和价值观、偏好、兴趣、品味、生活方式等方面的相似性感知。[①] 在传媒消费领域，相似性感知主要表现在对媒介产品和服务的偏好、品味、兴趣等方面。在本研究的手机新闻的来源使用领域，相似性感知则侧重对手机新闻的来源偏好和品味相似性的认知。包括传统新闻媒体、互联网新闻门户网站及新闻信息类服务的垂直类科技公司在内的新闻信息生产与传播主体纷纷发力手机新闻，这也是目前手机应用市场竞争最为激烈的领域之一。要做出最优的决策，用户必须在如此多的选择范围中仔细甄选，可以想见这一过程的繁杂。一种简化的办法就是寻求相似性个体的建议和意见，了解该来源的更多信息，作为来源选择过程的过滤和参考。相似性吸引理论（Similarity-Attraction Theory）为这种现象提供了解释。该理论认为，人们倾向于积极地评估和他们相似的个人。[②] 此外，相似性个人的建议和意见可以确认自身选择的有效性、正确性和减少不确定性。[③] 社交化购物行为的研究提供了这方面的证据：相比个人意见，其他买家的意见被给予更多考量，并对购买行为有积极影响。[④] 如果个人认为他人和自己在新闻使

[①] GILLY M C, GRAHAM J L, WOLFINBARGER M F, YALE L J. A dyadic study of interpersonal information search [J]. Journal of the academy of marketing science, 1998, 26（2）: 83–100.

[②] BYRNE D, GRIFIITT W, STEFANIAK D. Attraction and similarity of personality characteristics [J]. Journal of personality and social psychology, 1967, 5（1）: 82–90.

[③] GRANGE C, BENBASAT I. Strategies used for consumers to extract value from online shopping networks [C]. Social mediating technologies workshop at the ACM 2009 SIGCHI conference on human factors in computing systems, 2008.

[④] HSIAO K L, LIN J C, WANG X Y, LU H R, YU H. Antecedents and consequences of trust in online product recommendations: an empirical study in social shopping [J]. Online information review, 2010, 34（6）: 935–953.

用方面偏好的品味类似，那么他人的意见就有可能对他/她在手机新闻的来源选择方面有所影响，体现在选择前的参考作用和选择后的确认作用。因此，本研究首先提出以下假设：

H1a：对他人的相似性感知对手机新闻来源用户的认知契合有正向影响。

研究显示，不确定性会引发一系列不愉快的感觉，如压力、紧张和焦虑等。① 正如之前指出的，相似性感知会通过选择时的确认作用来减少不确定性，从而产生积极的心理状态。另一方面，愉悦感在与其他人互动加强和意见一致时会增强。Al-Natour等人发现，相似性感知会影响与他人互动的意愿和深度，且借由这种沟通上的便利和潜在冲突的减少实现愉快感。② 洛格纳汗（Raghunathan）和科夫曼（Corfman）指出，面对相同刺激的相似意见可以为双方带来归属感，这有助于愉悦感的产生；反之，如果双方意见不和，分离感就会产生。③ 虚拟社区的相关研究证实了相似性感知与用户积极心理状态的关系。④ 依此推断，如果个人认为他人和自己在新闻使用方面偏好的品味类似，那么他人的意见就有可能令他/她在选择手机新闻的来源时产生愉悦感。因此，本研究提出以下假设：

H1b：对他人的相似性感知对手机新闻来源用户的情感契合有正向影响。

---

①③ RAGHUNATHAN R, CONFMAN K. Is happiness shared doubled and sadness shared halved? Social influence on enjoyment of hedonic experiences[J]. Journal of marketing research, 2006, 43（3）: 386–394.

② AL-NATOUR S, BENBASAT I, CENFETELLI R. The adoption of online shopping assistants: perceived similarity as an antecedent to evaluative beliefs [J]. Journal of the association for information systems, 2011, 12（5）: 347–374.

④ KENG C J, TING H Y. The acceptance of blogs: using a customer experiential value perspective [J]. Internet research, 2009, 19（5）: 479–495.

正如之前提到的，相似性感知能促进人与人之间密切关系的发生和发展。其实，新闻使用的一个重要目的是促进与他人的交流，手机新闻的社交化呈现使"同道中人"的寻找与联络更加便利。这种密切关系的一个重要结果是，个人会通过转发分享、发表评论和点赞行为寻求相似性他人的认可，从而达到一种群体内的认同感和归属感。朋友圈中那些大热的文章就是通过好友间的层层分享达到扩散性传播的轰动效果的，朋友群内一个人的点赞评论也会引发其他人的积极参与。我们也就此推断，如果个人认为他人和自己在新闻使用方面偏好的品味类似，那么他人的意见就有可能在他／她对手机新闻的来源评价参与方面产生影响。因此，本研究提出以下假设：

H1c：对他人的相似性感知对手机新闻来源用户的参与契合有正向影响。

专业性感知（Perceived Expertise），主要指某一特定领域的技能、胜任度和能够施加影响的其他特征的感知。[1] 在手机新闻的来源选择上，专业性感知主要指对手机新闻来源进行评价的个人所具备的丰富经验和专业能力的感知。他人意见的专业性是衡量该项意见的一个重要条件，而这种意见专业性的判断通常与意见发表者个人专业性的判断存在密切联系。布里斯托（Bristor）发现，当面对一个来自专业人士的推荐时，人们便主动丧失了重新检查和细究这些推荐信息真实性和客观性的动机。[2] 在解释这种现象时研究者认为，专业性意见

---

[1] MAYER R C, DAVIS J H, SCHOONNAN F D. An integrative model of organizational trust [J]. academy of management review, 1995, 20（3）: 709-734.

[2] BRISTOR J M. Enhanced explanations of word of mouth communications: the power of relationships [J]. Research in consumer research, 1990 (4): 51-83.

因其本身的权威感而具有参考价值。[1] 传播学的"二级传播"理论认为，意见领袖会对他人的态度产生影响。在社会化商务环境中，意见领袖的专业性也会对他人的购买意愿产生积极影响，[2] 而时尚买家和其他专业性意见对用户购买行为的正向影响作用也被证实。[3] 就手机新闻的来源选择使用而言，如果个人认为他人具备专业的新闻素养和经验，那么他人的意见就有可能加深其对手机新闻来源的了解和认识，从而对其选择并使用该来源产生积极影响。因此，本研究提出以下假设：

H2a：对他人的专业性感知对手机新闻来源用户的认知契合有正向影响。

查看专业人士的意见推荐是一项愉快的体验，而当个人与专业人士的意见一致时，这种愉悦感会加倍扩大。[4] 事实上，研究者在解读人们喜欢与富有经验的同伴逛街购物这一现象时，就将之归结于帮助购物和增强愉悦感。[5] 此外，专业人士能带来最新鲜的业界资讯和使用感受，引领他人赶上潮流，这也会在一定程度上增加愉悦感。[6] 就

---

[1] AMBLEE N, BUI T. Harnessing the influence of social proof in online shopping: the effect of electronic word of mouth on sales of digital microproducts [J]. International journal of electronic commerce, 2011, 16（2）: 91-114.

[2] 梦非. 社会化商务环境下意见领袖对购买意愿的影响研究 [D]. 南京：南京大学, 2012.

[3] 钟雪冰. 消费者在社交网站中的光顾及购买意愿研究 [D]. 合肥：中国科技大学. 2013.

[4] RAGHUNATHAN R, CONFMAN K. Is happiness shared doubled and sadness shared halved? Social influence on enjoyment of hedonic experiences[J]. Journal of marketing research, 2006, 43（3）: 386-394.

[5] MANGLEBURG T F, DONEY P M, BRISTOL T. Shopping with friends and teens' susceptibility to peer influence[J]. Journal of retailing, 2004, 80（2）: 101-116.

[6] DENNIS C, MORGAN A, WRIGHT L T, JAYAWARDHEIM C. The influences of social e-shopping in enhancing young women's online shopping behavior [J]. Journal of customer behavior, 2010, 9（2）: 151-174.

手机新闻来源的使用而言,在浩瀚的来源中,专业的推荐意见无疑具有重要意义:一是为下载、关注等最终行为决策提供参考;二是帮助了解最新、最有趣的新闻来源。如果个人认为他人具备专业的新闻素养和经验,那么他人的意见就有可能对其手机新闻的来源选择及使用过程产生愉悦感。本研究因此提出以下假设:

H2b:对他人的专业性感知对手机新闻来源用户的情感契合有正向影响。

个人寻求专业意见获取信息支持,也有动力参与专业意见的传播支持。一方面,个人有可能将这些专业意见转发分享,推荐其他人也进行使用。对专业意见的支持有助于个人形成在他人面前的权威感,这与媒体的运行逻辑类似。媒体的专业性来自特定领域专业知识的传播,而媒体本身并不生产这些专业知识。另一方面,个人通过支持专业意见所推荐的来源,与推荐者达成心理上的交往联系,在社交网站上表现为"赞""喜欢"按钮。就手机新闻来源而言,如果个人认为他人具备专业的新闻素养和经验,那么他人的意见就有可能对其手机新闻来源的评价参与产生积极影响。本研究因此提出以下假设:

H2c:对他人的专业性感知对手机新闻来源用户的参与契合有正向影响。

流行性感知(Perceived Popularity),是指产品或服务被人们认同和喜欢的程度。在手机新闻的来源选择使用中,流行性感知主要指某个手机新闻来源受到好评和受欢迎程度的感知。流行性感知作为规范性影响因素,能对用户的判断施加影响。流行性感知反映了其他人对某产品或服务的整体态度,有助于选择风险的降低和消除。[①] 这种选

---

① PARK D H, LEE J, HAN I. The effect of on-line consumer reviews on consumer purchasing intention: the moderating role of involvement [J]. International journal of electronic commerce, 2007, 11(4): 125–148.

择决策的背后，是人们将产品或服务流行性视作衡量其质量的重要标志，[①] 即使其他人出现了选择错误也会尽量跟随大众潮流。[②] 流行性效应的最典型载体是排行榜，销量大、下载多、点击频繁的商家和产品被一再光顾和购买。就手机新闻的来源选择而言，处于各大手机应用市场下载量前列、关注粉丝量多、阅读数和点赞数多的手机新闻来源就有可能被更多地使用。也就是说，如果个人认为该手机新闻来源受到很多人的好评，那么他/她有可能有兴趣了解关于它的更多信息，从而对选择并使用该来源产生积极影响。因此，本研究提出以下假设：

H3a：流行性感知对手机新闻来源用户的认知契合有正向影响。

使用流行的手机新闻来源，有可能使个人感到这是非常正确的决定并为此感到欣喜和满足。此外，越是流行的内容，是否越会受到转发和评论，值得进一步探讨。因此，本研究提出以下假设：

H3b：流行性感知对手机新闻来源用户的情感契合有正向影响。

H3c：流行性感知对手机新闻来源用户的参与契合有正向影响。

二、手机新闻服务质量与用户契合关系的假设

信息质量（Information Quality），指用户对信息系统提供的信息在重要、相关、有用、信息性、可用、可了解、可读性、清楚、格式、外观、内容、正确、精确、简明、充分、完整、可信、时效、适时、独特、可比较性、数量、客观等23个项目上的评估。[③] 在互联网

[①] HANSON W A, PUTLER D S. Hits and misses: Herd behavior and online product popularity [J]. Marketing letters, 1996, 7（4）: 297–305.

[②] MISHIA S, UMESH U, STEM D E. Antecedents of the attraction effect: an information-processing approach [J]. Journal of marketing research, 1993, 30（3）: 331–349.

[③] DELONE W H, MCLEAN E R. The DeLone and McLean model of information systems success: a ten-year update [J]. Journal of management information systems, 2003, 19（4）: 9–30.

上，信息质量主要指网页等载体呈现的信息在精确性、时效性、相关性和客观性等维度上的表现。[①] 根据皮卡德（Picard）对新闻机构实现经济价值方式的解读，[②] Lee 和 Chyi 从相关和有趣两个方面来界定新闻的评判标准：[③] 相关是对新闻内容的要求；有趣是对新闻表现形式的要求。因此，手机新闻信息质量也主要考察在手机新闻来源上呈现内容的相关性和有趣程度。奥布莱恩（O'Brien）和汤姆斯（Toms）通过深度访谈发现当系统能提供用户要寻找的信息时，契合便会产生，尤其是当这些信息与他们的需求相关和相符时。[④] 此外，尽管信息质量会引起较为稳定的认知，但它也会激发更多情感上的反应，如沉浸于这些信息中会产生愉快感。最后，信息的互动能够为契合搭建连接的桥梁。赖茨把网页质量作为用户契合的前置影响变量，结果发现，感知企业网页信息质量对 Facebook 用户契合有部分影响，其中，认知、情感部分的影响显著，参与部分则无显著影响。[⑤] 依此推理，如果个人认为其所呈现的信息在内容相关性和形式有趣性方面表现较好，那么他/她就有可能认为使用该手机新闻来源能帮助其了解它的理念追求等更多内涵，能产生更多的满足感并参与更多关于该来源的

[①] OU C X, SIA C L. Consumer trust and distrust: an issue of website design [J]. International journal of human-computer studies, 2010, 68（12）: 913–934.

[②] PICARD, R G. Journalism, value creation and the future of news organizations [M]. Boston: Harvard University, 2006.

[③] LEE A M, CHYI H I. When Newsworthy Is Not Noteworthy [J]. Journalism studies, 2014, 15（6）: 807–820.

[④] O'BRIEN H, TOMS E. What is user engagement? A conceptual framework for defining user engagement with technology [J]. Journal of American society for information science and technology, 2008, 59（6）, 938–955.

[⑤] REITZ A R. Online consumer engagement: understanding the antecedents and Outcomes [D]. Fort Collins: Colorado State University, 2012.

信息互动。本研究因此提出以下假设：

H4a：信息质量对手机新闻来源用户的认知契合有正向影响。

H4b：信息质量对手机新闻来源用户的情感契合有正向影响。

H4c：信息质量对手机新闻来源用户的参与契合有正向影响。

系统质量（System Quality）指信息系统处理信息能力的评估，包括 18 个项目，即资料正确性、数据时效性、数据库内容、易用、易学、便于接近、对用户需求的了解、系统功能的有用、系统正确性、系统弹性、系统可信性、系统复杂度、系统整合性、系统效率、资源可用性、反应时间、周转时间等。[1] 手机新闻系统质量主要指手机新闻网站及网页在功能设置易用有用、响应速度、链接、搜索、交互等方面的性能。系统质量对信息系统功利价值、情感价值的作用，已被众多各类信息系统满意度测评模型所证实。已有研究在信息系统质量对用户参与的影响方面做了探索，但这种检验是间接的，即系统质量是否通过用户价值感知和用户满意的中介作用对用户参与施加影响。[2] 新闻媒体机构在手机新闻客户端、微博、微信等平台建设中不断进行系统优化、增加社交化定制化的目标就是提升用户的使用体验。如果个人认为该手机新闻来源的系统易用性、实用性、交互性方面表现较好，那么他/她就有可能进一步了解它的理念追求等更多内涵，能产生更多的满足感并参与更多关于该来源的信息互动。本研究因此提出以下假设：

H5a：系统质量对手机新闻来源用户的认知契合有正向影响。

H5b：系统质量对手机新闻来源用户的情感契合有正向影响。

---

[1] DELONE WH, MCLEAN E R. The DeLone and McLean model of information systems success: a ten-year update [J]. Journal of management information systems, 2003, 19 (4): 9–30.

[2] 张鑫遥. 健康网站信息服务满意度评价指标体系研究 [D]. 长春：吉林大学, 2011.

H5c：系统质量对手机新闻来源用户的参与契合有正向影响。

互动质量（Interactivity Quality）是用户对中介化环境中传播双向性、可控制性和反应性程度的感知。[①]Lee 认为互动性是互联网最重要的特性，是网站营销中的关键策略。[②] 手机新闻服务的互动质量主要指用户对于与手机新闻来源、其他用户等交流方面质量的感知。Cyr 等人对旅游度假网站的用户使用进行了实验研究，结果显示，包括用户控制、连接性和反应性在内的互动性感知对用户认知、情感和信任有显著影响。[③] 赖茨发现，企业网页的互动性对用户认知、情感和参与都有显著影响，其中，对用户参与的影响大于其他因素。[④] 在手机客户端、微博、微信上，各新闻媒体机构的小编争相卖萌，努力拉近与用户的心理距离。用户的精彩评论也会被小编转发，如此吸引更多人参与评论。记者、编辑也开通微博、微信等社交服务，稳固老用户，吸纳新客户。因此，如果个人认为该手机新闻来源提供了较好的互动服务，那么他／她就有可能进一步了解它的理念追求等更多内涵，能产生更多的满足感并参与更多关于该来源的信息再传播。本研究因此提出以下假设：

---

① MOLLEN A, WILSON H. Engagement, telepresence and interactivity in online consumer experience: reconciling scholastic and managerial perspectives [J]. Journal of business research, 2010, 63（9–10）: 919–925.

② LEE T. The impact of perceptions of interactivity on customer trust and transaction intentions in mobile commerce [J]. Journal of electronic commerce research, 2005, 6（3）: 165–180.

③ CYR D, HEAD M, IVANOV A. Perceived interactivity leading to e-loyalty: development for a model for cognitive-affective user responses [J]. International journal of human-computer studies, 2009, 67（10）: 850–869.

④ REITZ A R. Online consumer engagement: understanding the antecedents and outcomes [D]. Fort Collins: Colorado State University, 2012.

H6a：互动质量对手机新闻来源用户的认知契合有正向影响。
H6b：互动质量对手机新闻来源用户的情感契合有正向影响。
H6c：互动质量对手机新闻来源用户的参与契合有正向影响。

三、手机新闻来源用户契合与忠诚关系的假设

新闻媒体来源（品牌）提供优质的手机新闻服务，目的在于获得用户的持续使用和长期认可。

对手机新闻来源的更多认识，包括其历史发展脉络、编辑理念、长远目标等，有助于用户形成对该新闻来源更全面和完整的看法，而这些动态看法的累积会对用户的态度和行为产生影响。新闻媒体微信公众号在页面下方设置单元展现最富特色的版块和曾被广泛讨论的热点文章；"早安""晚安"已成为人民日报微博的特色。当手机新闻来源与用户对新闻呈现的要求相符时，用户就会对该来源作出积极评价。

对手机新闻来源的更多满意，有助于用户形成对该新闻来源的期待，这种预期会对用户下次选择使用产生影响。主流媒体积极响应互联网思维进行手机数字化转型，最主要的目标即是提升用户体验。这种体验是心理的，建立在尊重用户需求和习惯的基础上。当用户认为选择使用该手机新闻来源是一个明智决定的时候，满足感和愉悦感会推动其作出下一步的决定。

对手机新闻来源的更多参与，包括给予好评、分享给他人、好友间推荐等，会加深用户与该新闻来源之间的心理联系，有助于二者之间建立更持久的关系。手机新闻来源的参与对扩大影响力和吸引新用户都有积极意义，简单便利的参与方式更是加速了这一进程。

Shang 等人对苹果手机软件用户的研究发现，品牌认知会引起品牌知识的增加进而促进品牌忠诚，而软件虚拟社区的情感认同和上传

评论等参与也会对品牌忠诚有积极影响。[①] 赖茨对 Facebook 用户的研究发现，对所关注企业网页的用户契合对企业忠诚有正向影响，认知和情感契合的影响要大于参与契合。[②] 依此推理，如果个人对手机新闻来源存在较好的认知契合、情感契合或参与契合，那么他/她有可能对该来源有较高的忠诚度。本研究因此提出以下假设：

H7a：认知契合对手机新闻来源用户的忠诚有正向影响。
H7b：情感契合对手机新闻来源用户的忠诚有正向影响。
H7c：参与契合对手机新闻来源用户的忠诚有正向影响。

四、用户涉入度调节作用的相关假设

借用扎伊克斯基（Zaichkowsky）对顾客涉入度的研究，[③] 手机新闻来源的涉入度主要指用户基于自身的使用需求、自身价值观和兴趣对手机新闻来源选择所感知到的重要程度。用户涉入度越高，在选择手机新闻来源时考虑的因素就越多。现阶段，除了《解放日报》推出的"上海观察"App 等只有会员能阅读全部内容外，绝大多数手机新闻服务都是免费使用的，这给予用户极低的使用成本。另一方面，调查显示，有些手机应用程序打开频率过低，存在"沉睡"现象。因此，考察用户对手机新闻来源的涉入度，对理解手机新闻的来源选择过程是十分有必要的。

文献检索结果显示，尚无研究用户涉入度在手机新闻来源使用中作

---

① SHANG R, CHEN Y, LIAO H. The value of participation in virtual consumer communities on brand loyalty [J]. Internet research, 2006, 16（4）: 398–418.

② REITZ A R. Online consumer engagement: understanding the antecedents and outcomes [D]. Fort Collins: Colorado State University, 2012.

③ ZAICHKOWSKY J L. Measuring the involvement construct [J]. Journal of consumer research, 1985, 12（3）: 341–352.

用的相关文献。因此，本书对用户涉入度在社会影响因素与手机新闻服务质量影响用户契合调节作用的研究是探索性的。参考李存超（2014）对用户涉入度对电子商务平台使用影响的相关研究，本研究提出以下假设：

H8a：用户涉入度对社会影响因素与手机新闻来源契合之间的关系具有显著调节作用。

H8b：用户涉入度对移动新闻服务质量与手机新闻来源契合之间的关系具有显著调节作用。

第四节 变量测量及数据收集

一、变量测量

本章量表指标根据已有文献的成熟量表和专家、用户深度访谈设计，并根据对 10 名新闻传播学和市场营销学的研究生访谈意见一一做了修改，最终拟定了相关量表和题项。除了人口统计学变量外，其余变量的测量如表 5-1 所示。

表 5-1 本章变量量表和参考来源

变量	代码	题项	参考来源
相似性感知（PS）	PS1	使用该新闻客户端的他人，对新闻的品味和我相似	Shen et al.7
	PS2	使用该新闻客户端的他人，新闻的价值观和我相近	
	PS3	使用该新闻客户端的他人，对新闻的兴趣爱好和我相似	
专业性感知（PE）	PE1	使用该新闻客户端的他人具备专业的新闻素养	
	PE2	使用该新闻客户端的他人具有新闻评判的专业能力	
	PE3	使用该新闻客户端的他人有丰富的新闻使用经验	

续表

变量	代码	题项	参考来源
流行性感知（PP）	PP1	该新闻客户端被许多人喜欢	Park et al.8
	PP2	该新闻客户端受到很多人的好评	
	PP3	该新闻客户端是非常受欢迎的	
信息质量（IQ）	IQ1	该新闻客户端可以获得最及时的新闻	Lee & Chyi9；本研究
	IQ2	该新闻客户端可以获得精确可信的新闻	
	IQ3	该新闻客户端上的内容是我所需要的	
	IQ4	该新闻客户端上新闻类内容的呈现是有趣的	
	IQ5	该新闻客户端上新闻类内容的呈现是轻松的	
	IQ6	该新闻客户端上新闻类内容的呈现是令人印象深刻的	
系统质量（SQ）	SQ1	该新闻客户端界面简洁，功能易用	DeLone & McLean10
	SQ2	该新闻客户端启动和页面打开速度都很快	
	SQ3	该新闻客户端功能完善，可以轻松访问任何地方	
互动质量（IN）	IN1	该新闻客户端的用户与用户之间互动良好	
	IN2	该新闻客户端上我与小编之间互动良好	
	IN3	该新闻客户端上其他用户与小编之间互动良好	
认知契合（CE）	CE1	任何与该新闻客户端相关的信息都会引起我的关注	Reitz 11；本研究
	CE2	我想了解更多关于该新闻客户端的信息	
	CE3	我曾花时间去了解关于该新闻客户端的信息	
情感契合（EE）	EE1	该新闻客户端是令人满意的	
	EE2	使用该新闻客户端的经历使人感到愉快	
	EE3	使用该新闻客户端使我沉浸于快乐之中	
参与契合（RE）	RE1	我会转发分享该新闻客户端的内容	
	RE2	我会评论该新闻客户端的内容	
	RE3	我会回复或转发其他人对该新闻客户端内容的评论	
用户忠诚（UI）	UI1	我会继续使用该新闻客户端	Gilly et al.12
	UI2	我会推荐该新闻客户端给其他人	
	UI3	我认为自己是该新闻客户端的忠实用户	
	UI4	即使有其他选择，我也会使用该新闻客户端	

续表

变量	代码	题项	参考来源
用户涉入度（UV）	UV1	在许多可供选择的新闻客户端中，我很关心选择哪一个	Zaichkowsky13
	UV2	正确地选择一个新闻客户端，对我来说很重要	
	UV3	我很在意选择这个新闻客户端之后的结果	

二、调查方法

本章采用问卷调查的方法收集数据。

本章的问卷对应附录 2 的第二部分。首先让受访者选择他们最常使用的客户端来源。这些客户端来源主要来自艾媒网发布的 2013 年中国手机新闻客户端活跃用户排行榜 8 强，再加上《人民日报》、新华社、央视和澎湃新闻等 4 个主流媒体客户端，以及知乎日报、畅读等 2 个新兴客户端，共计 15 个选项。本章问卷的正文包括 37 个题项，分别对应五大类变量，即社会影响因素、手机新闻服务质量、用户契合、用户忠诚和用户涉入度。

问卷采用李克特七分量表设计，让填答者对各题项进行打分，分别给予 1 到 7 分。"1"表示非常不同意，7 表示非常同意。

三、问卷的前测

在正式问卷形成之前，需要进行前测，对变量测量的有效性进行分析。本研究对在校学生共发放了 80 份调查问卷，主要面向笔者的同学、朋友等。最终回收有效问卷 70 份，有效问卷回收率为 87.5%。检验结果显示，各变量的克朗巴哈 α 系数都在 0.73 以上，达到了研究的要求。各变量的测量题项大都来自已有的成熟量表，少数变量量表为专家和用户访谈所得，保证了变量的内容效度。各测量题项上的荷载值均大于 0.5，符合效度的要求。

四、问卷的正式发放与回收

（一）样本的选择

本章的样本主要选择具有手机新闻客户端使用经历的手机用户。

选择手机新闻客户端用户作为研究对象基于以下几点原因：一是手机新闻客户端是手机新闻市场中竞争最为激烈的领域，包括传统新闻机构和互联网门户网站在内的多元主体纷纷涉足，因此对手机新闻客户端使用影响机理的研究，对促进主流媒体的手机化转型有重要意义；二是手机新闻客户端相比微博、微信，是更独立完整的信息系统，单一手机新闻来源或品牌的理念会较充分地呈现出来，质量评估也能更好地反映该新闻来源或品牌的发展实力和潜力；三是手机新闻客户端的创办主体相比微博、微信更为"纯粹"，专业的新闻生产编辑队伍远超自媒体，手机新闻的来源选择也会相对稳定和严谨。

根据艾媒网对2014年手机新闻客户端用户的调研数据，目前80后和90后是主要用户，二者占总用户数比重超过六成；在用户性别方面，男性用户比例高于女性用户，占比为55.1%；在学历分布中，专科学历和本科学历占据了前两位，占比分别为36.6%和24.1%。

已有的手机新闻使用研究文献中也采用了大学生样本，并验证了大学生样本的有效性。Chan-Olmsted等人指出，年轻人尤其是大学生正处于建立新闻消费习惯的阶段，具备多重优势的手机新闻正在融入他们的日常生活并将对其未来产生深远影响。[1] 此外，根据文献回顾，年龄和受教育程度是影响手机新闻使用的重要因素。

综合以上考虑，本研究的样本选择高校学生。

---

[1] CHAN-OLMSTED S, RIM H, ZERBA A. Mobile news adoption among young adults: examining the roles of perceptions, news consumption, and media usage [J]. Journalism & mass communication quarterly, 2012, 90（1）: 126–147.

（二）调查方式

鉴于调查对象是有手机新闻使用经历的用户，问卷数据的收集采用电子调查问卷的方式，通过问卷星网站平台邀请在校学生填写。本研究采取分层抽样的方式选择样本，首先在上海市的高校中随机挑选出5所，再在所选高校中随机挑选2门公共基础课程（政治、英语）或通识课程，然后协调老师与助教进行问卷的发放（二维码扫描、网址链接等）。时间在2014年11月到12月，调查以参与有奖的方式进行，受访者在问卷首页被告知他们有机会赢取数十元到数百元不等的奖品。

（三）样本规模

由于本项研究采用的是结构方程模型（SEM）工具，并且采用偏最小二乘法（PLS）建模，因此样本数目必须符合相应的要求。缪勒（Mueller，1997）认为，在SEM分析中，样本数不能过小。如果从模型观测变量的数目来界定样本人数，则样本数与观测变量数的比例应在10∶1至15∶1之间。由于本研究需要测量的观测变量题项有37个，因此370～555个样本应该是比较适合的。

（四）问卷回收

电子调查问卷一共回收554份，有效问卷511份，符合研究的要求。

第五节　数据分析

一、数据质量分析

（一）数据正态性检验

样本数据的正态分布检验是结构方程模型分析的前提，主要通过偏度和峰度系数判定。统计显示，各变量所有题项的偏度系数在 –0.120～–0.912 之间，绝对值均小于 1；峰度系数在 –0.465～1.103 之间，绝对值小于 1.5。因此，这两个正态分布检验指标均在正常范围内，即数据基本呈现正态分布，符合研究的要求。

（二）数据的描述性统计

从性别来看，男性样本 329 个，女性样本 182 个，男性比例明显大于女性。从年级来看，本科生 355 人，占比 69.5%；硕士生 121 人，占比 23.7%；博士生 35 人，占比 6.8%。这些样本符合研究设计的初衷。

在用户最常使用的客户端中，腾讯新闻、新浪新闻、网易新闻、百度新闻和凤凰新闻名列前五，累计用户使用率达到 84%，再加上其后的搜狐新闻和今日头条，累计使用率超过 90%，而传统主流媒体机构所创办的新闻客户端在本样本中份额较低。这也大致反映了学生群体中新闻客户端的使用现状。

（三）数据的信度和效度检验

本部分采用 Smart PLS 2.0 软件对测量模型进行检验。

首先采用验证性因子分析（Confirmatory Factor Analysis，CFA）对变量的信度和收敛效度（Convergent Validity）进行检验。如表 5–2 所示，量表中各因子的克朗巴哈 α 系数和组合信度值均高于 0.80，表明量表具有较好的信度。各因子的平均抽取方差（Average Variance Extracted，AVE）都高于 0.70，各题项的标准负载也均高于 0.70，表明量表具有较好的收敛效度。

表 5-2 信度和收敛效度检验

因子	题项	标准负载	克朗巴哈 α 系数（Cronbach's alpha）	组合信度（Composite Reliability）	平均抽取方差（AVE）
系统质量	SQ1	0.857	0.857	0.913	0.778
	SQ2	0.905			
	SQ3	0.884			
信息质量	IQ1	0.704	0.898	0.922	0.764
	IQ2	0.769			
	IQ3	0.838			
	IQ4	0.882			
	IQ5	0.845			
	IQ6	0.839			
互动质量	IN1	0.884	0.885	0.929	0.814
	IN2	0.913			
	IN3	0.908			
相似性感知	PS1	0.904	0.900	0.938	0.834
	PS2	0.941			
	PS3	0.894			
专业性感知	PE1	0.926	0.884	0.929	0.813
	PE2	0.919			
	PE3	0.859			
流行性感知	PP1	0.925	0.912	0.945	0.852
	PP2	0.335			
	PP3	0.909			
认知契合	CE1	0.897	0.858	0.914	0.779
	CE2	0.880			
	CE3	0.871			
情感契合	EE1	0.857	0.845	0.907	0.764
	EE2	0.905			
	EE3	0.859			
参与契合	RE1	0.890	0.881	0.927	0.808
	RE2	0.917			
	RE3	0.891			
用户忠诚	UI1	0.869	0.907	0.935	0.783
	UI2	0.876			
	UI3	0.898			
	UI4	0.895			

接下来是区别效度（Discriminant Validity）检验。如表 5-3 所示，各指标在其对应因子的负载远大于该因子在其他因子上的交叉负载，表明各指标均能较好地反映对应的因子，初步判定样本数据具有良好的区别效度。

进一步地，如果各因子 AVE 值的平方根均大于该因子与其他因子之间的相关系数，则表明数据具有较好的区别效度。本研究计算了因子 AVE 值的平方根和因子间的相关系数，结果如表 5-4 所示，对角线上黑体数字显示的各个因子 AVE 平方根均大于相应的相关系数，因此确认了样本数据较好的区别效度。

表 5-3　因子负载矩阵

	PE	IN	IQ	RE	EE	PP	UI	PS	SQ	CE
CE1	0.5465	0.4273	0.5187	0.5652	0.6349	0.5606	0.5735	0.5974	0.4347	0.8973
CE2	0.4382	0.3563	0.5307	0.5174	0.6128	0.5684	0.5845	0.5196	0.4153	0.8797
CE3	0.6479	0.5564	0.5202	0.5832	0.6352	0.5502	0.5634	0.6456	0.3735	0.8707
EE1	0.5304	0.5430	0.6736	0.5689	0.8571	0.7213	0.7145	0.6203	0.5614	0.6381
EE2	0.5136	0.4979	0.6319	0.5324	0.9049	0.5819	0.6281	0.5935	0.4517	0.5977
EE3	0.5469	0.5214	0.5832	0.6546	0.8592	0.6054	0.6839	0.6208	0.4440	0.6248
IN1	0.5543	0.8840	0.6789	0.4312	0.5535	0.4901	0.5017	0.5950	0.5336	0.5080
IN2	0.5610	0.9132	0.5460	0.4549	0.5061	0.4278	0.4237	0.6028	0.4059	0.4364
IN3	0.4830	0.9084	0.5891	0.4350	0.5554	0.4625	0.4085	0.5576	0.4660	0.4276
IQ1	0.1737	0.3114	0.7044	0.2646	0.4445	0.4511	0.4339	0.3124	0.6825	0.3856
IQ2	0.4360	0.5201	0.7693	0.3858	0.5431	0.4823	0.4491	0.5211	0.6361	0.4102
IQ3	0.4266	0.5553	0.8382	0.4166	0.6015	0.5414	0.5848	0.5726	0.6930	0.4967
IQ4	0.5165	0.6603	0.8821	0.4862	0.6822	0.6115	0.6289	0.6585	0.5824	0.5440
IQ5	0.4522	0.5623	0.8447	0.4030	0.6204	0.5541	0.5391	0.5735	0.5732	0.4770
IQ6	0.5651	0.6169	0.8394	0.3980	0.6086	0.5501	0.5272	0.6525	0.6048	0.5591
PE1	0.9261	0.5335	0.4865	0.4824	0.5577	0.5396	0.4917	0.7223	0.3393	0.5513
PE2	0.9190	0.5703	0.5054	0.4857	0.5513	0.5032	0.4624	0.7384	0.3139	0.5545
PE3	0.8586	0.4942	0.4676	0.4453	0.5346	0.4994	0.4871	0.6741	0.3220	0.5687

续表

	PE	IN	IQ	RE	EE	PP	UI	PS	SQ	CE
PP1	0.5235	0.4684	0.6075	0.5382	0.6508	0.9247	0.6505	0.5887	0.5492	0.5897
PP2	0.5118	0.4819	0.6015	0.5750	0.6943	0.9346	0.6777	0.5899	0.5672	0.5927
PP3	0.5441	0.4645	0.6075	0.5490	0.6817	0.9089	0.6570	0.5782	0.5333	0.5728
PS1	0.6936	0.6003	0.6212	0.4919	0.6364	0.5518	0.5144	0.9040	0.4454	0.6219
PS2	0.7543	0.6014	0.6719	0.5520	0.6576	0.6110	0.5890	0.9408	0.4613	0.6370
PS3	0.7146	0.5767	0.5848	0.5350	0.6267	0.5749	0.5914	0.8943	0.4159	0.5678
RE1	0.4613	0.4752	0.4644	0.8897	0.6485	0.5741	0.6027	0.5306	0.3016	0.5809
RE2	0.4802	0.4520	0.4585	0.9165	0.6114	0.5432	0.6218	0.5553	0.3507	0.5764
RE3	0.4687	0.3844	0.3889	0.8905	0.5440	0.4990	0.5559	0.4635	0.2898	0.5393
SQ1	0.2505	0.4196	0.6407	0.2714	0.4859	0.5050	0.4188	0.4067	0.8570	0.4045
SQ2	0.3058	0.4318	0.6623	0.3003	0.4892	0.5047	0.4693	0.3829	0.9049	0.3850
SQ3	0.3922	0.5222	0.7078	0.3515	0.5035	0.5633	0.4914	0.4826	0.8838	0.4292
UI1	0.4163	0.3875	0.6164	0.5050	0.6972	0.6557	0.8694	0.5241	0.5082	0.5496
UI2	0.4661	0.4028	0.5579	0.5747	0.6477	0.6523	0.8760	0.4912	0.4380	0.5703
UI3	0.5003	0.4847	0.5766	0.6419	0.7122	0.6234	0.8981	0.5784	0.4699	0.6113
UI4	0.4998	0.4696	0.5590	0.6141	0.6869	0.6101	0.8951	0.5915	0.4327	0.5669

表 5-4　因子 AVE 值平方根与因子间相关系数矩阵

	PE	IN	IQ	RE	EE	PP	UI	PS	SQ	CE
PE	0.902									
IN	0.591	0.902								
IQ	0.540	0.673	0.874							
RE	0.523	0.488	0.488	0.899						
EE	0.608	0.598	0.723	0.671	0.874					
PP	0.570	0.511	0.656	0.601	0.732	0.923				
UI	0.533	0.494	0.652	0.661	0.776	0.717	0.885			
PS	0.790	0.649	0.686	0.576	0.701	0.635	0.619	0.913		
SQ	0.361	0.521	0.761	0.350	0.560	0.596	0.522	0.483	0.882	
CE	0.619	0.508	0.593	0.630	0.711	0.634	0.650	0.667	0.462	0.883

然后是共同方法偏差（Common Method Bias）检验。共同方法偏差检验在本章中的必要性在于问卷中所有的变量数据收集都来自同一时期的同一个信息源，首先，哈曼的单一因子检验法（Harman's Single Factor Test，通过主成分分析无旋转实现）的检验结果表明，总的提取因子共解释了原有变量总方差的67.56%，且第一个因子的解释力仅为17.20%，可初步判定不存在严重的共同方法偏差问题。接下来，加入一个共同偏差因子构成新模型。该模型中，每个构念（Construct）均指向由各自的测度项转换而成的单个测度项构念，而共同偏差因子则包含了原模型所有变量的测度项，并指向所有的单个测度项构念。他们认为，共同方法偏差的大小可以通过比较原模型中各变量对各自的测度项转换而成的单个测度项构念之间的因子负载和共同偏差因子对各单个测度项构念之间的因子负载获得。[①]如表5-5所示，原模型因子的平均因子负载为0.738，而共同偏差因子的平均因子负载为0.000，前者远远大于后者。因此，共同方法偏差检验确认通过。

表 5-5　共同方法偏差检验

变量	题项	实际因子负载（R1）	R1²	共同偏差因子负载（R2）	R2²
系统质量	SQ1	0.959	0.920	−0.080	0.006
	SQ2	0.954	0.910	0.011	0.000
	SQ3	0.951	0.904	−0.025	0.001
信息质量	IQ1	0.746	0.556	0.065	0.004
	IQ2	0.838	0.702	−0.011	0.000
	IQ3	0.963	0.927	−0.026	0.001
	IQ4	0.858	0.736	−0.006	0.000
	IQ5	0.863	0.744	−0.094	0.009
	IQ6	0.743	0.552	0.029	0.001

---

① 杨永清. 基于消费者视角的平台扩展与选择行为研究[D]. 武汉：华中科技大学，2012.

续表

变量	题项	实际因子负载（R1）	R12	共同偏差因子负载（R2）	R22
互动质量	IN1	0.860	0.740	0.007	0.000
	IN2	0.864	0.747	−0.030	0.001
	IN3	0.725	0.526	0.016	0.000
相似性感知	PS1	0.865	0.747	0.023	0.001
	PS2	0.953	0.908	−0.099	0.010
	PS3	0.911	0.830	−0.024	0.001
专业性感知	PE1	0.928	0.861	−0.063	0.004
	PE2	0.855	0.731	0.024	0.001
	PE3	0.568	0.323	0.302	0.091
流行性感知	PP1	0.877	0.769	0.032	0.091
	PP2	0.799	0.639	0.048	0.002
	PP3	0.896	0.803	−0.034	0.001
认知契合	CE1	0.824	0.679	0.036	0.001
	CE2	0.924	0.855	−0.135	0.018
	CE3	0.809	0.654	0.039	0.002
情感契合	EE1	0.863	0.745	0.005	0.000
	EE2	0.876	0.767	−0.029	0.001
	EE3	0.911	0.830	−0.010	0.000
参与契合	RE1	0.798	0.636	0.075	0.006
	RE2	0.924	0.854	0.016	0.000
	RE3	0.795	0.631	0.028	0.001
用户忠诚	UI1	0.965	0.932	−0.032	0.001
	UI2	0.904	0.818	0.031	0.001
	UI3	0.928	0.862	0.026	0.001
	UI4	0.891	0.794	−0.031	0.001
平均值		0.853	0.738	0.001	0.000

最后是多重共线性（Multicollinearity）检验，通常采用方差膨胀因子（VIF）和容忍度（Tolerance）来检验。如表 5-6 所示，VIF 值的范围为 1.903～3.302，远低于 10；容忍度值的范围为 0.303～0.525，低于 1。两项指标都符合研究的要求，这说明本样本数据不存在变量间的多重共线性问题。

表 5-6 多重共线性检验

变量	容忍度	VIF
系统质量	0.384	2.603
信息质量	0.378	2.645
互动质量	0.525	1.903
相似性感知	0.385	2.595
专业性感知	0.520	1.924
流行性感知	0.410	2.436
认知契合	0.429	2.331
情感契合	0.303	3.302
参与契合	0.511	1.956

二、结构模型分析

（一）模型效度评估

本部分采用 Blindfolding 方法来评估测量模型和结构模型的效度，其中，Communality 是交叉评估测量模型的共同性，Redundancy 是交叉评估结构模型的重叠性。如表 5-7 所示，各变量 Communality 的值在 0.7 以上，说明测量模型具有较高的效度。Redundancy 值的范围在 0.057～0.190 之间，因变量用户忠诚的值最高，以 0.15 以下（低）、0.15～0.35（中）的标准来看，本结构模型具有中等的效度。

表 5-7 测量模型和结构模型效度评估

变量	Communality	Redundancy
系统质量	0.778	
信息质量	0.664	
互动质量	0.814	
相似性感知	0.834	
专业性感知	0.813	
流行性感知	0.852	
认知契合	0.779	0.157
情感契合	0.764	0.057
参与契合	0.808	0.064
用户忠诚	0.783	0.190

（二）路径系数和解释系数

本部分采用自举法（Bootstrapping）来估计各路径系数的显著水平。如图 5-3 所示，相似性感知和流行性感知对认知、情感和参与三种契合的影响都呈现显著性，即 H1a、H1b、H1c、H3a、H3b 和 H3c 通过检验；信息质量和互动质量对两种契合有显著影响，其中情感契合为两者共有，即 H4a、H4b、H6b 和 H6c 通过验证，H4c、H6a 没有获得验证；专业性感知只对认知契合有显著影响，即 H2a 通过验证，H2b、H2c 没有获得验证；系统质量对所有三种契合都没有显著影响，即 H5a、H5b、H5c 都没有通过检验。具体来看，流行性感知对认知契合的影响最大（0.277），相似性感知次之（0.242），专业性感知位列第三（0.195），信息质量的影响仅位列第四位（0.134）。情感契合的影响因素中，流行性感知的作用依然最强（0.360），信息质量次之（0.278），相似性感知位列第三（0.187），互动质量也有作用（0.067）。参与契合的影响因素中，流行性感知仍旧具有最大的作用（0.376），相似性感知次之（0.212），互动质量仅排在第三位（0.137）。此外，认知、情感和参与契合都对用户忠诚有显著影响，即 H7a、H7b、H7c 全部通过检验。其中，情感契合对用户忠诚的作用最大（0.536），参与契合次之（0.220），认知契合排在最后（0.130）。

解释系数（R2）由 PLS Algorithm 分析得出。如图 5-3 所示，社会影响因素和手机新闻服务质量对认知契合的解释力达到了 54.1%，对情感契合的解释力达到了 67.5%，对参与契合的解释力达到了 43.8%，而三种用户契合对用户忠诚的解释力也达到了 64.6%。根据 0.19< 薄弱 <0.35< 中等 <0.67< 实务价值的评判标准，该模型对于用户选择并持续使用手机新闻来源的解释力已经接近实务价值，具备较好的应用性。

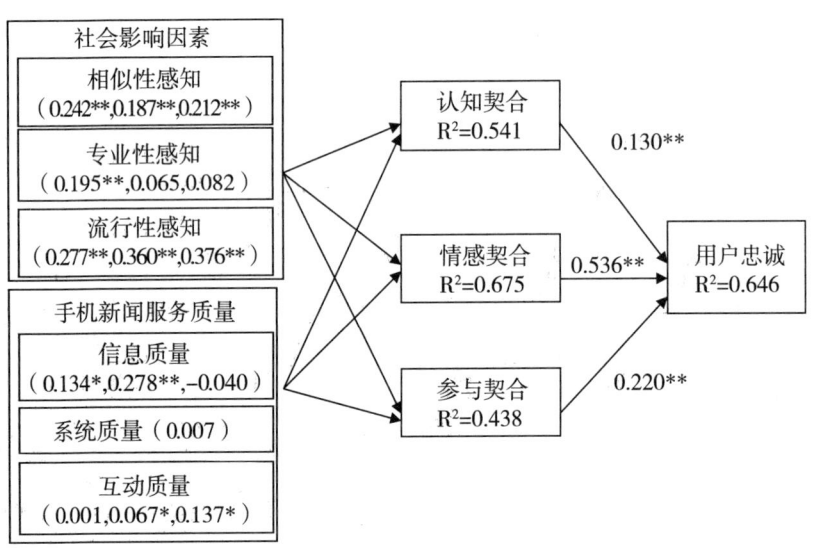

* p <0.05 ** p < 0.01

图 5-3 结构模型检验结果

三、调节作用检验

为了进一步验证调节效应，本研究对具有高涉入度水平与低涉入度水平的两组子样本分别进行了回归。首先，按照距离均值上下一个标准差的规则将样本划分为两组子样本。接着，分别对两组子样本中的 11 条路径（假设检验显著）进行了回归，分层回归法被用于检验变量之间交互影响的作用。具体到本研究中，因变量是认知契合、情感契合和参与契合。自变量分为两层：第一层是自变量和调节变量，其中，自变量包括相似性感知、专业性感知、流行性感知、信息质量和互动质量；第二层是自变量、调节变量和自变量与调节变量的交互项。判断是否具有调节作用的关键是看交互项的概率是否在 0.05 的水平上达到显著。分析结果显示，在信息质量、互动质量、相似性感知、专业性感知和流行性感知对认知契合的影响过程中，用户涉入度具有显著的正向调节作用；在互动质量对情感契合的影响和流行性感知对参与契合的影响中，也有用户涉入度的调节作用。因此，H8a、H8b 获得部分验证。

第六节 研究结论及讨论

本章采用了结构方程模型的方法，以手机新闻客户端为例，对手机新闻的来源使用影响机理做了系统研究。

一、研究结论

（一）社会影响因素对用户契合的影响效应

社会影响因素对用户契合的影响大部分得到证实，只有专业性感知对情感契合和参与契合的影响不显著。

第一，认知契合受到相似性感知、专业性感知和流行性感知的共同影响，其中，流行性感知的作用最大（0.277），相似性感知次之（0.242），专业性感知的作用最小（0.195）。

这一结论表明，大众流行和热烈讨论的内容会为用户进一步查找相关的详细信息提供参考，同时用户也会对跟他们兴趣相投、价值观念一致的他人选择的手机新闻来源有深入了解的热情，而那些以往表现出专业新闻评价能力和媒介素养的意见领袖的意见建议也值得我们仔细比较和分析。这与社会化购买行为中采用"相似性启发""专业性启发""流行性启发"等策略处理信息相一致。就具体原因而言，手机应用市场的分类排行榜、用户评分和评论等全面地展示了手机新闻来源的比较优势，粉丝量和关注数能够证明多数人的看法和意见，从而促成或确认个人的决策；微博、微信等社交平台展示了身边好友与同一圈子中他人的新闻选择和新闻来源选择，这会对个人产生顺从的压力和规范的意图；意见领袖的新闻来源选择会主动或自动（如微博的好友关注功能）推荐给粉丝；第三方评估机构定期发布的新闻来源（品牌）阅读数、转发数、评论数和点赞数等大数据会被有效推送至各个平台上供用户参考。

第二，情感契合受到相似性感知和流行性感知的共同影响，专业性感知的作用不显著。其中，流行性感知的作用较大（0.360），相似性感知的作用次之（0.187）。

这一结论表明，用户认为其选择的手机新闻来源和大多数人越一致，和与自己具有相似兴趣和价值观念的人越一致，就越会产生心理愉悦感和使用体验上的满足感。就具体原因而言，这与手机新闻来源的发展生态密切相关：一方面，各大新闻媒体机构和个人都纷纷涉足手机新闻领域，这些纷繁的手机新闻来源会在各种平台上推广营销；另一方面，用户不会轻易地凭由广告信息等作出选择，他们会留心这些新闻来源的已有评价和反馈，其中，大多数用户的综合评价和身边好友的个体评价最能及时方便地传递到用户面前。专业性感知对情感契合的作用不显著，表明跟随专业人士的新闻来源选择并不能有效提升满足感，这可能是由于专业人士与用户之间的心理距离较远或是交流上的阻隔所致。

第三，参与契合受到相似性感知和流行性感知的共同影响，专业性感知的作用不显著。其中，流行性感知的作用较大（0.376），相似性感知的作用次之（0.212）。

这一结论表明，用户认为其选择的手机新闻来源和大多数人越一致，和与自己具有相似兴趣和价值观念的人越一致，就越会主动转发分享该手机新闻来源的内容，评论其他用户和身边好友的留言，通过点赞等方式参与互动。就具体原因而言，用户之间参与交流的基础是双方具有共同的认知和观念。如果用户与大多数人和身边人使用相同的手机新闻来源，那么他们更有可能就某个内容作深入的意见交换和观点讨论。专业性感知对参与契合的作用不显著，表明跟随专业人士的新闻来源选择并不能有效提升参与水平，这可能是由于用户与专业人士之间的关系并非平等的关系，而是热心粉丝与领袖之间的高低关系。

（一）手机新闻服务质量对用户契合的影响效应

手机新闻服务质量对用户契合的影响被部分证实，其中，系统质量对用户的认知、情感和参与契合的影响都不显著。

第一，认知契合仅受到信息质量的影响（0.134），受系统质量和互动质量的影响都不显著。

这一结论表明，用户认为手机新闻来源所提供的信息越有用和有趣，就越会积极地去查找关于它的更多相关信息和使用它的更多附属功能。就具体原因而言，用户在认同手机新闻来源的传播理念时，也会认同它的发展历史和前景判断，这样便产生了了解更多相关信息的需求。系统质量对认知契合的影响不显著，可能是由于现有的新闻客户端系统水平相当或达到某个标准值，用户也习惯了类似的界面体验。互动质量对认知契合的影响不显著，表明用户与媒体、他人之间的互动并不能促使其寻求更多相关的来源或品牌信息，这可能是由于这些互动并非简单针对手机新闻来源提供者本身，也有可能是这些互动能够提供的信息有限。

第二，情感契合受到信息质量和互动质量的共同影响，其中，信息质量的影响较大（0.278），互动质量的影响次之（0.067）。

这一结论表明，用户认为手机新闻来源的信息越有用和有趣，互动越有效和高质，就越会认为使用该来源是明智的决定并愉悦地体验这一使用过程。就具体原因而言，用户的认知需求和交流需求得到有效释放，从而对该来源产生情感上的认同和心理上的满足。系统质量对情感契合的影响不显著，可能是由于现有的新闻客户端系统水平相当或达到某个标准值，用户并不会感觉到新鲜和惊奇。

第三，参与契合仅受到互动质量的影响（0.137），系统质量和信息质量的影响都不显著。

这一结论表明，用户认为手机新闻来源的互动越有效和高质，就越会主动转发分享该手机新闻来源的内容，评论其他用户和身边好友的留言，通过点赞等方式参与互动。这与赖茨对Facebook用户对其关注企业的研究结论相一致。就具体原因而言，体验了互动乐趣的用户会进一步在社交平台上寻求同一圈子的认同，已有的互动内容也能提升用户发表内容的质量，从而使其站在更高的视角上作出总结性意见。系统质量对参与契合的影响不显著，可能是由于新闻客户端的系统水平并不能对参与行为有所帮助。信息质量对参与契合的影响不显著，表明用户并不是根据信息内容和形式本身来决定是否进行下一步的参与，这一发现令人惊讶，可能是由于个人也会根据他人的兴趣和特征来判断是否能转发评论等。在某种程度上，这说明了某个新闻来源能否被认可,要看其新闻内容能否得到大量有效的用户评论和互动,新闻内容和形式本身并非决定因素。

(二)手机新闻来源的用户契合对忠诚的影响效应

用户忠诚受到认知、情感和参与契合三个因素的共同影响,其中,情感契合的作用最大(0.536),参与契合的作用次之(0.220),认知契合的作用最小(0.130)。

情感契合对用户忠诚有显著影响,表明用户对手机新闻来源的心理体验越满意,越会继续使用该来源并推荐给他人。参与契合对用户忠诚有显著影响,表明用户对手机新闻来源的参与和互动越频繁和积极,越会将该来源作为主要选择并持续使用。认知契合对用户忠诚有显著影响,表明用户对手机新闻来源的相关信息了解越深入和热情,越会成为该来源的忠实支持者。总体来看,心理体验的作用大于参与体验和认知体验的作用,说明用户选择并持续使用某个手机新闻来源主要依赖心理上的满足感和愉悦感。

(三)用户涉入度的调节效应

用户涉入度对社会影响因素与用户契合之间关系的正向调节作用被部分证实,用户涉入度对手机新闻服务质量与用户契合之间关系的正向调节作用也被部分证实。

在社会影响因素对用户契合的影响关系中,用户涉入度对相似性感知、专业性感知和流行性感知与认知契合之间的关系都有显著的正向调节作用。这一结论表明,用户对手机新闻的来源选择越重视,相似性感知、专业性感知和流行性感知对认知契合的影响就越强。具体来说,具有较高涉入度的用户更乐于根据大多数人、身边好友和专业人士的判断去了解关于该来源的更多信息。

用户涉入度对相似性感知、专业性感知和流行性感知与情感契合之间的关系都不具有显著的正向调节作用。这一结论表明，用户涉入度不影响相似性感知、专业性感知和流行性感知对情感契合的作用。

此外，用户涉入度对流行性感知与参与契合之间的关系具有显著的正向调节作用，而对相似性感知、专业性感知与参与契合之间的关系不具有调节作用。这一结论表明，用户对手机新闻来源的选择越重视，流行性感知对认知契合的影响就越强，即具有较高涉入度的用户更乐于将大多数人都喜欢的手机新闻来源分享给他人并积极地参与评论。

在手机新闻服务质量对用户契合的影响关系中，用户涉入度对信息质量和互动质量与认知契合之间的关系具有显著的正向调节作用。这一结论表明，用户对手机新闻的来源选择越重视，信息质量和互动质量对认知契合的影响就越强，即具有较高涉入度的用户更乐于在认可信息内容形式和互动的高品质之后去了解关于该来源的更多信息。

用户涉入度对互动质量与情感契合之间的关系具有显著的正向调节作用，而对信息质量和系统质量与情感契合之间的关系不具有调节作用。这一结论表明，用户对手机新闻的来源选择越重视，互动质量对情感契合的影响就越强，即具有较高涉入度的用户更乐于认可有效的互动能带来使用的满足感。

用户涉入度对系统质量与参与契合之间的关系具有显著的正向调节作用，而对信息质量和互动质量与参与契合之间的关系不具有调节作用。但是，根据结构模型分析结果，系统质量对参与契合的影响不显著，所以该调节作用实际上并不存在。

二、研究结论的理论和实践价值

（一）理论价值

本研究基于 S-O-R 框架构建了社交化背景下手机新闻来源使用的影响机理模型，考察了社会影响因素和服务质量对手机新闻来源用户契合和忠诚的影响，具有重要的理论价值。

首先，这是手机新闻领域首次应用用户契合视角的尝试。以往的研究大多基于满意度视角，但新技术的发展和营销理念的变革使研究者重新开始审视用户的变化，而与此相关的新媒体使用方面的研究仍极为缺乏。

其次，本研究拓展了用户契合前因变量的研究，社会影响因素和服务质量因素对社交化背景下用户契合的共同影响作用已被证实，这是对之前仅考虑社会影响因素或服务质量因素的研究的有力补充。

再次，用户契合与用户忠诚之间的关系在手机新闻来源使用上再次得到确认，这也是对用户契合后续变量研究的深化。

最后，本研究对用户涉入度在用户契合中的调节作用首次做了探讨，进一步推动了用户契合研究的发展。

（二）实践价值

首先，基于社会影响因素对用户契合具有强大影响力的结论，新闻媒体机构和自媒体需要努力提高其在各类人群中的感知，因为流行性感知、相似性感知和专业性感知对认知契合、情感契合和参与契合具有显著的正向影响。这些手机新闻来源的运营者可以通过加强社交网络平台的营销、主动对接第三方评估机构以及积极同专业人士保持紧密联系等强化用户对该手机新闻来源的感知，从而促进用户做出选择和持续使用的决策。

其次，基于手机新闻服务质量对用户契合具有显著影响的结论，新闻媒体机构和自媒体需要努力推动建设高品质的内容和互动，因为信息质量和互动质量对用户的认知契合、情感契合和参与契合也具有显著的正向影响。这些手机新闻来源的运营者要采用各种措施加强信息内容与互动的投入和支持，如提升内容的相关性和有趣性、奖励积极参与互动的用户等。

最后，基于用户涉入度在社会影响因素和手机新闻服务质量与用户契合的关系中具有调节作用，手机新闻服务的运营者可以考虑为那些绑定个人账号和使用多项功能的用户群体提供附加的专属服务，如积分奖励和新功能优先试用等，以此扩大他们对该来源的满意度，并使其转化为忠实用户。

第七节　小结

基于用户契合理论和信息系统成功模型，本章构建了一个手机新闻来源使用影响机理模型，研究了影响消费者选择并持续使用手机新闻来源的心理过程，并探讨了用户涉入度对用户契合的调节作用。通过对手机新闻客户端这一特有的平台进行数据收集和结构方程模型分析，本研究发现，相似性感知、专业性感知和流行性感知等社会影响因素与信息质量、互动质量等手机新闻服务质量，通过用户的认知契合、情感契合和参与契合显著影响用户的忠诚使用，而用户涉入度也在社会影响因素和手机新闻服务质量对用户契合的关系中发挥着部分调节作用。这将加深我们对移动社交背景下用户使用手机新闻来源的内在机理的理解。

第六章

手机新闻使用研究总结与展望

第一节 研究总结

一、主要结论

本研究主要从媒介采用、平台选择和来源使用三个层面来研究手机新闻使用的影响因素。媒介采用层面，以媒介生态位理论为基础，建立了满足机会和满足—效用维度对媒介使用时间的影响框架，并进行了实证检验；平台选择层面，以媒介选择集合理论为基础，结合消费者多渠道选择理论，构建了用户因素、产品因素和平台因素对平台选择的影响模型，并实证检验了模型；来源使用层面，以 S-O-R 为框架，结合"电子质量—契合—忠诚"模型和社交网络中社会影响因素的强化作用，构建了手机新闻的来源使用影响模型，并以新闻客户端为例进行了验证。本研究的主要结论如表 6-1 所示，概括如下：

首先，在手机新闻媒介的采用及影响因素研究中，手机作为新闻媒介在使用时间生态位维度对其他媒介具有明显的竞争替代作用，在满足机会和满足—效用生态位维度相比其他媒介具有明显的竞争优势。满足机会和满足—效用维度在手机对其他媒介时间替代方面的解释力达到 90% 左右，这充分说明了两种满足维度很大程度上决定了手机新闻媒介的采用。

其次，在手机新闻的平台选择及影响因素研究中，手机新闻使用时间对手机平台选择集合的大小没有显著影响；手机新闻平台的使用形式为专属式和补充式，即在单个平台上使用各种类型的新闻和在多个平台上使用同一类型的新闻；个人创新性、手机新闻使用经验、使用动机和平台因素对平台是否使用、使用频率和使用时间有一定的影响。

表 6-1　手机新闻使用研究的主要结论

研究层面	主要结论
手机新闻媒介的采用及影响因素	1. 手机作为新闻媒介相比其他媒介具有明显的时间替代作用。具体来看，一半以上（平均）的用户在使用手机获取新闻后减少了对其他媒介的使用，手机作为新闻媒介的使用时间在整个新闻使用总时间中的相对比例与其他媒介存在显著的负相关关系，手机在一天中的大多数时间段相比其他媒介具有显著的使用优势。 2. 手机作为新闻媒介相比其他媒介在满足维度上具有明显的竞争性替代优势。具体来看，手机相比其他媒介提供了更多的满足机会和满足—效用宽度，与大多数媒介存在较高的重叠度，具有明显的竞争优势。 3. 手机作为新闻媒介相比其他媒介在满足维度上的竞争优势可以较好地解释在使用时间上的替代作用。手机在提供日常新闻方面的满足机会和满足—效用是决定手机新闻媒介采用的关键因素，解释力高达 90% 左右。
手机新闻的平台选择及影响因素	1. 用户对手机新闻的时间与平台选择集合大小之间不存在显著的相关关系。 2. 用户因素，包括手机新闻使用检验、个人创新性特质、使用动机，对平台使用的影响被部分证实。满足交往需求的能力对平台使用的正向影响没有被证实。 3. 平台因素，包括内容的相关性、有趣性和时效性、快速获知新闻的能力，提供个性化新闻、深度新闻和沉浸体验的水平、互动性和可选来源的丰富性，对平台使用的影响被部分证实。可信度对平台使用的正向影响没有被证实。 4. 产品因素，主要是新闻类型，被用来考察手机新闻平台的使用形式。8 种形式被提取出来，分别归类为浏览器平台与客户端平台的专属使用、新旧平台的补充使用和社交平台的补充使用。
手机新闻的来源使用及影响因素	1. 社会影响因素对用户契合的正向影响大部分得到证实。具体来看，相似性感知和流行性感知对用户契合的影响全部得到证实，专业性感知对用户契合的影响中，认知契合得到证实，但情感契合和参与契合没有得到证实。 2. 手机新闻服务质量对用户契合的正向影响得到部分证实。具体来看，信息质量对用户认知和情感契合的影响得到证实，互动质量对用户情感和参与契合的影响得到证实。系统质量对用户契合的影响没有被证实。 3. 用户契合，包括认知、情感和参与契合，对手机新闻来源（品牌）忠诚使用的正向影响全部得到证实。 4. 用户涉入度对社会影响因素和手机新闻服务质量与用户契合之间的关系中具有部分调节作用。其中，在除了系统质量外的其他前因变量与用户认知契合之间、流行性感知与参与契合之间、互动质量与情感契合之间的关系中，用户涉入度都具有显著的正向调节作用。

最后，在手机新闻的来源使用及影响因素研究中，相似性感知、专业性感知和流行性感知等社会影响因素与信息质量、互动质量等服务质量，通过用户的认知契合、情感契合和参与契合显著影响手机新闻来源的忠诚使用，而用户涉入度也在社会影响因素和服务质量与用户契合的关系中发挥着部分调节作用。

二、研究贡献

本研究的主要贡献如下：

首先，基于媒介生态位理论，建立了满足机会和满足—效用维度对媒介使用时间的影响框架，验证了媒介生态位理论在新的媒介生态环境中的影响范围，探讨了手机媒介采用的关键因素。

其次，基于媒介选择集合理论和消费者渠道选择理论，构建了手机新闻平台选择的影响模型，考察了用户因素、产品因素和平台因素对用户在手机新闻平台选择中的影响。

最后，采用 S-O-R 框架，基于"电子质量—契合—忠诚"模型和社会化媒体时代社会影响因素的强化，构建了手机新闻的来源使用影响模型，探究了社会影响因素和手机新闻服务质量对用户忠诚的影响机理。

第二节 研究局限与展望

一、研究局限

结合传播学、媒介经济学和消费者行为学的相关理论，本研究从媒介、平台和来源三个层面分析手机新闻使用的影响因素，探讨了满足机会和满足—效用维度对手机新闻媒介采用的关键作用，归纳了手机新闻平台选择的影响模型，提出了手机新闻来源选择及持续使用的影响模型，并实证检验了上述模型。本研究的理论框架和研究模型可以为学者进一步研究媒体融合背景下用户的媒介消费行为提供一些理论参考，也可以为新闻媒体机构成功实施平台扩展策略和建立持久的用户关系提供有益启示。

但是，本研究仍存在一定的局限：

首先，本研究是在中国的社会文化背景下进行的，研究结论在其他国家的适用性可能有待检验。此外，本研究的样本主要来自年轻人和学生群体，研究结论对于手机用户整体的适用性也会受到限制。

其次，本研究中的模型没有考虑到所有的前因变量，尚未完全涵盖用户因素、平台因素和社会影响因素中的所有变量，其他因素也有待吸纳验证并整合进来。

最后，本研究采用狭义的移动媒介概念将手机作为移动新闻媒介的代表，适应当前媒介发展的现状。这些结论在其他移动新闻媒介上的适用性可能会受到一定的影响。此外，本研究重点考察新闻客户端上的来源（品牌）选择，结论是否完全适用于其他平台有待进一步检验。

二、研究展望

鉴于手机新闻使用的多层性和复杂性，该领域存在很大的研究空间，需要学者进行更加深入的研究，这也是笔者接下来的研究方向。

首先，移动技术的发展会催生出更多的移动新闻媒介和平台，动态地检验手机新闻媒介和平台的使用成为一种必然的要求。此外，用户对同一家新闻媒体机构（来源或品牌）在不同移动新闻媒介、不同移动新闻平台上的使用值得深入探察，这对新闻媒体的移动融合有更加切实的意义。

其次，尽管本研究探讨了用户因素、产品因素和平台因素对手机新闻平台选择的影响与社会影响因素和手机新闻服务质量对手机新闻来源使用的影响，但这些因素之间如何相互作用和相互影响从而进一步影响手机新闻使用仍有待继续探讨，以充分理解变量内部的影响机制。此外，更为精细地探讨以上因素也会产生更丰富的研究成果。

最后，本研究主要基于中国年轻用户尤其是学生群体的经验数据进行检验，而生活经验和媒介使用习惯的不同导致本研究结论不能解释其他群体的手机新闻使用，社会文化体制和信息化发展水平的不同也导致结论无法推及至其他文化国别的手机新闻使用。因此，跨群体和跨文化的研究需要在后续研究中得到强化，这是受众研究的一个新方向，有可能产生更有价值的研究成果。

第七章
主流媒体融合发展文献综述

本章从两方面整理了与本研究相关的文献与理论：一是组织创新理论，包括组织创新的概念、动因、类型和影响因素，员工创新行为的概念，组织创新与员工创新行为的关系等，集中在企业管理学领域（组织行为学与创新管理）；二是媒体融合的研究综述，包括媒体融合的顶层设计、具体实践、关键突破和制度建设等，集中在新闻传播学领域。此外，考虑到"内容为王"口号在媒体发展中的广泛影响，本研究将廓清其确切内涵，推动移动传播时代媒体融合向纵深发展。

第一节 组织创新理论综述

熊彼特的创新理论是最早有关创新的研究。熊彼特于1912年首次提出创新的概念，认为经济发展是创新的结果。"二战"之后，以计算机和信息技术为代表的第三次工业革命迅猛发展，跨国公司和市场全球化进程加快，政府的宏观调控职能不断延展，组织生存和发展的环境发生了剧烈的变化。组织开始思考如何通过创新来获取优势，而组织创新方面的研究也渐渐涌现。

一、组织创新的概念

关于"组织创新"的概念的研究大致可分为"结果观""过程观""整合观"三个阶段。

早期组织创新研究强调创新的结果，狭义的观点认为组织创新的结果就是产品，广义的观点将组织创新的结果视为一个新的事物、想法或行为。"新"是相对的，只要该组织之前未曾使用过，它就是新的。之后，研究者开始重视组织创新的过程，开发出各类阶段模型，其中，组织创新的两阶段模型受到较多认可。组织创新的两阶段模型把组织采用创新的过程分成发起与执行两个阶段：发起阶段，包括所有有关导致创新决策被采纳的活动，涵盖问题感知、资料搜集、意见整理、资源评估等；实施阶段，涉及组织结构调整、技术试用到常规实践的所有实际活动。在此基础上，达曼珀尔（Damanpour）融合了结果观和过程观，提出：组织创新包括新设想或行为的产生、发展和实施。其中，"新"可以是产品或服务的新，可以是生产流程技术的新，可以是组织结构或管理理念的新，也可以是组织成员计划或项目的新。① 这个整合的定义兼顾了组织创新的过程及结果，被众多学者应用于组织创新的实证研究中。

二、组织创新的动因

组织创新动因的研究经历了"两因素""三因素""整合因素"等阶段。

"两因素"即技术和市场。莫厄里（Mohr）认为，创新来自技术和市场的互动作用。技术是根本的基础，市场需求是持久的动力。他指出，创新活动由（市场）需求和技术共同决定，需求决定了创新的报酬，技术决定了成功的可能性及成本。②

"三因素"是在"两因素"的基础上加入了政府的因素，即组织

---

① DAMANPOUR F. Organizational innovation: A meta-analysis of effects of determinants and moderators [J]. Academy of management journal, 1991 (34): 555–590.

② MOHR, LB. Determinants of innovation in organizations [J]. American political science review, 1969 (63):111–126.

创新的动因有技术推动、市场需求导向和政府调控三种力量。政府的激励与调控主要是通过财政手段（包括税收、财政补贴与补助、拨款、银行利率等）、政策导向（包括科技政策、发展规划、技术政策和行政干预等）等途径实现的。

基于整合的角度，我国学者张钢借鉴国内外其他学者的观点，总结出企业组织创新动因 6 个方面的主要内容：（1）企业新技术（新产品/新工艺）的导入。这主要是指企业技术创新对组织创新的诱导作用。（2）企业战略导向的变化。这是指来自企业高层管理者对组织创新的推动，如企业高层管理者由于内外环境的变化而发生的观念转变，经常会直接引起企业战略的变更，并带来组织规模的调整和文化的变迁，从而推动企业组织创新。（3）人员条件或企业价值取向的变化。企业人员结构和素质的变化必定会引起价值观念、行为规范和人际关系的相应调整，如企业员工文化素质提高，专业人员比重增加，会使人员的工作态度、工作作风、工作期望等相应做出调整。（4）企业经营规模扩大和企业自身成长的需要。企业规模的大小和企业成长的状况都直接决定着企业组织的效率。（5）社会政治经济变革的推动。如制度创新和体制改革、国民经济增长速度的变化、产业结构调整、政府经济政策的改变、税收和金融等法令的变化、社会舆论对持续发展和环境保护的要求等。（6）市场竞争的压力。这种组织创新的动力来自企业外部具体环境的作用，如同行业间企业为了保有市场份额、获得平均利润率，就要在竞争中及时调整产品结构、提高技术水平、加快资金周转速度等。[①]

---

① 张钢. 我国企业组织创新的源与模式研究 [J]. 科研管理, 2001(3): 74-82.

三、组织创新的类型

由于研究思路的差异,学者们对创新进行分类的方式也各不相同。最常见的分类方式有三种:根据创新的发起者不同分为管理创新与技术创新;根据创新的结果不同分为产品或服务创新、生产流程创新、组织结构创新和人员创新;根据创新给组织带来变化的程度分为根本性创新与渐进性创新。①

(一)管理创新和技术创新

埃文(Evan)对创新发起者的关注最早引发了管理创新与技术创新的区分。组织层级的两端——管理者和底层员工,都可能发起创新。管理者发起的创新往往与招聘政策、资源配置、任务结构、职权和奖励有关,称为管理创新;较低层级的专业人士发起的创新主要包括新产品、流程或服务的创意,即技术创新。②达夫特(Daft)的实证研究支持了埃文的理论:组织中确实存在着两种截然不同的创新过程——自上而下的管理创新和自下而上的技术创新。这种分类方式的意义在于:第一,它与对组织的社会系统和技术系统的区分相关联。技术创新的产生或实施接近组织的技术核心,以较直接的方式影响组织的产品或服务,而管理创新在组织的社会系统中实施,包括招聘、奖励支出和组织的构建等。第二,它对研究组织采用创新的过程有指导意义。管理创新与技术创新由组织的不同层级发起,因此遵循不同的采用过程。③

---

① 王华,徐晓,吴昊,孙健敏.组织创新的概念、类型及测量述评[J].兰州学刊,2009(3): 83–91.
② EVAN W M. Organizational lags [J]. Human organizations, 1966, 25 (spring):51–53.
③ DAFT RL. A dual-core model of organizational innovation [J]. Academy of management journal, 1978,21:193–210.

（二）产品或服务创新、生产流程创新、组织结构创新和人员创新

根据创新的结果，柯尼特（Knight）将创新细分为四种类型：产品或服务创新，指组织生产、销售或配送的新产品或新服务的推出；生产流程创新，指组织的任务、决策、信息系统或生产作业中新要素的引入或技术的提高；组织结构创新，包括组织中工作分配、权责关系、沟通系统和正式奖赏制度的改变；人员创新，指通过雇佣与解雇员工调整成员，或利用教育和心理分析的手段改变员工的行为或信念。这种分类方式给那些对某种或某几种创新结果感兴趣的研究者提供了选择性研究的基础。[1]

（三）根本性创新和渐进性创新

考虑到创新给组织现存惯例带来变化的程度并不相同，很多学者据此对组织创新进行了分类。根本性创新是指那些给组织的活动带来根本性变化、完全背离当前惯例的创新。渐进性创新是指那些导致与当前实践有较小的偏离的创新。倾向变革的管理态度和技术知识资源被认为有利于根本性创新的采纳，而结构复杂性和分权化的战略结构安排则倾向于支持渐进性创新。尽管后续研究对渐进性创新与根本性创新的分类进行了一些改进，但这种经典的分类仍然被研究组织特征与创新之间关系的文献广为引用。

在创新的众多分类方式中，管理创新与技术创新是最重要的二分法，被后续的实证研究尤其在测试组织创新时广泛采用。根据当斯（Downs）和莫厄里对创新分类所基于的属性是首要还是次要的区分，管理创新与技术创新的分类是基于创新的首要属性，组织的特殊性不

---

[1] KNIGHT K E. A descriptive model of the intra-firm innovation process [J]. The journal of business, 1967（40）：478–496.

会对此产生影响。①

四、组织创新的影响因素

关于组织创新影响因素的研究受到了广泛的重视。总结来看，个体因素、组织因素和环境因素三个层面的作用最为突出。②

（一）个体因素

1. 个体态度

个体对组织、对工作、对创新等的态度会对组织创新行为产生影响。管理者对创新的态度越积极，员工对工作满意程度越高，员工对组织绩效越不满意，管理者和员工内部动机越强，组织创新实施和成功的可能性就越大。③

2. 个体工作特征

个体工作特征主要包括工作职位、资历、角色、受教育水平和专业化能力等。布德里奇（Baldrige）和伯纳姆（Burnham）发现个体在组织中的权力越大、沟通能力越强，创新行为的采纳程度越高。④金伯利（Kimberly）和埃瓦尼斯科（Evanisko）指出，个体在组织中的工作资历越深，管理者的受教育水平越高，越可以为创想的产生

---

① DOWNS G W, MOHR L B. Conceptual issues in the study of innovation [J]. Administrative science quarterly, 1976, 21:700–714.

② 杨帆, 徐爽. 组织创新的研究述评 [J]. 技术与创新管理, 2007(8): 13–16.

③ JON L P, ANDRE L D. Organization structure, individual attitudes and innovation [J]. The academy of management review, 1977, 2(1):27–37.

④ BALDRIDGE J V, BURNHAM R A. Organization innovation: individual, organizational, and environmental impacts [J]. Administrative science quarterly, 1975, 20(2):165–176.

提供必要的支持,从而为创新的实施提供坚实的基础。[1]达曼珀尔指出管理者的工作任期与组织创新的采纳呈正相关。[2]达夫特的管理创新和技术创新二分法可看作专业化水平对组织创新具有不同影响的证明。[3]

(二)组织因素

1. 组织规模

已有研究对组织规模与组织创新之间的关系存在分歧,但组织规模对组织创新具有显著影响已被广泛认可。大多数学者认为组织规模越大越有利于创新。Daft指出规模大的组织由于具有更多细分化和专业化的劳动力更加利于组织创新。[4]但有少数学者认为小规模的组织有更加灵活的资源配置机制和市场响应速度,这样便有更多小而快的创新产生。

2. 组织结构

组织结构主要包括组织功能的多样性、职位的专业化,组织结构的弹性、管理的集权化等。达曼珀尔指出组织功能越多样,职位越专业,结构越有弹性,决策的非集权化越高,越有利于组织创新。[5]布德里奇和伯纳姆发现组织的结构复杂能够提升组织解决问题的质量,促进组织对大量而独特问题的感知,而工作结构的复杂化也能促进创

---

[1] KIMBERLY J R, EVANISKO M J. Organizational Innovation: the influence of individual, organizational, and contextual factors on hospital adoption of technological and administrative innovations [J]. The academy of management journal, 1981, 24(4):689–713.

[2][5] DAMANPOUR F. Organizational innovation: A meta-analysis of effects of determinants and moderators [J]. Academy of management journal, 1991 (34):555–590.

[3][4] DAFT R.L. A dual-core model of organizational innovation [J]. Academy of management journal, 1978(21):193–210.

新行为的产生。[1]

3. 组织文化

组织文化是组织创新的源泉,范德(Vander)和詹森(Janssen)从已有文献中归纳了与组织文化和革新密切相关的各种因素,提出了信息的流动性、组织内部稀缺资源的竞争性、组织类型、团队凝聚力对组织创新的影响模型,对后续研究有很重要的借鉴价值。[2]

(三)环境因素

组织的外部环境作为孕育组织及其生存发展的空间对组织有着不容忽视的影响。环境不断地向组织提出要求,组织中与日俱增的不确定性、多样性和资源的稀缺性都要求组织进行创新来适应新的变化。[3] 皮尔斯(Pierce)和德尔贝克(Delbecq)探究了组织环境的不确定性与组织创新的关系,发现环境的不确定性可以推动组织创新的采纳进程和决策效率。[4] 金伯利和埃瓦尼斯科的研究指出了城市规模在组织创新中的重要性,得出城市越大越有利于创新的结论。[5] 达曼珀尔研究了组织创新与外部环境交流的关系,提出组织对环境的洞察力和成

---

[1][3] BALDRIDGE J V, BURNHAM R A. Organization innovation: individual, organizational, and environmental impacts [J]. Administrative science quarterly, 1975, 20(2):165–176.

[2] VANDER G S, JANSSEN O V. Joint impact of interdependence and group diversity on innovation [J]. Journal of management. 2003, 29(5): 729–759.

[4] PIERCE J L, DELBECQ A L. Organization structure, individual attitudes and innovation [J]. The academy of management review, 1977, 2(1):27–37.

[5] KIMBERLY J R, EVANISKO M J. Organizational innovation: the influence of individual, organizational, and contextual factors on hospital adoption of technological and administrative innovations [J]. The academy of management journal, 1981, 24(4):689–713.

员在组织外的专业活动可以给组织带来创新的思想观点，为创新型组织的建立奠定了坚实基础。[1]

五、组织创新与员工创新的关系

从以往相关文献的梳理中可以发现，关于创新行为的研究基本上是从宏观、微观两个角度展开，前者主要以组织层面为分析单位，后者则主要以组织内部员工个体为分析单位。在组织的创新过程中，具有主观能动性的人始终是最关键、最主要的影响因素。宏观层面提到的创新环境，创新的社会动因、组织动因，归根结底都必须通过影响个体在组织中的创新行为，才能对组织创新产生作用。伍德曼（Woodman）等人指出，创新的结果是由个人延伸至团体，最后延伸到组织。无论哪种创新，基础都来自个人创新。[2]

六、员工创新行为的概念

员工创新行为（Employee's Innovative Behavior）与员工创造性相关，但两者的应用范围存在区别。员工创造性是指产生新奇和有用的想法，而员工创新行为除了包含产生创新性想法以外，还包含对创新性想法的推动和实施。[3]

斯科特（Scott）和布鲁斯（Bruce）认为，个体创新行为从识别

---

[1] DAMANPOUR F. Organizational innovation: A meta-analysis of effects of determinants and moderators [J]. Academy of management journal, 1991 (34):555–590.

[2] WOODMAN R W, SAWYER J E, GRIFFIN R W. Toward a theory of organizational creativity [J]. Academy of management review. 1993, 18(2): 293–321.

[3] AMABILE T M, CONTI R, COON H, et al. Assessing the work environment for creativity[J]. Academy of management Journal. 1996, 39(5): 1154–1184.

问题开始，产生创新构想或解决方案，并为自己的想法寻求支持，最后将创新的想法"产品化"及"制度化"。创新的构想既可以是新奇的、别人从没采用过的，也可以是其他人在其他环境中已经采用的。[①]刘云、石金涛在斯科特和布鲁斯的研究基础上，将员工创新行为定义为：员工在组织相关活动中，产生、引进和应用有益的新颖想法或事物的过程，其中包括形成或开发新的创意或技术，改变现有的管理程序以提升工作效率等。[②]可以看出，所有的创新行为都起源于创新性的想法，并将其付诸实践。因此，员工创新行为在大部分研究中被划分为两个方面：一是创新性想法的产生，二是创新性想法的成功实施。

七、组织创新理论综述小结

首先，组织创新类型的研究为主流媒体融合研究提供了一个新的视角。大多数对主流媒体融合的研究都是从内容、渠道、平台、经营、管理这五个方面展开，这是基于媒体生产与传播的大环境视角，着眼于媒体融合中的重点结果而言的。依循组织创新类型的研究，管理创新和技术创新的二分法已被大多数产业研究所采用，自上而下的管理（层）创新与自下而上的技术（员工）创新在新闻媒体行业里有一定的现实基础，而产品（服务）创新与组织（流程、结构和体制机制）创新是能够观察的主流媒体融合的主要结果。

---

① SCOTT S, BRUCE R. The influence of leadership, individual attributes, and climate on innovative behavior: A model of individual innovation in the workplace [J]. Academy of management journal. 1994, 37(1): 580–607.

② 刘云, 石金涛. 组织创新气氛与激励偏好对员工创新行为的交互效应研究 [J]. 管理世界, 2009(10): 88–101.

其次，关于组织创新动因和影响因素的研究也为主流媒体融合研究提供了更为丰富的视角。主流媒体融合的动因是什么，与其他组织的创新有何不同？主流媒体融合创新的影响因素中，个体、组织、环境三者的关系如何？研究者需要深入主流媒体组织中进行详细的考察。

最后，员工创新行为是组织创新的重要基础，人的融合是媒体融合的重中之重，主流媒体融合创新研究需要重点加强个体视角的研究。本研究将立足主流媒体从业者，考察他们对媒体融合及其所在机构融合创新的认知、态度和行为，分析媒体融合创新中的具体问题及成因，以提出具体的应对策略。

第二节　媒体融合理论综述

2014 年是中国媒体融合发展的新起点，2016 年中国媒体融合进入了深化阶段。这两年的媒体融合研究成为热门课题，出产了较为丰富的研究论文和报告。

一、媒体融合的顶层设计

（一）媒体融合与中国共产党新闻政策

推动传统媒体与新兴媒体融合发展，是党中央着眼于巩固宣传思想文化阵地、壮大主流思想舆论作出的重大战略部署。

蔡雯（2014）认为，媒体融合成为国家战略布局的重要举措，具有非同寻常的历史意义。首先，这是国家发展与民族复兴进程中执政党推出的重要一盘棋，意在通过建设新型媒体集团，促进社会各阶层的沟通与对话，凝聚共识、化解矛盾，为国家全面深化改革创造一个良好的社会舆论环境。其次，可望建设成功具有国际影响力的新型媒体集团，更好地向世界说明中国，讲好中国故事，扩大中国的国际影响力，加强国家间的理解和合作，创造更有利于中华民族振兴与经济发展的国际舆论环境。最后，这一战略部署对于中国新闻传媒业发展具有极其重要的意义。无论是传统媒体还是新兴媒体，在媒体融合的政策导向下都有可能把握历史机遇，通过改革创新，开拓出新的道路，走向更加美好的未来。①

陈昌凤、杨依军认为，中国当前推动传统媒体和新兴媒体融合发展的政策体系，本质上是中国共产党新闻政策在新时期的延续和发展，是中国当前总体政治环境在新闻传播领域的映射，是作为政策主体的执政党在新的执政环境下对技术驱动的媒体融合发展趋势作出的政策回应，核心目标是使官方意识形态在新的媒体格局中拥有主流地位，发挥引领作用。②

林如鹏、汤景泰认为，推动媒体融合发展是习近平关于媒体创新思想的新发展。习近平关于媒体融合发展的系列重要讲话，系统阐述了融合发展的政治逻辑、技术逻辑与市场逻辑。从政治逻辑来看，推动传统媒体和新兴媒体融合发展，既是做好意识形态工作的战略要求，也是壮大主流舆论的紧迫任务；从新媒体发展的技术逻辑来看，新闻产品需要从相加走向相融，最终创造真正体现互联网特质的融合型新闻产品，并且传媒管理与新闻生产的体制机制也需要随之变革；从市场逻辑来看，融合发展需要把市场作为重要的资源配置手段，并且发展成果要能够经得起市场的考验。③

---

① 蔡雯. 媒体融合：面对国家战略布局的机遇及问题 [J]. 当代传播, 2014(6): 8–10.
② 陈昌凤，杨依军. 意识形态安全与党管媒体原则——中国媒体融合政策之形成与体系建构 [J]. 现代传播, 2015(11): 26–33.
③ 林如鹏，汤景泰. 政治逻辑、技术逻辑与市场逻辑：论习近平的媒体融合发展思想 [J]. 新闻与传播研究, 2016(11): 5–15.

(二)媒体融合与"互联网+"计划

2015年3月5日,李克强总理在十二届全国人大三次会议上的政府工作报告中提出"互联网+"计划,强调"推动移动互联网、云计算、大数据、物联网等与现代制造业结合,促进电子商务、工业互联网和互联网金融健康发展,引导互联网企业拓展国际市场"。于新闻传播业而言,"互联网+"计划就是互联网与传统媒体的深度融合。"互联网+"与媒体融合在理念上具有内在一致性,为媒体融合指明方向,有助于媒体融合突破瓶颈期。①

黄楚新认为,"互联网+"代表着一种新的经济形态,它指的是依托互联网信息技术实现互联网与传统产业的联合,以优化生产要素、更新业务体系、重构商业模式等途径来完成经济转型和升级。"互联网+"成为传统媒体新一轮转型(即媒体融合)的外部动力和重要途径。②

喻国明等指出,"互联网+"与"+互联网"存在本质的不同。"+互联网"模式只是使传统媒介在原有的价值逻辑、影响力逻辑的基础上多几个落地终端的一种延长线式的做法,它不是生产方式、影响力构成方式的一种基于互联网新常态的创新,而是一种依旧在自己原有的运作模式的窠臼中打转转的行为。"互联网+"要求媒体的角色、生产、经营、定位和盈利模式必须转型,以关系思维构建新型的渠道体系,并把"平台型媒体(Platisher)"作为面向未来的媒体融合主流模式,而这一模式的重点在于资源之间、要素之间基于互联网的重新配置,新旧内容和服务方式的整合以及建立新的盈

---

① 吴文涛. 论媒体融合疑虑及其消解[J]. 中国出版,2017(8): 15–19.
② 黄楚新. "互联网+媒体"——融合时代的传媒发展路径[J]. 新闻与传播研究,2015(9): 107–116.

利模式和发展空间。①

王润珏认为,"互联网+"背景下的传媒产业转型是传媒产业依托互联网平台,充分运用信息通信技术,以创新性思维驱动行业和产业发展的实践过程。她认为"互联网+传媒"与传媒产业信息化发展的2.0阶段是重合的,即以移动互联、知识工作自动化、物联网、云计算、机器人为代表的新技术应用于传媒产业。这一时期,"数据"成为传媒产业的运作依据和生产要素,数据分析和运用能力成为传媒产业生产力的重要构成。②

二、媒体融合的具体实践

关于媒体融合实践的研究报告非常丰富。人民日报社组织编写的《融合元年——中国媒体融合发展年度报告(2014)》《融合坐标——中国媒体融合发展年度报告(2015)》分别从内容、渠道、平台、经营和管理等方面展现了中国传统媒体的融合图景。北京市新闻工作者协会编写、社会科学文献出版社出版的《2016年中国媒体融合发展报告》从思路、成绩、特征、中央级媒体的表现、各重点区域媒体融合情况等方面展示了中国媒体融合实践取得的成绩、焦点及发展趋势等。中国社会科学院新闻与传播研究所唐绪军、黄楚新和王丹所著的《中国媒体融合发展现状(2014—2015)》《中国媒体融合发展现状(2015—2016)》从总体概况与整体态势、融合现状与焦点透视、问题展望与影响解读、未来展望与对策建议等方面对当年的媒体融合发展

---

① 喻国明,戈利佳,梁霄. 破解"渠道失灵"的传媒困局:"关系法则"详解——兼论传统媒体转型的路径与关键[J]. 现代传播,2015(11): 1–4.

② 王润珏. "互联网+"时代的传媒产业:转型指向与技术陷阱[J]. 现代传播,2016(12): 161–162.

情况进行了系统性解读。这些报告为未来媒体融合发展的理论研究和实践探索等提供了非常有价值的参考。

在研究论文方面，报业和广电业等传统媒体的融合发展受到了较多关注。

报业方面，刘鹏对近年来国内外报业媒体融合发展、创新转型的各种案例进行了梳理总结，他认为传统媒体融合转型的重要趋势包括：收入模式转为偏重内容付费，内容产品突出精英化、精品化、精准化，采编流程确立"数字第一"的规则等。建设新型主流媒体集团，则要在融合发展上重点突破，争取核心竞争力，由"内容供应商"转为"平台运营商"，产品形态由媒体产品拓展到泛媒体产品，经营模式由规模经济、范围经济到更重视微创新、微创业，发展战略由传媒集团到文化产业集团。[①]

张昆、周钢通过对来自8省(市)12所高校新闻学院的12位一线教师和新闻业界的15位新闻工作者的访谈发现，党报集团(报社)在融合变革中存在互联网思维缺失、发展模式模糊、管理变革乏力、技术研发不足等问题，并提出我国党报集团(报社)应树立互联网思维，强化"用户为王"理念，实行人力资源管理和企业文化变革，拓展多种盈利模式。[②]

张志安、陈席元和章震在对国内各地77家报社和45家报业集团融合发展基本理念和实践策略调查分析的基础上，提出三个方面的建议对策，包括：厘清转型理念和实施路径，党报更重视舆论引导，都市报和晚报更强调本地服务；再造新闻生产流程及配套机制，建立以互联网为核心的全新生产机制，推进"中央厨房"内部功能区分及保

---

① 刘鹏. 传统媒体融合转型的若干趋势[J]. 新闻记者, 2015(4): 4–14.
② 张昆, 周钢. 党报媒体（报社）融合变革的现存问题及突破路径[J]. 现代传播, 2016(3): 1–6.

障体系；从"渠道融合"转向"经营融合"，在内容转型和业务转场的双向策略中摸索可持续的发展模式。①

广电方面，央视国际网络有限公司董事长汪文斌认为，让电视、PC、手机等多屏呈现内容，实现多屏互动，探索机制体制的融合，是未来电视媒体的发展方向。他提出以央视新闻为龙头，探索机制体制融合，拓展新媒体平台阵地；以视频为核心，探寻"电视 +"与"互联网 +"的契合点，重点节目多屏互动；以用户为核心，全媒体布局实现内容与平台的融合，全用户覆盖、全球化传播；以媒体融合重点项目为抓手，构建平台级入口，对内整合、对外开放，将央视观众转化为新媒体用户，构建智慧融媒体。北京电视台新媒体部主任蒋虎认为，电视人深度理解互联网思维至关重要，传统媒体办新媒体，每种模式都有其合理性，用大媒体理念打造平台，夯实技术硬件和政策软件。②

高洪波在分析电视媒体融合发展现象的基础上，提出"交互性"是电视媒体融合发展最重要的"创新要素"，而"云、网、端"是融合发展的"基础设施"。他认为，传统电视媒体的升级改造，应该运用云计算、大数据技术改进内容生产流程和传播模式，在互联网、物联网的基础上，向智能化、移动化方向发展，实现电视、电脑、手机的多终端跨屏传播，以及以 App 等为代表的视听新媒体节目形态的发展创新。③

三、媒体融合的关键突破

传统媒体与新兴媒体融合已进入深化期，如果不能进行深层次的

---

① 张志安，陈席元，章震. 2015 中国报业媒体融合发展年度报告 [J]. 传媒，2016(7): 39–43.
② 藤依舒，杨越明. 第三届媒介融合与创新论坛会议综述 [J]. 现代传播，2016(3): 151.
③ 高洪波. 电视媒体与新兴媒体融合发展的学理思考 [J]. 中国电视，2016(5): 60–66.

思维变革，媒体融合将很难取得更大的进展。研究者从互联网思维、产品逻辑、内容供给侧改革、数字逻辑和系统性改造等方面做了探索分析。

胡正荣认为互联网思维包括3个关键词，即用户、开放和分享。传统媒体要用互联网思维改造自身媒体治理的理念，形成全新的融合媒体时代的治理新理念，即以用户为中心，产品与服务为导向，内容、渠道、平台、经营、管理一体化融合，移动化、社交化和视频化；同时基于大数据和云计算技术，还要依靠组织架构和机制体制的改革，才能保证融合的成功。[1]

彭兰指出，传统媒体缺乏产品基因与产品思维，而将媒体内容转型为产品是媒体融合的题中应有之义。产品结构、产品层次和文化基因是"内容"转型为"产品"的三个关键。具体来看，产品结构是内容产品生存的环境。新媒体产品包括接入产品、关系产品、内容产品和服务产品四大部分。这四者所形成的合理的产品结构，是内容产品得到持续发展的基础。内容产品价值的激发与转化，往往有赖于其他类型的产品，基本遵循"接入—关系—内容—服务"的发展逻辑；产品层次是内容产品价值的多重表现。产品包括五个层次：核心利益层次、有形产品层次、期望产品层次、附加产品层次和潜在产品层次。对于内容产品来说，竞争往往是在核心利益之外的层次展开，充分认识内容产品的不同层次，将各个层次的价值充分释放与挖掘出来，是内容转化为产品的一个重要途径。文化基因是内容产品生存的深层基础。新老媒体有着不同的文化基因：传统媒体是以内容为根基的文化，新媒体是以人为根基的文化。新老用户也有着不同的文化偏向：老年人更偏向被动接受的受众文化，而年轻人更偏向主动参与的用户

---

[1] 胡正荣. 传统媒体与新兴媒体融合的关键与路径 [J]. 新闻与写作, 2015(5): 22–26.

文化。对于传统媒体的转型来说，既需要进行文化性"转基因"来适应未来发展，也需要在过渡阶段帮助老年受众减少文化性数字鸿沟。[①]

嵇美山、支庭荣指出，在智能手机日益普及，大型平台运营商将移动端业务拓展到信息、娱乐、社交、电商、出行、支付等多个领域的背景下，需求侧的媒体融合业已初步实现，而供给侧的媒体融合仍处于起步阶段。内容供给主体的多元化和竞争的白热化，尤其是平台和社群的兴起（平台和社群成为媒体与用户之间的中介物。平台即各类门户网站、搜索引擎、大型应用等，社群包括粉与被粉、聊天室、论坛、贴吧、QQ群、朋友圈、交友网站等），对媒体向用户提供信息服务的经济效益和社会效果构成了严峻的挑战。他们认为，传统媒体与新兴媒体的融合发展问题，首先是传统媒体与新兴平台、社群的融合发展问题，其次才是转型后的传统媒体与新兴媒体彼此间竞合的问题。传统媒体需要经历基于新兴平台和社群进行组织再造和市场重建的过程，才能实现转型融合。[②]

陈刚提出运用"数字逻辑"来应对媒体融合的挑战。他认为，互联网技术正逐渐改变整个社会形态，而不是社会中的某一个环节。互联网作为一种信息技术，不仅可以同时聚集比工业社会的市场更大规模的人群，而且可以低成本、个性化地进行人际交流。未来的发展路径是物的智能化和人的数字化，最终整个社会的运行将建立在大数据和智能化的基础上，工业社会信息不对称的问题将得到有效缓解。判断目前中国媒体融合的进展、现状与得失，分析如何破局，探讨未来的演进路径，不能套用传统的新闻学、传播学的分析框架，不能基于

---

① 彭兰. 智媒化：未来媒体浪潮——新媒体发展趋势报告（2016）[J]. 国际新闻界，2016(11): 6–24.
② 嵇美山，支庭荣. 互联网环境下媒体融合的瓶颈与策略选择[J]. 现代传播，2016(11): 5–15.

媒体内容生产和经营管理的理论和经验，也不能停留在目前互联网、新媒体的技术和商业模式的层面思考，一定要把握互联网技术所带动的社会传播发展的创新逻辑，运用数字逻辑的框架进行研判。媒体融合是一场破坏性创新和革命性变化，组织再造是关键。①

郭全中认为，传统媒体陷入困境的根源在于与用户的连接失效，要真正实现转型，就必须以用户为中心重建用户连接。要真正做到以用户为中心，就需要从观念、体制、技术和资本四个基本点着手，即以观念为先导，以体制为保障，以技术为驱动，以资本为手段。重新建立用户连接的关键在于利用大数据技术和移动互联技术，打造大数据信息资源平台、智能传播平台和用户沉淀平台三大平台，有效地吸引用户，并在完成巨量用户沉淀的基础上，为用户提供有效的服务，进而实现商业模式和盈利模式的再造。②

四、媒体融合的制度建设

媒体融合是适应新媒体发展规律的系统工程，需要对管理体制和传播体系等作出调整和完善。

朱鸿军、农涛认为，传统媒体与新兴媒体融合成功的关键在于改革落后的传媒制度和实现传媒制度的现代化。他们指出，严格的市场准入制、主管主办制、行业管理制、属地管理制和形同虚设的"退出机制"等制度保护使传统媒体缺乏与新兴媒体融合的现实逼迫性；政企不分、管办不分、核心领导委任制、单一国有产权等改革的不彻底使传统媒体难以成为竞争所需要的市场主体；传统媒体与新兴媒体的

---

① 陈刚. 数字逻辑与媒体融合 [J]. 新闻大学, 2016(2): 100–106.
② 郭全中. 传统媒体转型的"一个中心"与"四个基本点" [J]. 现代传播, 2015(12): 104–110.

双重管理体制也阻碍了媒体融合。因此，必须要解放思想，树立"互联网+"的治理理念，全力加速传统媒体的市场化改造，竭力使商业新兴媒体的规制更加规范。①

肖叶飞、刘祥平认为，媒介规制的关键在于规制融合，即成立融合规制部门，树立融合规制理念，消除媒介融合的政策梗阻，通过多元化规制手段促进不同传媒产业之间的融合竞争，满足受众多元化的信息需求。规制融合的应有原则包括：改变分业监管的规制体系，构建融合规制框架，按照传媒事业与传媒产业分类规制的原则；放松经济性规制，加强社会性规制；从纵向统合型规制向横向竞争型规制转变。②

五、媒体融合文献综述小结

首先，传统媒体与新兴媒体融合，与传统媒体实施"互联网+"计划的实质是一样的。媒体融合是党中央着眼于舆论宣传工作的重大战略部署，而具体的实施路径就是"互联网+"，即传统媒体的互联网化。

其次，媒体融合研究报告有助于了解主流媒体整体的发展进程，但纵向的总结概括仍较为缺乏，案例研究仍显不足。

最后，已有学者建议从市场营销学的产品视角对媒体融合做出分析，但从外部成熟学科引进相关理论的探讨在新闻传播学界仍然偏少。

基于此，本研究引入组织创新理论，针对主流媒体融合创新进行模式概括和个案研究，具有一定的创新性。

---

① 朱鸿军，农涛. 媒体融合的关键：传媒制度的现代化 [J]. 现代传播，2015(7): 6–11.
② 肖叶飞，刘祥平. 媒介融合与规制融合 [J]. 现代传播，2015(3): 10–14.

第三节 "内容为王"内涵辨析

"内容为王"是一个响亮的口号。它是业界尤其是掌握内容资源的传统出版机构的座右铭，也是新闻传播学界讨论中弥久不变的焦点。以中国知网为例，"内容为王"的主题词下共有 12,262 个检索结果，自 2009 年起每年出版的相关文献超过 1,000 篇，2012 年更是超过 2,000 篇。① 有研究者曾指出，"作为一个近年来经常出现在传播业者学者嘴边笔下的熟词，尽管多受追捧，但基本都是从实务出发就事论事，或简单论及不够深入，尚缺少学理的梳理和论证"。②

"内容为王"这个口号出现在大众传播时代，因此探讨新媒体时代"内容为王"内涵的文献不在本研究范围内。事实上，就大众传播时代"内容为王"的进一步追问也不多，仅有 3 篇文献从学理和实践两方面进行讨论。敖丹娜分析了媒介、内容与制度的关系，认为在传播过程中，传播内容居于中心地位，是技术、制度和受众互相制约、彼此纠合的意义的"角斗场"。③ 任状、徐金奇从大众传媒的社会功能和角色、文化政治和经济双重属性以及在市场上的核心竞争力等方面入手，分析"内容为王"的内核和价值所在，最终肯定了媒介竞争的实质是内容之争。④ 李清飞以传媒实战派的身份，不认同"内容为王"的说法，而是以《广州日报》的例子肯定了"没有特点"的攻守平衡才是获取成功的第一点。⑤

其实，就"内容为王"这个口号本身的研究可谓相当匮乏。2012

---

① 根据 2014 年 10 月 26 日在中国知网对主题词"内容为王"的检索结果所得。
②④ 任状，徐金奇．"内容为王"的合理内核和价值所在 [J]．新闻传播，2004（3）：48–49．
③ 敖丹娜．对大众传播中"内容为王"的追问 [J]．现代传播，2011（7）：152–153．
⑤ 李清飞．报纸竞争"内容为王"？ [J]．新闻记者，2003（12）：29．

年，任陇婵撰文《"内容为王"小史：原版、翻唱及升级》，这是目前为止少有的对这一历史进行系统探讨的论文。文章认为，雷石东"内容为王"的口号有 3 个方面的特征：一种是传媒理念和价值主张；一种是运营战略和经营策略；一种是品牌宣传和营销手段。① 作者观点鲜明，对背后的逻辑机理进行了观点陈述，但基于历史语境的实证分析却没能展开。

因此，本研究通过对"内容为王"这一口号的传播情景、传媒产业环境和媒体企业竞争实力的梳理，试图提供这一历史语境的完整展示。具体来看，本研究将从"内容为王"的传播文本出发，基于当时美国传媒业状况和维亚康姆的发展情况探讨"内容为王"的可行性和支持性条件，进而提出对中国新闻媒体的学习建议。

一、"内容为王"的提出

国内文献对"内容为王"口号的引用大多止于发布者——雷石东，维亚康姆集团董事长兼首席执行官。这位媒介大亨对"内容为王"的具体阐释还不为人所熟知。2002 年 7 月 30 日，雷石东在北京作了题为《世界传媒业的过去、现在和未来》的主题演讲，而媒体的关注点在这里："世界传媒巨子萨默·雷石东坦言：传媒未来，内容为王"（标题，中国网）。本研究选择中国网关于此次演讲的报道，② 重点关注其对雷石东本人对"内容为王"看法的直接引语。

---

① 任陇婵."内容为王"小史：原版、翻唱及升级 [J]. 南方电视学刊，2012（5）：76-78.
② 魏和平. 世界传媒巨子萨默·雷石东坦言：传媒未来，内容为王 [EB/OL].（2002-07-31）[2019-01-30]. http://www.china.com.cn/chinese/2002/Jul/181124.htm.

好的内容、好的节目、好的材料可以带来充满价值的业务，我们一直在坚持这么一种理念，这种理念就是我们为听众提供非常忠诚的内容，内容就是国王。人们看的是内容。我们是一个传媒公司，要坚持我们的原则。我们非常热爱中国的传媒，但中国的传媒产业必须具备创造内容的能力，反映人们的口味，反映中国的文化，才能取得成功。同时，对观众或消费者进行非常广泛的了解，观众喜欢什么东西，然后把这个东西制作出来。维亚康姆取得成功的关键就是雇佣当地的人才，听当地的意见，并且和观众建立广泛的联系，听取他们的反映和呼声。

前半段提出"内容为王"的理念，关注其在传媒发展中的重要性；后半段是对"内容为王"可行性的思考，告诉我们如何在实践层面创造好的内容，特别是要倾听受众需求。事实上，在市场经济的背景下，中国媒体自20世纪90年代起就已进行了一系列改革，如都市报（适应新市民的参与需求，报道内容上创新多）、上星卫视（适应大众文化的娱乐需求，节目类型多样化）。21世纪初，媒体相信内容变革能带来收益。

必须从最基本的开始，必须有好的题材。全世界的人都喜欢高质量的题材、高质量的制作，但是如何抓住观众，就是我们经常在美国说的和倡导的，就是我们要建立品牌的内容是"国王"，而我们建立的品牌实际上是"皇后"。内容可以帮助我们在全球建立品牌，取得成功，不仅仅是在产品上贴一个条，实际上是和观众建立一个纽带，建立一个平台。

这里有一个新的提法："内容为王，品牌为后。"如何抓住观众，品牌是关键。人们能记住的不是具体的内容，而是基于高质量题材和制作内容所代表的媒体品牌。如维亚康姆集团的 MTV 电视台播放哪些音乐 MV 可能没多少人能说得上，但一提起专业的音乐台肯定包括 MTV 这个电视品牌。这个提法少有媒体提及，一方面可能是"内容为王"这个口号既精练好记又符合过往经验，另一方面则源于自身品牌建设严重滞后的现实。

> 我们动用全球的力量来提供更多的产品和节目给我们的受众，就是因为我们有一个使命，要把中国的文化、中国的音乐介绍给世界各地，我们把这个进程叫本地化进程。听上去很复杂，其实这是我们重视的事情，尊重人们，尊重我们进行业务的地方，我们尊重当地的历史，尊重中国文化对人类进步与发展的贡献。除了音乐奖共同的制作外，我们还有很多合作。简单地说，全球媒体业的成功必须有高质量内容，而且必须有很好的观众和听众。我们愿意在两个文化之间搭一座桥梁，我们希望动用我们最大的资源来和大家合作，把中国的文化介绍到世界各地，也把世界各地的优秀文化介绍到中国。

这里又有一个新的提法："全球媒体业的成功必须有高质量内容，而且必须有很好的观众和听众。"令人迷惑的是，"很好的观众和听众"与媒体业的成功之间是什么关系？可能是记者翻译的问题，也可能是指全球化传播中异质文化受众接受对媒体效果和经营的价值。不难看出，雷石东认为本地化的内容有利于全球化媒介的业务拓展，只有加强合作才能促进中外文化的交流。

从以上片段式的文本和分析可知，"内容为王"这一口号还伴随着"受众导向""品牌为后""促进文化合作交流"等传播理念和价值观念。如此看来,"内容为王"不是单独的一个口号,还需要其他因素的配合。

谈论"内容为王"的雷石东是有信心的——他的媒介帝国出产了CBS的优质新闻节目、MTV的优质音乐节目、派拉蒙的优质电影;同时也是深藏不露的——"以一个商业成功者、事业强者和历尽沧桑的长者形象,作为维亚康姆及其内容产品的形象大使和'立言者',直接输出其传媒理念,并宣传和推介自己的企业及内容产品,实为一种最具实证意义的品牌广告,也是最具亲和力、蛊惑力的产品营销办法。"①

其实,他还有更多底气。美国传媒业的发展状况、维亚康姆集团的发展历程以及在美国的影响力,他是没有提及的。时间推后一点,我们才知道这些历史情境是至关重要的前提。

二、大众传媒时代:美国传媒业发展状况(1987—2002)

为什么选择这一时间段呢?雷石东就是在 1987 年收购了维亚康姆,当时它是一家非常小的摇摇欲坠的公司,但历经 15 年的倾心打造,目前维亚康姆集团已成为全球著名的传媒集团之一,业务涉及无线电视及有线电视、广播、出版、户外广告和互联网等领域,且在这些领域都占有举足轻重的地位。

这一时期,伴随美国最长的经济增长期,传媒业取得了重大进展。到世纪之交,报刊发行放缓,广告业出现萎缩;有线电视方兴未艾,广告调整后继续增长;经历了网络泡沫的新媒体重新起步。

表 7-1 展示了从 1987 年到 2002 年间美国大众媒介的消费和广告

---

① 任陇婵."内容为王"小史:原版、翻唱及升级[J].南方电视学刊,2012(5):76-78.

收入情况。

表 7-1 美国大众媒介消费和广告收入（1987-2002）

年份	报刊消费额	报刊广告额	广电消费额	广电广告额	新媒体消费额	新媒体广告额
1987	175.87	350.19	107.11	314.68	——	——
1988	192.44	372.69	124.97	339.29	0.25	——
1989	200.56	390.84	145.91	357.82	0.50	——
1990	216.32	390.84	166.76	379.73	1.00	——
1991	220.53	369.34	179.25	370.82	2.00	——
1992	219.59	377.37	198.83	397.32	3.05	——
1993	234.34	393.82	218.10	419.28	4.12	——
1994	256.01	422.72	213.72	468.71	8.05	——
1995	275.25	448.97	238.62	491.66	16.11	——
1996	294.77	474.12	271.74	547.53	26.75	——
1997	311.53	514.91	301.31	576.21	35.75	6.00
1998	320.58	548.10	331.39	645.86	47.09	13.83
1999	334.57	580.81	372.34	698.96	70.04	28.32
2000	350.48	614.20	404.24	795.52	94.81	65.07
2001	349.54	553.50	440.33	724.78	121.56	56.45
2002	351.11	550.26	465.06	772.42	130.62	48.83

注：媒介消费额数据来源于美国商务部经济分析局，http://www.bea.gov/. 媒介广告额数据来源于优势麦肯，http://www.tvb.org/nav/build_frameset.aspx. 报刊消费额指报刊的发行收入；广电消费额主要是有线电视的收视费；新媒体消费额指上网费用。消费额和广告额的单位均为亿美元。

那是一个大众传播的黄金时代，大众媒介主导了内容生产。可以说，"内容为王"是媒介立足的标语，也是媒介特权的标志。

大众传播时代，媒介是内容展示的唯一平台。这种封闭性带来了媒介对内容的"把关"，也造就了其在广告展示上的领导地位。时至今日，苹果公司占据新媒体市场的核心份额，平台、终端的封闭性作用不可忽视。

做到好的内容，就能有好的市场表现吗？不一定，还要靠渠道和终端。大众传播时代，报纸的终端是纸，广播电视的终端是收音机和电视机，都处在竞争性市场中，不会带来经营上的影响。渠道的作用呢？接下来看看维亚康姆在"内容为王"理念下的渠道建设情况。

三、传媒航母：雷石东与维亚康姆（1987—2002）

（一）雷石东与维亚康姆集团

1987年前，雷石东掌管着全国娱乐公司，这是一家影院连锁公司，美国最大的电影院线之一。只有渠道没内容，或许是他提出"内容为王"的出发点。

1987年，雷石东收购维亚康姆，拥有了有线电视网和MTV音乐频道等；1994年，收购派拉蒙，进军电影业上游；1999年，维亚康姆在纽交所上市；2000年，收购CBS，争得在无线广播电视领域的一席之地；2001年，推出黑人娱乐电视网；2002年，收购学院电视网。[1] 收购项目基本都是电视网和电影厂，有力地补充了内容的短板。

可以看出，维亚康姆集团的战略重点是电子媒体产业，在音乐、有线和无线电视、电影领域有集中的趋势，而这类媒介的发展方兴未艾。

---

[1] 参见维亚康姆集团官方网站，http://www.viacom.com/about/pages/history.aspx。

（二）维亚康姆的渠道优势

维亚康姆集团不仅有强大的内容制作能力，而且有充足的发行渠道。表7-2展示了该集团在各媒介形态中的内容实力和渠道地位。除了没有唱片公司外，维亚康姆在其他电子媒体产业链方面都有显著的影响力。这么来看，"内容为王"是需要有强大渠道这个后台支撑的。

报刊业的渠道主要是订阅、零售和自动售报机等，竞争激烈。但电子媒体渠道受到物理条件的约束和反垄断政策的规制，产生了寡头型的垄断。如果有内容而无渠道，在议价能力和协作方面将会处于劣势。

表 7-2 维亚康姆的内容实力和渠道地位

媒介	内容生产	内容实力	发行渠道	渠道地位
音乐	唱片公司	——	MTV 音乐网	全球领先
电视	电视台	CBS、UPN、BET 等	无线或有线网	CBS、UPN、BET 等
电影	电影院	派拉蒙（八大片商之一）	电影院线	2000 家影院

（三）维亚康姆的全球地位

根据美国《广播与有线电视》2001年的统计，维亚康姆集团在全球传媒业20强中名列第四，与上一年排名无变化（见表7-3）。① 可以断定，维亚康姆是世界超一流的传媒集团，并保持着平稳的增速。

进一步我们发现，维亚康姆集团在国际化传播方面与其他集团差距较大。要想巩固并拓展市场版图，必须在全球获得支持。MTV 是最世界化的品牌，因此"内容为王"的传播要从这个不是内容的渠道

---

① HIGGINS J M, MCCLELLAN S, KERSCHBAUMER K. Top 25 media companies[J]. Broadcasting & cable, 2001, 131(36): 17.

开始，而 MTV 进入中国选择了相对容易的内容合作方式。

表 7-3 维亚康姆的全球地位

排名	媒体名称	2000 年排名	销售收入（亿美元）	经营收入（亿美元）
1	美国在线—时代华纳	1	362	-2.28
2	迪士尼	2	254	32
3	威旺迪环球	3	243	4.17
4	维亚康姆	4	200	13
5	新闻集团	6	138	17

四、正视"误区"：中国媒介应该学习什么？

大多数人将"内容为王"理解为"做优质内容就够了"，这种观念该抛弃了。雷石东的"内容为王"口号不仅有"受众导向""品牌为后""促进文化交流合作"等配套口号，还有强大的渠道和大公司作为后台支撑。尽管已经进入社交媒体时代，这些经营策略仍值得补充学习。

（一）无处不在的渠道

"内容为王"的背后是强大的渠道。报社自建发行队伍，电视台覆盖多地区和有线网，影片方拥有电影院线和银幕，都是媒介建立市场地位的必要条件。

中国报刊业的改革是领先的，目前各报业集团已纷纷组建专门的发行快递公司，业务甚至拓展到其他领域，但不时我们还是能看到某地拆除书报亭的新闻；无线电视网络四级覆盖，只有少数央视频道可以全国收看；有线电视网也由各地组建，省级卫视不一定能实现全国覆盖；电影厂拓展发行网络的速度很慢，大多没有隶属于自身的院线。因此，整合产业链，将内容生产和渠道拓展优化协调，中国的媒介集团还有很大的发展空间。

（二）大公司战略

"内容为王"是成为超级传媒集团的必要条件。试想：如果没有对电视网和影片商的收购，雷石东将仅仅是渠道的掌控者而非传媒巨子。

大公司支持了"内容为王"的崛起之路。大公司是市场竞争的必然结果，具有规模经济效应和变化防御能力。传媒集团基本涵盖了各种媒介形态，可以对内容资源做多样化呈现和深度整合，能够协同渠道节省交易成本和制作特色内容。

中国缺乏这样的媒介大公司。媒介分头管理体制导致的多媒体集团尚未成型；少数广电、报刊融合的案例只限于地市级层面，跨区域、跨媒介整合屈指可数；"全媒体集团"也只是单一传媒形态集团喊出的一句口号。"中国只有实施传媒产业的大公司战略，将传媒企业培育成信息传播的主导力量，才能使其在全球信息传播竞争中争取到应有的话语权。"[1]

（三）内容的优先国际化

"内容为王"是实现全球传播的第一步。内容输出或内容合作，是最能突破入境限制的；内容在地化制作，既能获得在地政策制定者的支持，也能作为全球内容制作基地参与世界范围内的利益分配。

中国政府一直在鼓励包括传媒在内的文化主体走出去。出口到东南亚和非洲地区的电视连续剧有不错表现，如《媳妇的美好时代》；

---

[1] 丁和根，林吟昕.试论中国传媒业国际竞争的大公司战略[J].国际新闻界，2011（1）：71–75.

本土的娱乐节目也有机会在境外播出，如《中国好声音》和《我是歌手》。

但是，目前，对外传播的总体效果仍不明显，内容的专业程度和共鸣性有待提升。新闻媒介必须尊重信息传播规律，媒体对外传播中的内容编排和价值选择尤其要注意；娱乐媒介必须考虑接受者的文化和生活习俗，如电视剧和电影的内容应多关注人类共通的事务和情感。

第八章
中国主流媒体融合发展研究

近年来，主流媒体在国家政策支持和市场竞争压力之下，融合发展的探索取得了一定成效：一是对融合发展的认识不断深化；二是推进力度不断加大；三是重点项目有序展开；四是融合队伍得到锻炼；五是传统媒体在网络空间的影响力不断提升。但是，媒体融合的任务依旧艰巨，需要推进更加深入的改革。

第一节　中国主流媒体的融合发展状况

2014年被称为媒体融合元年，2015年媒体融合全面推进，2016年媒体融合进入深化阶段。借鉴组织创新的相关分类方式，结合媒体融合发展的过程和重点结果，本研究从产品与服务创新、组织创新的角度来分析和总结中国主流媒体的融合发展状况。

一、产品与服务创新

主流媒体积极践行"内容为根本，技术为支撑"的融合发展思路，推出了矩阵式的内容产品，搭建了基于新闻资讯的信息服务平台和交易平台，无人机、机器人、大数据等技术正在极大地影响着新闻的生产、分发与传播。

（一）内容产品创新

主流媒体内容产品创新的方式有两种：一是自建客户端；二是借力打造传播矩阵。

1. 自建客户端

2015年以来，中国主流传统媒体自主开发的新闻客户端扎堆上线，截至2015年12月已达到231个。

三大中央级主流媒体（《人民日报》、新华社、中央电视台）依托政策、技术和资本等优势最早进行了新闻客户端的探索，且都很重视客户端产品的更新升级：2017年1月4日，《人民日报》客户端四期产品上线，推出直播频道，增设大数据智能推荐功能；2017年3月2日，新华社客户端4.0版发布，优化了现场新闻功能，启用智能语音助手；2016年2月25日，央视新闻客户端改版，全方位强化视频核心优势。

地方的传统媒体也表现得非常积极：从2014年起，上海《东方早报》的澎湃新闻客户端、《南方都市报》的并读新闻客户端、长江日报报业集团的九派新闻客户端、四川日报报业集团与阿里巴巴联合推出的封面新闻客户端、重庆日报报业集团的上游新闻客户端、湖南日报报业集团的新湖南客户端、新华报业传媒集团的交汇点客户端、大众日报报业集团的新锐大众客户端等陆续上线。各个客户端之间具有一定的差异性，如"澎湃"主打时政与思想，"并读"主打互动，"九派"主打全国性舆论等。

2. 借力打造传播矩阵

主流媒体借助成熟的、稳定的互联网平台——微博、微信和聚合类客户端等，打造"两微一端"为标配的传播矩阵，取得了显著成效。

2015年以来，几乎所有媒体都开通了官方微博、微信公众号，而以今日头条、天天快报、一点资讯等为代表的聚合类新闻客户端的影响力也愈加突出。截至2016年5月，《人民日报》法人微博粉丝总量合计超过8,300万，影响力长期居媒体微博榜第一名。《人民日报》微信公众账号的订阅用户数已超过500万，在微信平台各类公众账号中影响力排名第一。央视新闻新媒体在"三微一端"（微博、微信、微视频、新闻客户端）的用户总数达到2.3亿，"9·3"大阅兵新媒体报道总阅读数超过54.4亿次，其中"V观大阅兵"微视频全网播放量超过1亿次。

"政事儿""团结湖参考"等一批优秀的微信公号也证明传统媒体的影响力在移动社交时代优于门户网站时代。

（二）服务平台创新

主流媒体积极建设基于用户入口的客户端平台，汇集海量用户，形成用户数据库，实现用户数据的采集、挖掘、分析及应用。构建大规模用户平台的途径主要是依靠技术、内容和服务。传统媒体在技术方面难以建立优势，而内容的用户黏性不足，因此通过服务实现用户聚合是传统媒体融合转型较为可行的途径。目前，主流媒体服务平台的创新主要包括政务服务和商业服务。

1. 政务服务平台

浙江日报集团下属的传统纸媒——瑞安日报社是借助政务入口构建媒体平台的典型。他们依托自己的技术开发团队，为当地智慧政务建设搭建技术平台，并提供政务服务平台运营维护服务，以及线上线下活动策划服务。政务平台同时也是新兴的媒体用户平台。根据政务服务入口的规划和各终端的渠道特点，瑞安日报社已经初步建成瑞安新闻网、户外新闻联播网、多媒体数字报、手机报、系列微博微信、手机客户端等网络矩阵。2015年6月，政务入口的用户人口达到60万，已大大超过《瑞安日报》纸质版的发行量，每天阅读量总和超过10万人次，而且还在快速增长。

2. 商业服务平台

发展以本地服务为主体的O2O业务，也是传统媒体利用本地优势建立用户平台的可行性途径之一。浙报集团提出"新闻+服务"的发展思路，即"服务集聚用户，新闻创造价值"，就是以优质权威的新闻服务形成品牌和公信力，同时增加其他各种服务的公信力，使服务提供者可以因为提供优质新闻内容而更受用户信赖，产生聚合用户的能力，然后以服务去构建用户平台。比如，浙报集团与修正药业开展社区养老服务，通过并购"边锋/浩方"游戏平台，结合区域电商平台和网络医院等业务，广泛聚集用户群，建立大规模的用户平台，为未来的商业服务打下了基础。《北京青年报》社区生活移动互联平台的微信矩阵粉丝量、OK家下载注册量均超过百万，并且在全市拥有120家社区驿站，直接服务社区居民。这一媒体融合创新项目入选了国家新闻出版广电总局主办的"全国报刊媒体融合创新案例"五强。《中国国家地理》客户端重点耕耘旅游服务领域，根据用户所处的地理位置，推荐周边的旅游景点和旅游信息内容，并提供相关的旅游导航服务。

（三）技术应用创新

主流媒体对各类新技术的应用普遍化，丰富了内容产品形态，成为媒体融合发展的发动机和加速器。

1. H5技术拓宽产品形态

基于H5技术的前端产品已成为最普遍的技术应用创新。媒体通过H5产品将内容以更丰富、更友好、更有利于传播的形态呈现给用户，并能在H5产品中实现用户互动，一些媒体还开发了H5产品生产平台，降低了H5产品编辑制作的技术门槛，让传统的采编人员可以直接根据自己的需求生成H5产品，并发布到移动网页、微信或客户端中。2016年两会期间，《人民日报》推出H5新闻《总理给你送"快递"啦》，用户可以根据自己的社会角色选择对应的"快递"，如选择"城市居民"，收到的就是装有雾霾治理、住房信贷和医保政策的"快递"。

2. 大数据技术产生数据新闻

数据新闻是大数据技术应用中出现的一种新型的新闻呈现方式，通过抓取数据、挖掘统计分析数据，进而将数据进行可视化呈现。《数说命运共同体》是中央电视台 2015 年推出的一档大型数据新闻节目，共分为七集：《远方的包裹》《通向世界的路》《文化的旅行》《奔跑吧！能量》《食物背后的故事》《丝路，走起》《中国制造，你选啥？》，讲述了"一带一路"沿线的贸易、投资、中国制造、基础设施、饮食文化、人员往来等。该节目挖掘数据超过 1 亿 GB，仅计算"全球 30 万艘大型货船轨迹"所比对的航运数据 GPS 路径就超过 120 亿行。

3. VR 技术产生沉浸式新闻

虚拟现实技术增加了新闻报道的现场感和真实感，用户可以自行选择新闻图像的拍摄角度和呈现画面。国内媒体最早运用 360 度全景视频拍摄新闻报道、制作纪录片是在 2015 年财新传媒发布的纪录片《山村里的幼儿园》的预告片中，该纪录片运用全景拍摄，将留守儿童的生存状况全面全息地展现出来。在"9·3 阅兵"期间，《人民日报》全媒体平台首次引进全景 VR 视频设备全程记录激动人心的盛大阅兵现场。新华社的《虚拟现实带你"亲临"深圳深夜搜救现场》也全景展现了深圳光明新区山体滑坡事故的现场图景。

4. 算法技术产生机器人写稿

机器人写稿是指运用人工智能软件，根据算法在第一时间自动生成稿件，瞬时输出分析和研判，将资讯和解读送达用户。在技术上，机器人写稿通过定制发稿模版、数据自动抓取和稿件生成、编审签发来实现。2015 年 9 月，腾讯财经首次利用自动化新闻写作机器人发表《8 月 CPI 涨 2% 创 12 个月新高》，仅一分钟便完成了整篇报道。2015 年 11 月，新华社推出机器人写稿项目——"快笔小新"，进行体育赛事的中英文稿件和财经信息稿件的写作。在 2016 年里约奥运会报道中，北京大学和今日头条联合研发的机器人"记者""xiaomingbot"

（小明），以 2 秒钟的生成时间发稿 450 篇，单篇阅读量高达 11 万次。

5. 无人机技术打造全景新闻

无人机是通过无线电遥控设备或者机载计算机远控系统进行控制的不载人飞行器。无人机拍摄具有远程、安全、视角新、广度大的特点，能代替人的脚步与视线，进入事件发生的一线与前沿，所拍摄的全域性宏观图片能提供震撼性的视觉效果。新华网在 2015 年 6 月创建了全国首个无人机新闻项目，采用先进的国产大疆"小型一体化多旋翼航拍飞行器"。在天津港爆炸事故现场，央视网、新华社、财新网等多家媒体都采用无人机深入爆炸的中心地带，采集最新的数据。2015 年 12 月，在深圳光明新区山体滑坡事故的报道中，新华社、深圳新闻网等多家媒体运用无人机进行了航拍。

二、组织创新

组织创新是指主流媒体通过流程改造、部门改革和体制机制变革等方式，来适应互联网时代的传播特点。

（一）组织流程创新

传统媒体为了适应网络传播的即时性特点，必须对其原先的新闻内容生产流程和发布流程进行改造，以互联网传播为主导，实现新闻内容在新媒体上的即时发布。新闻发布周期最长的报纸，在流程改造方面表现得最为积极。

组织对新闻生产流程的探索分为两类：

一类是全媒体内容生产流程再造的进一步深化，强调新闻生产流程再造要打破按职能设置部门的管理方式，代之以业务流程为中心，重新设计信息传播管理过程，从整体上优化流程。例如，《温州都市报》引进全媒体生产系统，建立全媒体中央控制室，打通传统媒体和新媒体的卡口。《广州日报》也成立了由夜编中心、大洋网、全媒体中心、音视频部、数字新闻实验室等部门组成的中央编辑部，搭建跨越纸媒和新媒体的新闻统筹平台。在"中央编辑部"的统筹指挥下，《广州日报》"1+N"全媒体矩阵实现了24小时滚动发布新闻，前方记者采访回来的新闻素材可以多平台多形态发布。

一类是放弃整体流程改造，探索内容生产流程向移动端转移。上海报业集团《东方早报》已经停刊，全班人马转移到澎湃新闻，其内容生产流程向适配移动端内容生产的流程转变。

（二）组织结构创新

不同于组织流程改造，组织结构创新主要是通过新设机构、组建新团队来实现，目前为止最典型的例子是《人民日报》全媒体平台（"中央厨房"）。

"中央厨房"是在《人民日报》编委会的领导下，由报社各相关部门和单位组建工作团队，并由人民日报媒体技术股份有限公司承建的新媒体项目。虽然《人民日报》的"中央厨房"也是一个生产流程创新平台，但它的背后有设立在云端的六大技术系统（报纸版面智能化设计系统、新媒体发布管理系统、可视化产品制作平台、传播效果评估系统、内部用户管理系统、互联网用户管理系统），这些技术系统都由专门的团队负责运营。

像人民日报社一样，传统媒体纷纷建立"中央厨房"式的全媒体发布平台，围绕采、编、发各环节上线功能模块，进行数字化、全媒化、集约化改造，极大地提升了内容生产能力和技术支撑水平。

（三）体制机制创新

媒体融合创新的基础条件是真正融入互联网基因的新体制、新机制。在旧体制里终究难以孕育出新业务。

湖北广电集团在体制机制改革方面的探索性尝试，主要包括市场化运作和组织架构调整：一是成立长江新媒体集团，统筹新媒体运营。新媒体集团从服务部门转为市场主体后，大胆探索用市场机制处理其公益性任务与营利性产业的关系，通过协议采购公益性服务和产品，激励自身不断改进服务质量，降低运营维护成本，提高市场竞争力。二是重新规划媒体组织架构。湖北广电集团成立了媒体融合发展委员会，由台长任主任、领导班子成员任副主任，作为媒体融合的领导机构，设立由台总编辑为主任的融合内容编辑委员会，以台总工程师为组长的新媒体技术专家组，以及广泛吸纳台内外内容、技术领域权威专家的媒体融合专家顾问组，从组织架构上确保媒体融合的领导、规划、管理一体化。

上海文广集团也是体制机制改革的先行者，通过对上海文化广播影视集团、上海广播电视台和东方传媒集团的经营性资产的全面整合，设立了国有独资上海文化传播影视集团有限公司；同时，对已经基本完成转企改制的上影集团、东方网进行了"去行政化"改革；在集团内建立扁平化管理机制，激发创作活力；统一配置优势内容资源，构筑了以台为核心的互联网电视生态体系。

第二节 中国主流媒体融合发展典型

主流媒体的融合发展参差不齐：中央级媒体探索早、动作大，省市级媒体尤其是发达地区的媒体市场意识强、生产和经营理念接轨意愿高，而其他媒体仍处于观望或跟进状态。本节遴选当前主流媒体融合发展的中央级、省市级典型创新案例（《人民日报》、上海报业集团、浙报集团和郑州报业集团），以展示它们的创新理念与实践。

一、《人民日报》：中央级、全方位创新

《人民日报》是中共中央直属事业单位和中共中央的新闻机构。2016年2月19日，习近平到人民日报社、新华社、中央电视台考察，主持召开党的新闻舆论工作座谈会。《人民日报》的融合发展受到政策、资本的大力加持，迎来了技术、内容、平台、机制和生态等全方位的创新。

（一）技术升级

人民日报社瞄准移动互联网技术的最新发展，以《人民日报》客户端项目作为融合发展的着力点；瞄准云计算技术的运用，把人民日报社全媒体新闻平台项目（中央厨房）作为资源互联互通、业务转型升级的重要载体；瞄准大数据技术的运用，把《人民日报》数据中心项目作为媒体融合发展的底层支撑。

（二）内容建设

在内容产品方面，《人民日报》已形成包括多个媒介终端的传播新矩阵，覆盖总人数达3.5亿人次。截至2016年4月底，报社已拥有《人民日报》、人民网、《环球时报》等129个微博机构账号；有人民日报、人民网、《国家人文历史》、《健康时报》、学习小组、侠客岛等124个机构微信公众账号；有《人民日报》、《环球TIME》、海客新闻等28个客户端及55个境外社交媒体账号，还在全国设有电子阅报栏。

（三）平台搭建

从2015年两会报道开始，人民日报社依托建设中的全媒体新闻平台，试行"中央厨房"工作机制。借新流程倒逼新机制，靠新技术催生新产品，强力推进人力资源聚合、生产流程融合、采编力量整

合、网上网下结合,加速了记者与报纸、网站、"两微一端"等渠道之间的高效对接。此外,"中央厨房"还为数百家海外主流媒体量身定做、定制推送新闻产品,占领国际舆论场,提升国际话语权,扩大了《人民日报》的全球传播力和影响力。2015 年,《人民日报》共启动"中央厨房"机制 12 次,总计发布新闻产品 2,000 多件,被国内外各类媒体转载 5 万余次,全媒体平台已经建成较为成熟的技术支撑体系并部分上线投入使用。

(四)机制改革

人民网是由《人民日报》控股的国内重点新闻网站,于 2012 年在上海证券交易所上市。人民网进行了较为彻底的股份制企业化改造,建立健全了现代传媒企业制度。网站具备了独立法人资格,在运营上有了更多的自主权、灵活性,能够更好地进行市场化的机制改革。目前,人民网已形成了以互联网经营为核心的盈利模式,主营业务日益稳定,包括广告及宣传服务、移动增值业务、信息和技术服务三大板块。人民网继承和发扬了传统纸媒的广告传播优势,利用权威网站品牌和平台优势,通过与各地大型企业建立战略合作、策划大型活动、拓展服务项目、开发销售新产品等方式,促进广告及宣传服务发展;推出手机报、手机视频、手机阅读、手机直播、手机律师等提高服务转化和附加值,带动移动增值服务发展;依托大数据资源和服务技术,延伸出网络信息咨询研究、公关培训、网站合作、活动推广等高端项目。其中,舆情研究与培训业务取得重要成效,已成为中国内地网络舆情信息服务的领先供应商,子公司"人民在线"正谋求向"数据+咨询"的互联网新媒体智库方向转型。

(五)生态构建

在与科技公司合作方面,2016 年 6 月 15 日,《人民日报》与腾讯签订媒体融合发展创新战略合作协议，在内容、渠道、平台、经营、管理等方面进行深度合作，从标准、技术、管理、运营等方面探索推动媒体融合发展。其中，第一阶段，双方将围绕"中国媒体融合云平台""网上多媒体发布厅""媒体大数据合作""媒体融合新技术实验室"等领域展开。

在成立互联网基金方面，2016年8月，由人民日报社、招商局集团和深圳市共同组建了媒体融合产业投资基金"伊敦基金"，基金规模高达50亿元。该基金主要采用股权的形式投资于内容、技术、渠道、平台等领域相关的媒体、互联网、科技公司等，不仅服务于传统媒体之间的并购重组，而且支持传统媒体与新媒体之间的融合发展。

二、上海报业集团：现象级、人才与资本创新

自2013年解放日报报业集团与文汇新民联合报业集团重组为上海报业集团以来，其在产品、项目层面的融合实践主要包括：以"上观""文汇""新民邻声"为标志的三大传统主流媒体的互联网主阵地；以"澎湃""界面"为标志的两大现象级互联网新媒体；以"第六声""摩尔金融""唔哩""周到"为标志的四大互联网细分市场项目。每个产品都侧重不同的融合探索方向。比如，通过"上观"，探索党报、机关报向互联网新媒体话语体系的转变，严肃的政策公文通过互联网的表达方式，飞入寻常百姓家；通过"澎湃"，探索传统纸媒的整建制转型；通过"界面"，探索在财经和商业报道的细分领域建立内容影响力；通过"摩尔金融"，探索互联网广告以外的内容付费、交易等创新商业模式。

上海报业集团的经济规模在全国报刊业中排名第一，已形成多层次的新媒体发展体系，这与其人才与资本方面的创新密不可分。

（一）人才激励与管理

根据上海市委全面深化改革领导小组第七次会议审议通过的相关方案，上海报业集团全面推行"采编专业职务序列改革"。目前，有38名采编人员获聘首席岗位，聘任时平均年龄41岁，最小28岁。首席的遴选评审，注重业绩，没有资历门槛和条件限制，让优秀人才脱颖而出、服务一线。第三方机构（2016年初，600份问卷）的调研显示，采编专业职务序列改革对增强采编人员的事业心、归属感和忠诚度起到了正向激励效应。其中，半数以上受访者对"改革提升了三报的传播效能和舆论影响力"表示认可。55%的受访者认为"改革较好地体现了新媒体的定位，促进了新媒体发展，扩大了新媒体的受众"。58.1%的受访者对"改革使其更愿意留在业务一线"持正面态度。超六成受访者认同"改革为采编人员拓宽了晋升通道"。从对改革的建议反馈来看，主要集中在"首席制度""绩效评估制度""薪酬计算体系"等改革方案的具体设计方面。有的首席人员提出，首席岗位对报社的贡献应该完全体现稿件"说话"，要避免增量改革产生新的利益固化，削弱改革创新的动力。一些新媒体从业人员希望在改革中也能发挥作用、得到激励，等等。

2016年，《解放日报》深化改革试点，改进考核方式，探索建立综合考量传播力、影响力和专业评价等多种评价机制的加权考核办法，同时针对技术、运营等新岗位需求，尝试引入猎头招聘方式，实行一人一薪，建立能进能出的用人体系，吸收新鲜血液，保持团队活力。目前，上海报业集团正在联合第三方专业机构，制定针对管理层和核心骨干的激励方案。根据行业特点，按照采编、技术及经营三大主体岗位分别制定方案，并将团队激励和员工整体薪酬体系等做一揽子设计。①

（二）资本运营

文化新媒体管理平台由文新投资公司、八二五新媒体基金和新华传媒上市公司组成。其中，上海报业集团联合国家级母基金元禾母基金以及管理团队华映资本发起的八二五新媒体产业基金，其投资特点主要有三个方面：一是专注互联网和新媒体文化产业领域，与自身转型战略充分契合；二是以流量入口和变现方式两大逻辑实现布局式投资，重点投向那些烧钱少、离钱近、易变现的项目；三是通过与产业资本相结合，营造闭环式的商业生态体系，打造产业集群效应，因而在退出安排上相应有独立上市和产业整合两种设计。八二五基金一期规模约12亿元，投资项目近60个，涵盖数字阅读、资讯服务、文化娱乐、互联网金融等多个领域，出现了"微盟"等年估值涨幅20倍的明星项目，准备在主板、新三板、战略新兴板上市的有10个，基本落实后续融资轮的项目合计17个。2016年下半年到2017年上半年开始陆续有项目退出，年化收益率预计不低于30%。基金第二期业已启动，20亿至25亿元瞄准"互联网+"、新媒体、信息技术相关领域。

地产与金融股权投资管理平台由上海报业集团资产运营部、资产管理公司和瑞力基金三大主体构成，负责集团存量资产业务的管理运营，拓展地产、金融股权增量业务。其中，瑞力基金由包括上海报业集团在内的上海本地三大国企平台发起，已确立健康医疗、文化教育、能源环保、互联网科技与金融、资产管理五大业务板块，实现母子基金管理规模超过110亿，已退出项目的收益率超过30%，成为行业内排名较前的专业基金管理机构。

---

① 裘新.道正声远，永远的山丘[J].新闻记者，2016(4): 4–14.

值得注意的是，上海报业集团旗下现象级新媒体项目"澎湃""界面"已完成融资。2016 年 12 月 28 日，上海六家国有独资或全资企业对澎湃新闻战略入股。增资完成后，上海报业集团对澎湃新闻的持股比例由 100% 变更为 82.2%，澎湃新闻的融资估值为 34.3 亿元。在实现资本多元后，上海报业集团将继续保持对澎湃新闻内容导向、采编人事任免等的管理。与此同时，通过引入国有战略投资者，将进一步健全东方报业公司的治理结构，促使澎湃新闻网按照现代互联网企业的规范加快发展。2016 年 7 月 2 日，界面新闻对外宣布完成总额超过 3 亿元人民币的 B 轮融资，由中石油旗下昆仑信托领投，总体估值较此前 A 轮的 9 亿元估值大幅增长。①

三、浙报集团：枢纽型、资本服务与团队创新

2011 年 9 月 29 日，浙报集团所属的浙报传媒集团股份有限公司在上海证券交易所上市，成为国内第一家媒体经营性资产整体上市的报业集团；2013 年 4 月，浙报传媒以 31.9 亿元收购盛大网络旗下杭州边锋、上海浩方公司 100% 股权；2016 年 8 月，浙报传媒获准募资 19.5 亿元，全部投入互联网数据中心项目开发。短短 5 年间，浙报集团以上述三个时点的三件大事为标志，从一家传统报业机构到基于现代企业制度的传媒集团，再升级为挺进互联网产业的新型传媒集团，如今迈向更前沿、更高端也更接地气的大数据企业。浙报集团的战略目标是建立"以用户为中心，构建互联网枢纽型传媒集团"，其融合转型进程与其资本、服务和团队创新有密切关系。②

---

① 裘新. 媒体融合，不仅仅是媒体的融合 [J]. 传媒评论，2016(12): 25–27.
② 李忠. 资本、服务、用户、团队——浙报集团媒体融合与转型发展的四个意识 [J]. 中国出版，2016(24): 15–18.

（一）资本

2001年，浙报集团提出了"传媒控制资本，资本壮大传媒"的发展理念，在国内同行业中率先投资组建了自己的资本运营平台——浙江新干线传媒投资有限公司，开始探索项目投资和资本运营。2008年，浙报集团牵头联合两家国有企业，共同组建了东方星空创业投资有限公司，首开国内文化传媒业以媒体集团牵头组建国有文化产业投资基金的先河。

2010年3月19日，中宣部等九部委联合发布《关于金融支持文化产业振兴和发展繁荣的指导意见》，旨在推动符合条件的传媒文化企业上市。浙报集团立即行动，通过浙报传媒集团股份有限公司将下属报刊传媒类经营性资产整体置入上市公司白猫股份，借力资本平台，为企业在高度竞争的市场环境中获取资源整合的主动权。仅仅一年半时间，浙报传媒就成为浙江省第一家上市的国有文化集团。浙报传媒的上市影响深远：首先，上市形成的倒逼机制迅速推动了公司体制机制的转型变革。通过推行全面预算管理、规范财务管理、健全内控制度、实行采编和经营分线运营等一系列改革创新举措，集团治理水平大为改善，现代传媒集团的企业制度体系初步建立。其次，有效管理推动了高效运营。集团对内加大新闻传媒平台资源整合的力度，加快经营理念、模式和方法的创新；对外深耕本土市场，挖掘价值链，延伸产业链，积极开拓媒体经营增长点。上市5年来，浙报传媒净利润指标连续5年逆势增长，从2.6亿元、2.8亿元、5.29亿元、6.1亿元，到2015年的8.8亿元。

（二）服务

浙报集团借助资本力量，构建了一个包括新闻传媒及数字娱乐、智慧服务和文化产业投资四大板块的"3+1平台"大传媒产业格局，提出"新闻+服务"的媒体融合发展战略，集聚活跃用户已达5,000万，移动用户3,000万。

2014年起，浙报集团尝试推进《钱江晚报》与边锋网络平台的融合发展，以《钱江晚报》为主体，在边锋网络平台尝试进行新闻传播：一是在边锋游戏大厅设立新闻内嵌页；二是在游戏主页上开设新闻专区；三是在游戏推出后设置推送新闻弹窗。结果表明，边锋新闻专区日访问量（PV）平均达到550万，最高时达1,000万，超过国内一半以上省级新闻网站。用户的学历水平、收入水平都超过了互联网用户的平均水平。用户边玩游戏边看新闻，娱乐用户变成了主流新闻读者。

浙报集团将媒体作为一个信息中介，基于其媒体平台的用户需求，运营那些需要公信力背书、性价比较高的产品和服务。目前，浙报集团聚集了政务服务、O2O电商、网络医院、养老服务、区域门户集群等多种业务，这些业务不断地改进用户体验，增强了用户黏性，拓展了传统媒体的舆论阵地和用户阵地，为传统媒体的转型升级有效地拓展了市场空间。

（三）团队

针对技术人才的管理，浙报集团在同行业中率先出台了《互联网技术人才管理办法》，明确了互联网技术人才引进、管理、培养、使用的一系列制度、举措。2015年，浙报集团在考察了阿里巴巴、腾讯等互联网机构的基础上，专门建立了与互联网企业相匹配的"P系列"技术专业人才岗位管理制度，为互联网人才的引进和任用提供专门的制度保障。目前，浙报集团6,000多名员工中，新媒体团队已达2,100人，其中技术研发团队已达1,100多人。

此外，浙报集团的人才管理新举措还包括：围绕"用户即阵地"的绩效考核和激励制度、发挥媒体组织作为"知识和学习型团队"的人员培训制度，以及响应"自主创新"政策号召和呼应互联网创新文化的内部创业机制。2016年3月，浙报集团明确提出打造专业化、系统化、科学化的新型学习培训体系，成立了由高海浩担任主任的集团学习委员会，同时成立了浙报党校、浙报学院，作为新型学习培训体系的主要执行和运营机构。

四、郑州报业集团：整合型、人员及流程创新

郑州报业集团抓住"重构采编发网络、再造采编发流程"这个关键环节，提出了"强化大融合、构建大平台"思路，着力打造"郑报融媒中央厨房"品牌，将旗下党报、都市报、网站、网络视频、音频、两微一端的采、编、播彻底打通，从体制、机制上进行重构，走出了一条适合自身发展的"经济、高效、可持续"的融媒体模式。郑报融媒中央厨房"新闻超市"平台自2016年7月24日试运行以来，受到了广泛的关注。[①]

（一）人员重置

参照中央"大部制"改革的模式和思路，郑州报业集团将旗下的《郑州日报》《郑州晚报》、中原网的视频、音频及地铁报、社区报、手机报等媒体的两微一端新媒体矩阵全部打通，各媒体只保留夜班特色栏目人员，主要采访人员全部进入郑报融媒中央厨房采访中心，所写稿件全部进入郑报融媒中央厨房"新闻超市"，由各平台根据各自属性按需取稿。

在媒体融合并走向深度融合的过程中，郑州报业集团的人员重置

---

① 石大东. 从平行线到统分结合的网状放射线——郑报融媒"新闻超市"采编发流程再造的探索与实践[J]. 中国报业, 2017(3): 35–37.

有三个方面的内涵，即打破体制壁垒、实行人员身份统一和实施全员转型。具体来看，打破壁垒包括打破党报、都市报、网络和新媒体之间的体制机制壁垒，打破在不在编、有没有职级的身份限制，打破档案管理、绩效考评、工资发放的体制机制壁垒。人员身份统一指除保留深度报道记者和名栏目外，将集团内两报一网的主要采访力量全部打通，不再区分《郑州日报》记者、《郑州晚报》记者和中原网记者，这些人员全部进入郑报融媒集群指挥中心，全部都是郑报融媒记者，统一身份、统一指挥、统一考核。实施全员转型，即实现记者、编辑从报纸到融媒体的转型：记者从单一文字、摄影记者向文字、图片、音频、视频、VR运用及制作的全技能型记者转变；工作重心从以报纸为主向做精报纸、做活新媒体转变。融合以前，集团70%的人员和精力做报纸，30%的人员和精力做新媒体。融合以后，刚好反过来，70%的人员和精力做新媒体，30%的人员和骨干精英编报纸；工作时序从以夜班为主向以白班为主转变，实现了新闻生产时序的前移。

（二）流程重置

郑报融媒制定了一套以移动互联网为核心的采编发流程。

1. 融媒编委会负责统筹指挥调度

郑报融媒编委会作为郑报融媒业务运行的决策和指挥机构，集团主要负责人任总编辑，编委会成员分组轮流值班，白班、夜班交替坐班，值守融媒平台指挥中心调度指挥。融媒总值班主要负责融媒平台的日常运营及相关问题的协调处理；负责重大、突发新闻的采访组织协调，并根据新闻需求，决定是否调用新媒体技术支持（包括直播、航拍调度、视频制作等）；负责新媒体重大稿件的研判、审核。对重大新闻实行统一审核、管理；普通稿件按照各自新媒体流程，由各新媒体及相关部门负责人把关。

2. 部门主任负责具体推进落实

郑报融媒全媒体采编中心是整个集团的新闻内容采集与生产部门，下设时政、财经、文娱、体育、摄影、民生、深度等部门，部门主任配合协助总值班开展工作，及时上报动向和信息，就重大事件重大报道提出建议。部门主任负责记者的调动及指挥，联系各自战线的记者，及时向值班总编报送新闻线索和采访动向；负责部门稿件的初审；负责本部门常规稿件的审核把关，并对漏稿、错稿及其他采写失误负监管责任。

3. 新型例会制度

郑报融媒实行融媒采访信息研判、协调、策划例会制度，做好采访线索的收集、采访信息的研判及重点新闻的策划，并以此为基础进行采编力量的调度。另外，试行融媒采编联席会议制度，探索合并各媒体之前分别运行的编前会、碰稿会，减少会议次数，提高会议质量。

4. 报纸只作为"大编辑部"

在郑州报业集团，原有的《郑州日报》、《郑州晚报》和中原网等在剥离了核心的采访业务后，抽调业务精英，以"办精报纸"为核心，组建大编辑部，依据新闻超市的稿源及新媒体发布后的数据情况，把报纸做精做细。保留各自的副刊、专刊和社区报以及"郑风""独家责任""心通桥"等特色栏目，其余采编人员全部进入郑报融媒"新闻超市"。

第二节 中国主流媒体融合发展中的问题

尽管近年来国内主流媒体融合发展涌现了一些先进典型，但总体来看，主流媒体深度融合还面临着一些突出问题，如动力不足、思路不清、和而不融等。这些问题具体表现在以下四个关键层面：产品和平台建设、组织部门重构、人员引进和激励力度、企业制度和资本等。

一、产品和平台建设有待提升

纵观全行业的融合转型实践，具有互联网思维的媒体融合产品仍然非常缺乏。国内报刊媒体大都明确了自身未来五年融合发展战略，但在全国或区域具备入口功能的产品或平台可谓凤毛麟角。究其原因：第一，工业化的传统媒体生产方式会因袭到新媒体建设中来，导致大多数媒体的融合实践仅限于把内容分发到"两微一端"等渠道中，运营严重缺失。第二，被动的任务式融合创新，致使项目夹生早产，缺乏必要的用户需求洞察和产品研发投入。有些机构的融媒体采编发平台，只是配套了现代化的硬件设施，实际根本没有运转，浪费人力、物力和财力。第三，有些媒体还沉浸在以往"内容为王"的辉煌中难以自拔，以为有了原创新闻采访权就足够安身立命，互联网思维严重缺乏。

在对国家新闻出版广电总局新闻出版司"中国报刊媒体融合创新案例100强"的案例分析后发现，媒体对"自建平台"热情极高，各种基于内容资源的信息服务平台超过20%。这里有两个问题值得进一步探讨：一是联结特定行业客户和用户的专业信息服务平台确实蕴藏着机会，但亟待扎实落地的"能力构建"，否则仅仅搭建了平台却依然无法从平台上形成新业务、新生态；二是在互联网平台入口已被BAT巨头垄断的现实背景下，构建自有可控的、宏大宽泛的综合信息服务平台是否可行？[1]

---

[1] 冯玉明，程涵阁. 繁荣背后的问题与局限：对媒体产品创新热潮的冷思考[J]. 中国记者，2017(3): 38–41.

二、组织部门重构进程缓慢

现阶段，国内媒体除了《人民日报》、浙报集团、上海报业集团、封面传媒等纷纷加大力度建立基于大数据的新媒体基础设施（"中央厨房"是重点）外，很多媒体单位面对新传播技术呈现两种非理性状态：一种是盲目跟风、大动干戈，脱离实际立项融媒体中心等；另一种则是小心谨慎，因缺乏对技术应用的发展趋势的预判能力，为防止重大技术误判而踏空，选择按兵不动。

事实上，"中央厨房"作为媒体融合的龙头工程，必须放在更加重要的位置。建好"中央厨房"的硬件设施只是第一步，更重要的是形成一套新的日常运行机制，包括总编协调制度、部门沟通制度、岗位值班制度、采前策划制度、线索通报制度、效果反馈制度等，确保"中央厨房"与采编发网络紧密结合、无缝衔接。有些媒体机构建了宏伟壮观的"中央厨房"后发现不好用、不实用、不常用，便弃之高阁，这与组织调整没跟上有极大的关系。采编部门间相互分割，传统媒体、新闻网站和新媒体采编发之间相互脱节，这些内部的壁垒障碍不能适应全媒体生产的运行机制。

三、人员引进及激励力度不够

（一）传统媒体优秀人才流失严重

伴随经济效益的下滑和社会影响力的下降，传统媒体最引以为傲的专业新闻生产能力正在遭受重大考验：老一代新闻工作者被鼓励提前离岗内退；中青年骨干出走其他行业或自主内容创业；新生代员工的流动性和离职率超过平均水平。更值得注意的是，高管级别人才离职的新闻此起彼伏，令处于转型期的传统媒体处境雪上加霜。

（二）新兴媒体人才引进不足

移动互联网时代，具备单一技能的采编人员已经不能适应媒体融合的发展需要，跨媒体、新媒体和全媒体人才需要大量引进，增加软件、数据、营销、战略分析等人才在团队中的比重渐成行业共识。时至今日，除了浙报集团等少数媒体具备较为合理的新媒体运作团队外，大多数主流媒体在新媒体人才引进行动上较为迟缓，数量和结构上明显不足。

主流媒体新引进的新媒体人才流失开始显现，部分媒体的新媒体人才流失率甚至超过20%。究其原因：一是团队内部缺乏长效的激励机制来保留与激励新媒体人才尤其是技术人才；二是新媒体人才的职业发展通道单一，晋升机制不够完善，激励手段相对单一；三是对新媒体人才的培养机制不能满足公司战略发展目标，不能有效调动员工的工作积极性。

四、企业制度与资本亟待建立

我国不少传统媒体尚处于"事业属性，企业化运作"的框架下，稳健有余但活力不足，主要表现为资源支撑、业务重心、管理模式等具有行政色彩、机关风格，与新兴媒体在市场熔炉中千锤百炼不同，不太能适应互联网环境下的融合发展需要。现有的科层制管理结构不利于部门之间的协作，也无法调动媒体从业者的积极性。

上海报业集团、浙报集团等通过上市、兼并重组、政府引导、社会参与、多元化经营等多种方式进行的投融资动作频频发生，但在国家新闻出版广电总局评定的100佳融合创新具体项目中，明确涉及有融资行为的项目却寥寥无几。很多单位的资本运营与业务运营明显双轨并列，各安其道。基于资本运作获得的财务收益无法与运营资本杠杆催生的新产品、新业态无缝对接。现代资本市场日益成熟，其对现代企业治理有着标准化、规范化的要求，而主流媒体目前的事业单位管理制度明显不符合这一要求。

第四节　中国主流媒体融合发展对策

结合中国主流媒体融合发展中遇到的突出问题，本节通过管理创新（战略、制度和架构）和技术创新（人员）的二分法，对主流媒体深化融合发展提出具体的策略和建议。

一、战略：移动、平台、技术

新闻业已进入移动互联时代，主流媒体应顺应移动化大趋势，强化移动优先意识，实施移动优先战略。截至2016年12月，中国手机网络新闻的用户规模达到5.71亿，占手机网民的82.2%。最近半年（2016年）内通过手机上网浏览新闻的网民占比达到90.7%，只用手机浏览新闻资讯的比例高达62.9%，最经常使用手机浏览新闻资讯的网民占比高达85%。[①]移动传播载体发展迅速，新闻客户端、微博账号、微信公众号、手机报、移动电视、网络电台等不断涌现。其中，新闻客户端功能比较完备、信息容量大、方便易用。传统媒体进入移动传播领域，需要关注新闻客户端的发展，形成载体多样、渠道丰富、覆盖广泛的移动传播矩阵。

以新闻客户端为代表的用户入口是主流媒体大力抢夺的重点，而基

---

① CNNIC. 第39次中国互联网络发展状况统计报告[EB/OL].（2017–01–22）[2019-01-30]. http://www.cnnic.net.cn/

于新闻资讯提供多元化的产品和服务，是主流媒体平台化和大数据化的有效途径。一方面，主流媒体应重点在"准""新""微""快"上发力，打造移动端的优质内容。其中，"新"就是要创新内容表达，丰富呈现形式，比如直播新闻、互动新闻、个性新闻、可视化新闻、动新闻、听新闻、大数据新闻、机器人新闻等。"微"就是要多提供短小精悍、鲜活快捷的信息，如微博、微信、微视频、微电影、微动漫等，方便人们利用碎片化时间阅读。另一方面，主流媒体可以依靠本身具备的连接社会方方面面的特性，构建一个既能为公众提供新闻等类别的公共信息，又能为本地用户提供衣、食、住、行等各类服务的生态级平台。借助平台的各类本地社区服务将用户聚集并留在媒体平台中，再通过用户数据的积累、分析和挖掘，了解用户偏好，最终实现用户价值变现。

技术是融合发展的重要推动力，也是主流媒体亟待补齐的短板，必须用最好、最新的技术提升采编能力，拓宽传播领域。一方面，要用好现有技术。充分运用数据抓取、云计算、数据库、大数据分析等技术，整合内容资源，提升数据存储挖掘利用能力；充分运用 4G 传输、流媒体传输、移动直播、无人机采集、全景拍摄等技术，获取充足信息，提升信息传播的效率和稳定性；充分运用虚拟现实、3D、H5 等技术，丰富表现形式，增强信息呈现的质量和冲击力。另一方面，要研发急需技术。在已经出现的"用户画像"、场景匹配、人工智能等技术的基础上，研究适用于新闻领域的个性分析、即时推送、机器人写作等技术应用。要密切关注 5G 传输、全息投影、增强现实、物联网、可穿戴设备等前沿技术的发展动态，积极谋划和布局未来移动传播终端，着力增强相关技术的研发应用能力，抢占移动技术发展应用的先机。

二、制度：企业、互联网、资本

很多传统媒体由于尚未转企改制或转企改制之后仍为一股独大，

这种高度集中的股权结构导致公司治理机制不合理，容易形成"内部人控制"或者无人真正负责的局面。主流媒体融合发展必须建立其现代企业制度，一方面大力推进转企改制，在转企改制后的企业中引进战略投资者实现混合所有制改革，并通过"特殊管理股"制度安排来保证对导向的有效管理；另一方面做好管理层和骨干员工持股制度，以实现管理层和企业长期利益的绑定。

媒体融合创新的基础条件是真正融入互联网基因的新体制、新机制，在旧机制里面终究难以孕育出新业务。传统媒体的互联网化趋势，应当是整个媒体集团的战略性转型，而以往传统媒体试探性先遣队（即只是成立新部门）的融合发展尝试，恐怕难以适应新形势的发展需要。主流媒体的整体融合，必须要积极学习互联网的发展和管理特点：扁平化，项目制，网络化管理，用户至上，强调创新与灵活，协调性与互动性较强。

主流媒体转型发展既需要打造全新的互联网平台，又需要优化和升级现有的队伍结构，这都需要巨额的资金来支持。纵观国内外主流互联网平台（今日头条、Facebook 等），它们不仅需要多次融资，而且还需要 5—8 年的培育期，这对于想依靠自身力量和政策扶持实现融合发展的传统媒体不具有现实可行性。因此，主流媒体要融合转型，必须要通过资源和资本撬动更多的社会力量培育新动能，实现跨界创新、协同发展。

三、架构：中央厨房、分媒体、小团队

"中央厨房"是融媒体中心。"中央厨房"既是硬件基础和技术平台，也是大脑和神经中枢，应具备集中指挥、采编调度、高效协调、信息沟通等基本功能。在采编发网络的基本架构设计中，指挥调度中心、采编发联动平台这两个层级是"中央厨房"的核心部分，其运转要实现

"人人见面"、面对面工作，其他层级可以借助技术手段实现"人机见面"。这样的设置，有利于实现管理扁平化、功能集成化、产品全媒化。

"融为一体、合而为一"，并不是要求把采编发各环节绝对地"统"起来。从实践探索来看，在深度融合过程中，一是传统媒体和新媒体在采编指挥调度、重大选题策划，采访力量、稿件资源方面可以尝试"统"起来，增强调度指挥能力、一线采写能力、新闻原创能力。二是编辑力量可以有统有分："分"就是按业务领域分设经济、政治、文化、国际等专业编辑部门；"统"就是改变报网、台网分办的做法，让这些按专业划分的编辑部，既管报纸版面、广播频率、电视频道内容，又创办网站、"两微一端"的频道栏目内容。三是可以按媒体形态分设报、台、网、微、端负责内容总成的总编辑室。具体到每个新闻单位、不同形态媒体，哪些该统、哪些该分，怎么统、怎么分，要具体分析。

此外，要按照新的业务流程调整机构设置、人员配备，按照产品需求建立灵活多变的小型团队，形成协作创新的良性机制，打破采编部门间相互分割、自成一体的藩篱，破除传统媒体、新闻网站和新媒体采编发环节的壁垒。

四、人才：招聘、培养、激励

（一）大力招聘新兴媒体人才

一方面，主流媒体对增加软件、数据、营销、战略分析等人才在融合发展队伍中的比重已达成行业共识，内容、技术、市场、资本等专业新媒体人才应尽量进入管理层，技术负责人要统一领导全公司的技术创新和产品研发。数据分析师、UI设计师、舆情分析师、编程人员、产品经理、市场营销主管、投资分析师等具体的岗位和工种要从优秀的互联网科技公司引进。另一方面，积极用好部校共建新闻学院、卓越新闻传播人才教育培养计划、高校人才培养基地等平台，推进专业设置、课程安排、教材编写等环节的合作，联合高校培养与媒体融合相适应的内容、技术、运营、经营等后备人才，为主流媒体输送新鲜血液。

（二）推动现有人员融合转型

目前，会使"十八般兵器"的全媒人才还属于"特种兵"，很能干但数量少，远不能满足融合发展需要，亟须加快全员融合转型。要通过专题培训、实战演练、业务研讨、观摩交流等方式，引导现有人员向全媒记者、全媒编辑、全媒管理人才转型，实现其具备互联网思维和用户意识。打通传统媒体和新媒体人才的使用通道，推动名记者、名编辑、名评论员、名主持人到新媒体平台上去施展拳脚，开办原创栏目，培育品牌公众号等。

（三）完善人才激励机制

要探索建立与融合发展相适应的激励约束机制，进一步完善用人体制，优化人才环境。在当前主流媒体人员"双轨制"运行的背景下，用人体制、人员身份不同的问题将更加凸显，要逐步实现同岗同责、同工同酬。要研究设计和长远安排更加科学合理的绩效考核评价体系、职级晋升制度、薪酬分配办法，才能吸引全媒体内容生产、技术研发、经营管理等方面急需的高端人才，提升队伍的凝聚力和形成创造力的良性循环。[①]

---

① 刘奇葆. 推进媒体深度融合 打造新型主流媒体 [N]. 人民日报, 2017-01-11.

第九章
深圳报业集团融合发展研究

本章对深圳报业集团融合发展进行个案分析。首先，对深圳报业集团近年来的融合发展现状做梳理和总结；其次，指出其发展中遇到的问题和面临的机遇；最后，就未来的融合发展提出建议和策略，以供参考和借鉴。

第一节 深圳报业集团融合发展现状

深圳报业集团成立于 2002 年 9 月，集团旗下拥有 9 报、5 刊、1 个重点新闻门户网站、1 家出版社，出版的各类报刊占深圳地区平面媒体 90% 以上的市场份额。集团资产总额近 60 亿元。

但是，集团近年来的主营业务收入一路下滑，利润率也逐年下降，集团整体经营情况不容乐观。随着《深圳报业集团战略发展规划纲要（2014–2018）》《深圳报业集团深化改革总体方案（2016）》等一系列顶层设计的出炉，深圳报业集团在融合、转型、创新方面开始了新的实践，朝着"建成国内具有较强实力和传播力、公信力、影响力的新型主流媒体集团，进入全国传媒集团第一方阵"的目标迈进。

从近几年来看，深圳报业集团融合发展的探索主要在产品、组织架构、体制机制、资本等方面。

一、产品

截至 2016 年 6 月，集团以各报、网官方名义开办的新媒体共计 22 个，集团各报、网以部门名义开办的新媒体共计 79 个，集团各报、网员工个人运营或参与运营的新媒体共计105个。其中，客户端产品是集团融合发展的重点，深圳新闻网在同级别网站中处于领先地位。

（一）微博

截至2016年9月，《深圳特区报》《深圳商报》《深圳晚报》《晶报》和深圳新闻网的官方微博粉丝数分别是380万、194万、302万、526万和42万，相比2015年7月，增幅最少的达到了65.9%，最多的达到了246%。在传播效果（转发数和互动数）上，《深圳晚报》和《晶报》处于优势地位（平均10个以上），《深圳商报》和深圳新闻网的平均转发和互动数仅在2个左右。

（二）微信

共有16个公众号入围日均头条1,000+，《深圳特区报》占了近一半（6个）。《深圳特区报》《晶报》和深圳新闻网分别拥有1个日均头条10,000+的公众号。

（三）客户端

《深圳特区报》打造的"读特"App于2016年3月成功上线，这是一个参照《解放日报》"上海观察"的做法，服务于全市公务员和事业单位员工以及社会精英，开放、互动的时政类新媒体产品，该项目被列入财政部重点扶持项目。由《深圳商报》牵头打造的"读创"App于2016年12月正式上线，这是一个与深圳的城市定位和产业相匹配，立足深圳、面向全国的科技财经类新媒体产品。《深圳晚报》与ZAKER合作的深圳ZAKER于2015年8月正式启动，目前用户已突破500万，日活跃用户150万，稳居深圳地区用户、阅读量第一，荣获2016年8月国家新闻出版广电总局新闻报刊司组织评选的"全国报刊媒体融合创新案例"第10名。《深圳晚报》与网易传媒集团合作的深圳网易于 2017 年 3 月正式上线，发展势头良好。《深圳都市报》创办的深都 App，用户数已超过 30 万。

（四）网站

深圳新闻网处于同行业领先地位，在国家网信办《网络传播》全国地方城市网站传播力排名中，连续数月位列第一。截至 2016 年 6 月，深圳新闻网日均页面访问数（PV）1,200 万，日均用户访问数（UV）91.3 万，全球网站平均排名（ALEXA）稳定在 2,000 位左右。目前，深圳新闻网"两微一端"粉丝数 200 多万，论坛注册用户 350 万。

二、组织架构

深圳报业集团组织架构的调整主要包括两部分：一是新建"媒体融合及数字产品实验室"，统筹集团融媒体转型和创新创业平台的搭建；二是部门调整，尤其是《深圳晚报》进行了与融合发展相匹配的组织架构初步探索。

（一）新建"媒体融合及数字产品实验室"

深圳报业集团 2014 年成立了"媒体融合及数字产品实验室"，在现有业务之间做好跨界融合，围绕数字产品的市场需求进行创新。深圳报业集团社长陈寅表示，"媒体融合及数字产品实验室"将作为集团融媒体转型的试验田和突破口。

目前，"媒体融合及数字产品实验室"正在主导建立"媒体融合创新创业平台"，并争取引进风险投资，发掘和孵化社会上各种新媒体以及数字创意产品，目标是构建华南乃至全国最专业、最权威的融媒体创业产品展示、孵化及投融资平台。

自 2014 年以来，该实验室已成功举办两届融媒体创新创业大赛，遴选了数个优秀项目。这些项目将优先获得深圳报业集团"媒体融合及数字产品实验室"的项目孵化资格，只要通过审核条件，就可获得10万元至200万元项目种子基金，以及实验室提供的技术、人才、场地等一系列支撑服务。

（二）部门调整：《深圳晚报》

2015年，《深圳晚报》将采编体系原有的16个一级、二级部门分解合并为9个中心，形成了包括编辑中心和新媒体中心等在内的适应融合发展的新组织架构。这也为深圳ZAKER和深圳网易的运营打好了基础。

三、体制机制

（一）项目层面："读创"

"读创"项目由窗口传媒公司运营。在人才引进方面，通过市场化的机制招聘技术、产品、设计等优秀人才20余名。在日常管理方面，"读创"技术部门的运行完全类似主流互联网公司，有问题及时协调处理，有想法及时沟通商议，具备较强的执行力和凝聚力。

（二）公司层面：独立法人和有限公司

《深圳商报》《深圳晚报》《晶报》注册为独立公司法人，成立发展有限公司，各报作为经营性主体进行市场化运作。集团与各独立法人形成以资产为纽带、集团为出资人的管理关系，集团对各独立法人侧重于战略管理、投资管理、目标责任管理等方面。

（三）集团层面：报业控股公司

目前，集团已全面完成报业控股公司内部全资公司交叉持股清理工作，完成了股东变更。集团控股公司改制工作方案已经通过党组审定，与主管部门进行沟通报批。报业控股公司由全民所有制企业变更为国有独资公司后，集团形成了事业法人主体和市场法人主体分工明确、责权明晰的管理架构，激活了真正的市场主体，建立了现代企业制度。

四、资本

（一）国家级平台：中国文化产业投资基金

作为中国文化产业投资基金的第二大股东，深圳报业集团近年来通过基金收益明显，其中，人民网投资带来超过10倍投资收益率。近年来，集团尝试跟投有潜力的股权投资项目，如实现对天津畅达传媒1,000万元的投资。

（二）省级投资平台：广东南方媒体融合发展投资基金

该基金是广东省首支媒体融合发展基金，规模为100亿元。2017年1月5日，ZAKER宣布完成C轮融资，领投方是广东南方媒体融合发展投资基金，深圳报业集团等企业跟投。同时，引入深圳报业集团作为特殊管理股试点。

（三）集团投资平台：一本传播投资有限公司

2015年，集团搭建了专门的股权投资平台，成立深圳一本传播投资有限公司。目前，公司运营走入正轨，已成功投资北京梆梆安全项目3,000万元等项目，取得良好开局。

（四）上市

深圳新闻网的股改上市方案已经集团党组批准，并于2017年6月完成在新三板的挂牌上市工作。

第二节 深圳报业集团融合发展中遇到的问题

一、融合发展起步晚、影响小

深圳报业集团媒体融合发展起步晚，失去了先发优势。集团各报的第一代客户端产品在2015年前基本上已经停止运营，而重新设计的客户端产品（读特、读创）是在2016年陆续上线的，深圳ZAKER是在2015年8月上线的。事实上，2015年的新闻客户端市场已由腾讯新闻、网易新闻、今日头条、澎湃等占领先机，用户使用黏性高，转换成本高，对后来者形成了极高的壁垒。可以看出，尽管深圳报业集团借助ZAKER和网易走出了媒体融合发展的"第三条路"，但由于起步较晚、前瞻意识不够，仍然使得集团失去了融合发展的先发优势，需要花费更大的气力才能追上来。

深圳报业集团媒体融合传播力弱，影响小，相比中央级、广东省级和广州市级的报纸处于明显劣势地位。人民网研究院发布的《2016年中国媒体融合传播指数报告》之"报纸融合传播百强榜"显示，深圳报业集团只有1家报纸（《深圳晚报》）上榜，名列第24位。《人民日报》《环球时报》《参考消息》位列三甲。广东省内的报纸，《广州日报》《羊城晚报》《南方日报》《南方都市报》《新快报》《信息时报》《南方周末》《梅州日报》《东莞时报》《东莞日报》分别排在第4、5、7、8、25、44、47、86、93、98位。该排行是对报刊在各渠道的内容数量、用户数量以及影响力等进行的综合评估，其所依据的报刊媒体融合传播指数指标体系设有报刊、网站、微博、微信、入驻聚合新闻客户端、自有客户端等6个一级指标和29个二级指标（时间范围是2016年1月1日至2016年11月15日）。可以看出，深圳报业集团各报的融合传播力和影响力在全国来说还比较弱，不仅显著低于中央级报纸，同广东省级报纸、广州市级报纸相比也处于明显劣势地位，在百强入围数量上甚至落后于东莞。

二、融合发展进度慢、程度浅

集团融合发展进度慢，不能适应快速发展的现实需要。以集团融合发展急需的技术升级为例，根据集团深化改革方案，要求"以目前集团技术中心为基础，尽快组建集团媒体融合技术公司"。但是，原有的技术管理中心主要以集团内部的运维保障及技术服务为主，缺乏技术研发能力和适应市场竞争的专业团队。2016年12月，创意智慧港公司终于成立，但因其打造集团媒体融合技术平台的进度较慢，内容数据库和用户数据库尚未完全建立，导致技术对集团媒体融合发展的引领、推动和支撑作用尚未完全发挥出来。

集团融合发展程度浅，尚未突破采编发流程再造（包括"中央厨房"建设）这个关键点。集团的媒体融合新闻中心尚处于论证阶段，还未进入具体实施阶段，不仅极大地影响了新闻生产向实时化、数据化、用户参与模式的转型，而且"融合新闻中心向所有新媒体产品供稿和深圳新闻网供稿，争取向境内外其他媒体供稿"的目标也不能实现。事实上，媒体融合新闻中心的建立不仅是腾空间、换硬件，更是集团新闻生产流程的重新再造，需要集团整合已有的全部采编资源，调整机构设置及人员配备，创新内部组织结构，这要求管理层拿出更大的体制机制改革勇气和决心。

三、融合发展队伍建设艰难

一是人事改革正在推进，部分员工徘徊观望。目前，集团总部大部制改革已告结束，下属的各报、网等单位正在进行人事改革。因改革涉及利益格局调整，员工队伍存在一定程度的徘徊观望现象，工作积极性没能充分发挥，需要进一步激发共识。

二是业务骨干流失严重。伴随报纸的发行和广告营收下滑，集团各报采编部门人员流失情况加剧，尤其是《晶报》《深圳晚报》等都市报骨干流失严重，流失率超过 30%，人员结构出现断层现象。尽管对转型中的《商报》《深圳晚报》《晶报》中出现亏损的报纸，集团承诺未来三年给予补贴（补贴额度以 2015 年亏损额为基数，逐年递减三分之一，2018 年底补贴取消），但集团战略发展规划中的人员薪酬改革计划等仍未得到彻底落实。

三是人才引进难度大，新兴媒体人才流失已露端倪。集团近年来通过校园招聘吸纳应届毕业生的数量明显下降，从 2015 年的 30 余名，到 2016 年的 12 名，再到 2017 年的 10 名左右，部分岗位出现招不到人的现象。集团全力打造的读创客户端面向社会公开招聘技术研发等人员时也花费了不少的气力，现有 20 余人的队伍半年左右才组建形成。更值得注意的是，读特客户端的产品、设计等新兴媒体岗位已有多名人员辞职，不得不重新招聘，这对互联网产品的升级迭代来说是非常严峻的挑战。

四、融合发展支撑能力不足

一是传统主业不断萎缩。一方面，纸媒广告经营艰难。相比报业高峰时期，集团四报的总广告量下降一半以上，且广告下跌目前还不见底。集团各报之间多年来广告经营中的内部竞争问题没有得到解决，甚至在市场萎缩的情况下，竞争进一步加剧，对集团整体外部形象带来负面影响。另一方面，集团各报的发行量、版面数持续下降，受零售价格上涨、读者阅读习惯的改变等因素的影响，2016 年的零售数量同比继续下降。印刷、发行的未来发展面临极大挑战。

二是新媒体的创收能力有限。集团读特、读创客户端的开发及运营费用来自于财政部扶持资金、深圳市财政每年（2015—2020）1亿元的专项资金，是"花钱的大户"，但这两个新媒体产品的广告和服务收入基本可以忽略不计。深圳ZAKER和深圳网易仍处于探索阶段，广告分成非常有限。《深圳商报》《晶报》代运营的部分政务新媒体可以获得一定的收入，能够覆盖相关的人力成本。深圳新闻网的营收平均每年为2,000万左右，是集团新媒体收入的最重要来源。总体来看，新媒体的投入很大，但创收能力有限。

三是新的发展动力较为弱小。集团新的发展动力多数处于初级阶段，甚至萌芽状态。集团的地铁传媒、文博会展、发行物流、物业出租情况好一些，电商、对外文化贸易基地、资本运作等还在孕育期。集团可持续发展的"四梁八柱"还不够稳固，对新闻业务的反哺能力有限。

五、融合发展生态构建缺乏

集团的政府资源有待深化利用。尽管集团的读特、读创等客户端和深圳新闻网搭建了政务服务平台，积极探索"新闻+政务服务"模式，但面对支付宝、微信等互联网平台提供的更为全面的"城市服务"，集团新媒体政务服务的用户数量偏少，与市政府机关事业单位办事窗口"两微一端"的合作有待深入。此外，集团也可以利用已有的新媒体运作经验和舆论引导经验，加强为广大机关单位提供新媒体建设和舆情方面的服务与合作工作。

集团融合发展表现为内生型模式，与产业链上的其他主体合作不够。深圳市的信息技术产业和金融业极为发达，集团与华为、腾讯、深国投、深创投等顶尖企业的合作资源没有得到充分利用。集团的融合发展还停留在内部摸索阶段，与互联网新闻信息产业链上的其他主体（手机厂商、互联网平台、投资机构）合作极少，读创客户端筹建初期设计的"联合领先的互联网公司、移动硬件厂商和投资公司成立战略联盟"的股权构想也尚未实现。

第三节 深圳报业集团融合发展中面临的机遇

一、政策利好

近年来,习近平总书记发表了一系列关于深化文化体制改革、推动媒体融合发展的重要讲话,为未来传媒业发展规划了宏伟蓝图。深圳市委、市政府多次表示大力支持集团改革,打造拥有强大实力和竞争力的新型传媒集团,并从2015年起连续6年给予1亿元政策性专项扶持资金用于深圳报为集团融合转型创新发展。财政部、海关总署、国家税务总局联合发布《关于继续实施支持文化企业发展若干税收政策的通知》,有望降低传媒业的营运成本,从而增厚业绩。这些政策利好,为深圳报业集团转型发展提供了强大的正能量。

二、地缘优势

深圳是国内信息高科技产业发展的前沿,为深圳报业集团转型发展提供了独有优势:一是能提供强大的技术后备保障,使集团能更好地运用大数据、云计算等技术创新推动融合发展;二是这些前沿产业的高度发展为集团跨行业进行战略投资提供了无限潜力,集团可提前做好资本"潜伏"和培育,通过资本运作实现资产持续增值。

三、自身潜力

深圳报业集团与深圳地铁集团的合资公司——深圳报业地铁传媒

公司已于 2017 年 3 月挂牌，这意味着集团将能参与共享深圳地铁广告市场近 90% 的大蛋糕，将为集团增加良性的、持续的广告营收；报业大厦、奥林匹克大厦，与即将建成的文博大厦、新媒体产业大厦等集团物业的租赁收入是集团转型发展的"压舱石"。此外，集团根据国家政策、发展中的有利因素，积极酝酿筹划影视业、养老健康产业、文化产业园建设。目前，集团已在前海规划了一批大项目——国家对外文化贸易基地、前海新闻网、前海传媒有限公司、港深财经高峰论坛、香港媒体大厦等，并积极探索传媒产业融合，"传媒+金融""传媒+创意""传媒+教育""传媒+科技""传媒+物流"等发展模式。这些产业潜力的挖掘将为集团融合发展提供强劲支撑。

第四节　深圳报业集团融合发展建议及策略

一、分层级构建新型采编发网络

新型融媒体采编发网络的基本架构，可以由指挥调度中心、采编发联动平台、采访编辑技术各部门、各媒体总编辑室等方面组成。指挥调度中心是整个采编发网络的核心层，负责全社各类媒体宣传任务统筹、重大选题策划、采编力量指挥。采编发联动平台是常设性的运行机构，也是创新融合机制的重要节点，具体负责对指挥调度中心指令的传达执行和需求反馈。采访、编辑、技术等各部门派代表全天候联合办公，执行指挥调度中心决策，同时根据工作需求随时向上反馈情况，并进行跨部门沟通协调。采访、编辑、技术各部门是整个新型采编发网络的主体部分，主要包括全媒体采访部门、各专业编辑部门和技术支持部门等。全媒体采访部门负责把所有的采访力量整合起来统一调度，各专业编辑部门负责传统媒体的编辑任务以及网、微、端相关频道栏目的内容制作，技术支持部门统筹管理技术研发应用和技术人员调度。各媒体总编辑室按照媒体形态设立，包括报纸总编辑室、网站总编辑室、客户端和其他新媒体总编辑室等，主要负责把各专业编辑部门所编辑的内容整合起来，统一设计包装，完成版面栏目总成，统筹刊发管理。这个架构是一个原则性设计，集团可根据各报人事改革状况和实际经营情况等，分步加以实施。

二、高标准建设"中央厨房"

"中央厨房"是主流媒体融合的标配，一定要高标准建设好。"中央厨房"至少应该包括四项基本内容：一个工作平台，保障采访、编辑、技术各部门代表集中办公，开展常态化工作，有条件的还可以采取"蜘蛛网"式的采编发大平台架构，做到人员混合编排、一体办公；一个技术支撑体系，打好底层技术基础，配好硬件设施，为采编发网络稳定运行提供可靠技术保障；一个全媒体内容管理系统，加强稿库、资料库建设，汇集各种稿件、节目素材、新闻背景资料，集成各种编辑软件工具，为记者和编辑获取新闻线索、查阅背景资料、创作多媒体稿件提供支撑；一个传播效果监测反馈系统，及时对本媒体稿件等内容的传播力和影响力作出评估，及时发现舆情热点和参考选题，从而有针对性地调整传播内容和传播策略。

集团要从自身条件出发，坚持基本标准，不断充实和完善"中央厨房"建设的内容。比如，添加本地政务新媒体、城市自媒体和垂直类媒体等扩大内容数据库；促进报纸读者向数字用户的转化，完善用户数据库建设。考虑到"中央厨房"建设投入大、技术要求高，单独研发技术系统需要一定的时间，集团可考虑与人民日报社等比较成熟的"中央厨房"建设单位合作，尽快将这一系统启动运行。

三、尝试升级"融数实验室"

2014 年，深圳报业集团成立"媒体融合及数字产品实验室"（简称"融数实验室"），其工作重心在集团内部新媒体产品的培育孵化。升级后的"融数实验室"，从原来的"媒体融合创新创业平台"扩大到"媒体融合创新实验室"，依靠专业化的媒体融合产品创新团队，真正成为集团融合发展重要的试验田和突破口。

创新实验室是探索利用新兴的信息技术和科技手段，旨在提升新闻工作的质量、效率和收入的新型组织。创新实验室的典范是美国麻省理工学院媒体实验室，其在传媒技术和新兴交叉学科的创新研究方面颇有声望。

伴随互联网和科技对新闻业的渗透，国内媒体也在进行创新实验室的类似尝试，但目前仍处于探索和起步阶段。国外传统媒体数字化转型的先锋大都已通过创新实验室进行了前沿技术的应用研究，如《纽约时报》的 Story [X] 实验室正在做计算机视觉技术对奥运会、选举等标杆性报道之外的日常新闻报道的影响实验；《卫报》的创新实验室（Guardian Innovation Lab）专注于移动新闻，为移动端受众研发了更多新型互动模式，优化各类新闻信息在小屏中的传递；BBC News Lab 正在做实时新闻聊天式用户交互和个人信息服务，探索机器辅助转录技术等一系列尖端实验。

（一）国外创新实验室的运作机制

1. 地位相对独立

BBC 的创新实验室与其他工作部门分离，设立在另外的地方，有自己的空间和自主权，可以做自己的研究。如果有人想出了一种探索的方法，通常会把它从日常工作中分离出来，在 3 个月、6 个月或 12 个月的时间里成立项目组专职进行研究和探索，把日常工作交给其他人帮忙做。BBC 数字与技术总监詹姆斯·蒙哥马利（James Montgomery）认为，"如果不采取这样的制度，大家都在忙自己原本的工作，一切根本就无法实施了，新想法就会被扼杀在摇篮里"。①

2. 密切联系实际

《纽约时报》于 2016 年春将 10 年前成立的研发实验室（R&D Lab）调整改造为 Story[X]。这个 6 人组成的新团队更紧密地嵌入报社的业务架构，从创造前沿的科技产品转向聚焦组织的实际需求，从思考宏大的未来转向寻求几年内能够实现的目标。Story[X] 与新闻编辑部、技术和产品设计团队、广告团队之间的藩篱被打破，其中，新闻编辑部为其首要服务对象。Story [X] 的创立帮助《纽约时报》在未来具有更前瞻性的技术敏感，以更好地服务新闻实践，强化叙事能力。

3. 专注交叉领域

BBC 的创新实验室关注新闻业与技术、数据的交叉领域。在其官方网站上，它展示了包括数据新闻、语言科技、结构化新闻等所有在研、已完成和已中止的项目。这是一个多学科的孵化器，探求交叉领域中广泛的创新创业机会。值得注意的是，该实验室建立了雷达（RADAR）系统，即时追踪全球数字新闻应用的最新技术、趋势和研究，了解新的工具和形式对新闻搜集和报道的影响方式。

4. 打造复合团队

《卫报》的移动创新实验室挖角了两名大将——萨莎·科伦（Sasha Koren）曾任《纽约时报》的互动新闻编辑，萨拉·施马尔巴赫（Sarah Schmalbach）曾任《今日美国》的产品经理，共同担任领导工作：前者负责跟新闻编辑团队保持密切联系并致力于将故事"讲

---

① 王垂林，张志安.英国媒体数字化转型：案例与模式[M].广州：南方日报出版社，2017.

述得与众不同"；后者负责筛选并判断对移动端技术改进既有价值又具可行性的事情，以让新闻完美地呈现在小屏设备上。该团队集合了记者编辑、开发者、设计师、研究专员等，他们之间展开密切的合作。

5. 融入创新网络

《华盛顿邮报》的创新实验室积极寻求与研究机构、其他新闻组织和高科技公司等建立融合传播方面的合作，以加入飞速发展的创新网络：2015年联合《纽约时报》、奈特基金会和莫兹拉（Mozilla）基金会合作启动了"珊瑚计划"，该计划能够从评论中发现那些能够生产内容的用户，并分析挖掘出可信度最高的用户；与谷歌合作开发"优秀Web应用程序"，把页面加载速度从4秒减少到80毫秒；与Facebook合作，开发即时文章阅读器。①

6. 用户作为标准

BBC创新实验室的产品需要通过用户量破百万来试验，如果它不可行或者看起来前途不是很明朗，就可以直接停掉整个项目。《华盛顿邮报》会将一篇新闻稿以不同的标题、摘要和图片形式发布给600名测试者，并实时监测哪一种方案的传播效果更好，其衡量指标包括点击量、浏览时间和转发量，据此来决定读者看到的最终版本，未来也将会探索各类细分群体更愿意阅读哪种类型的文章。

（二）打造媒体创新及数字产品实验室的工作重点

面向未来，媒体创新实验室的主要任务是紧盯新技术前沿和发展趋势，积极借鉴、善于利用先进技术和渠道，实施新闻媒体业转型升级项目，围绕媒体融合发展的重大课题、重大项目和重大发展方向开展集智攻关，创新理念观念、管理体制、经营机制和生产方式，创新

---

① 徐妙，郭全中.《华盛顿邮报》转型的实践与借鉴[J]. 出版广角，2016(15)：18-21.

技术、产品和业态，形成一批可复制、可推广的新技术、新成果，为媒体融合发展提供智力支撑、技术保障和示范经验。因此，深圳报业集团的创新实验室应着重做好以下方面的工作：

1. 管理层须全力支持创新实验室的建设

媒体转型首要是转变思维和观念，而管理层的观念转变是核心。一把手和领导班子成员要统一观念和认识，将创新实验室提升到融合发展深化阶段关键突破口的高度，列入组织发展规划和重点建设工程并优先实施；中高层管理层要调整原有的科层制管理思路，建立扁平化、灵活性与协调性较强的信息化管理机制；创新实验室负责人可以直接对总编辑、总经理级别以上的领导汇报工作；管理层也要支持创新实验室开展人才、架构和管理等多方面的改革试点和探索。

2. 研发急需技术

技术是融合发展的重要推动力，也是媒体亟待补齐的短板。在已经出现的"用户画像"、场景匹配、人工智能等技术的基础上，研究适用于新闻领域的个性分析、即时推送、机器人写作等技术应用，是创新实验室当前的首要任务。今后，创新实验室也要密切关注 5G 传输、全息投影、增强现实、物联网、可穿戴设备等前沿技术的发展动态，积极谋划和布局未来移动传播终端，着力增强相关技术研发应用能力，抢占移动技术发展应用的先机。

3. 建立多元化的团队，弥补人才劣势

主流媒体的人才多以采编为主，技术、经营等新兴媒体发展急需的人才较为欠缺。创新实验室必须要采用市场化的选聘机制，将具备移动互联网及相关领域丰富实践经验的技术、产品、设计、营销、战略和数据分析等方面的人才引进过来，与主流媒体已有的记者编辑、新闻研究人员一起组成多元化的复合团队。

《第一财经》的媒体实验室聘请阿里巴巴的数据科学家为负责人，并大力招聘产品经理、算法工程师、新媒体运营等，与财经记者编辑合作，这样的团队是值得期待的。

4. 与互联网新闻产业链上的其他主体、科研机构等紧密合作，建立"联合实验室"

传统媒体、新兴媒体、高校及科研院所、从事媒体融合技术研发的企业以及民办非营利机构等，都有建设创新实验室的需求、基础和条件，加强这些主体之间的合作，能够有效对接市场需求，达成资源的有效配置和利用。中国人民大学亚信媒体融合实验室，就是中国人民大学新闻学院、亚信数据有限公司、浙报集团、东方网、今日头条等共同参与的产学研基地。从长远来看，主流媒体应该更积极主动地扮演牵头者和引领者的作用，联合建立创新实验室，积极构建可持续发展的创新生态。

5. 积极争取政策支持

创新实验室的建设是一项耗资不小、长期培育的过程，这对处于逆境中的主流媒体是一项不小的挑战。主流媒体需要投入极大的勇气、耐心和关注，而积极争取政府主管部门或行业组织的政策支持（包括资金、技术、人才等）就显得很有必要。目前，北京市出台的媒体融合发展重点实验室支持政策是一个很好的开始，包括：对其申报符合条件的产业项目优先列入相关项目库；优先支持其承接新闻媒体业转型升级重大项目；优先安排其有关人员参加北京市新闻出版广电局组织的专题学习和培训等。[①]

四、建立有利于创新的人才激励机制

员工创新行为是企业管理学（尤其是人力资源管理和创新管理）

---

① 王坤宁. 北京启动媒体融合发展重点实验室申报 [N]. 中国新闻出版广电报，2017-04-18.

的热门研究课题。借鉴员工创新行为的相关研究发现，结合深圳报业集团融合发展的现状与问题，深圳报业集团提出了人才创新的激励机制：从业者内在与外在动机的满足、组织结构与组织气氛的建立以及参与型、变革型领导风格的支持。

（一）满足从业者的内在和外在动机

内在动机由个人或工作本身提供，如个人兴趣、公共利益倾向或工作自主性、有乐趣、富有挑战性等。当前集团报纸的公信力从高峰时期有所回落，影响了不少媒体从业者"成名的想象"。外在动机来自个人或工作之外，如提升薪酬、职位和权力等。近年来，深圳报业集团的薪酬水平没有增长甚至出现了下滑。与此同时，基层职位的员工晋升渠道有限，中高层管理者的权力也因员工的流动性较高而受到影响。因此，加强行业共同体的维护和建设，提升从业者的职业荣誉感，建立科学合理、适应新媒体特点的薪酬体系、绩效考评和晋升淘汰机制，应成为集团管理者考虑的重要命题。

（二）建立有机式组织结构和组织气氛

有机式组织结构的垂直分工、集权化程度低，使得组织有弹性，创新会比较容易发生。集团的科层式组织结构仍然存在，条块分割，上下级关系明确，遇事逐层逐级汇报，决策周期长，原则性有余而灵活性不足，协调性与互动性较差。组织气氛主要包括组织创新氛围与组织和谐性。集团现有的媒体融合发展模式中，传统媒体部门与新媒体部门大多是分开运营的，相互之间的协调、沟通较少，内容、技术、产品、设计、数据等人员之间的合作明显不足，创新氛围不够，团队间的和谐关系缺乏生长的土壤。因此，主流媒体的融合创新需要逐步建立扁平化、项目制和网络化管理的有机式组织结构，并创造一个包容开放的工作环境，发展一种自主、协作和信任并存的组织气氛。

（三）树立参与型、变革型的领导风格

参与型领导风格是指领导以积极的信息反馈或建设性反馈方式解决问题，而下属被鼓励参与决策和管理，提出意见和建议，这种领导风格有利于提高员工的主人翁感。变革型领导风格是指与员工建立积极而深厚的感情，保持良好的沟通，激发员工的个人潜能，鼓励员工关心和追求企业的共同目标。它与交易型风格相对，即领导根据员工的努力和绩效提供相应的奖励或惩罚措施。集团目前的领导层多为采编出身，技术方面的专业能力较为欠缺。在前无榜样、后有追兵的形势下，管理层要实现互联网观念的彻底转变，给予内部创新创业者更多的关注并着重倾听他们的意见和看法，鼓励全体员工迎接内容产业和专业媒体的复兴与辉煌。

五、建立互联网时代的人力资源管理机制

互联网时代，创新创业者应成为深圳报业集团新闻从业者的新角色、新定位。创新创业者虽在主流媒体机构任职，但结合自身特长、组织实际和对新媒体发展规律的认知，基于互联网思维在多媒体生产、多终端传送、社交网络运营、用户关系管理和商业模式构建等方面产生、引进和应用一系列的创新构想和创新行动。"创新创业者"这一新角色与原来的"单位人""企业人"存在明显不同，而这一变迁过程与改革开放以来的媒体管理政策、新闻业发展形势直接相关，也与全球技术发展和企业管理理念的变化有密切关系。

（一）"单位人"

自 1978 年财政部批准以《人民日报》为代表的首都 8 家报社提

出的要求试行报社"事业化单位,企业化管理"的报告以来,在减轻国家财政负担的同时,这些主流媒体组织壮大了自身的经济实力,新闻从业者的身份趋于稳定且大都忠诚地服务于同一家媒体机构。新闻从业者,不论业绩好与差,不管经济形势好与坏,只有退休才能将其与所任职的媒体两者分开。他们只需要依循媒体内部选拔机制按部就班就能获得晋升,类似于终身雇佣制的企业。这一阶段,新闻业处于稳步和高速发展时期,主流媒体的"单位人"尽享社会经济地位方面的诸多优势。

(二)"企业人"

主流媒体机构响应政策要求,在领导机制、采编机制、经营机制、发行机制和人事管理机制等多个方面进行了改革创新,逐步转企改制,建立多元化经营的新闻媒体集团。新闻从业者的身份是不稳定的,他们与所任职的媒体之间签署不同形式的聘任制法律合同。新闻从业者将自己视为"自由人",寻找最好的发展机会,随时有可能到其他公司谋求职业机会。为了应对社会效益和经济效益的联合考核体系,媒体可能通过裁员来削减成本,也可能通过直接引入新技能人才来逃避长期的培训投入。这个阶段是自由雇佣制的时代,伴随着传统媒体进入衰退期,"企业人"的长期忠诚关系趋于少见,其工作满意度和职业荣誉感明显下降。

(三)"创新创业者"

互联网带来了瞬息万变、颠覆性创新层出不穷的环境,主流媒体融合的目标是打造基于互联网的新型媒体平台,这对其适应力提出了全新的挑战。放眼全球,传统媒体的优秀代表,如《纽约时报》《华盛顿邮报》、BBC等,都在大力推动移动化、社交化的融合传播实践,但暂无成功的范例。因此,从业者作为创新创业者的主体地位需得到主流媒体管理层的认可和鼓励。与之相协调的是，从业者与其所任职的媒体之间应建立一种全新的联盟关系——相互信任、相互投资、共同受益。前者致力于帮助后者取得成功，后者致力于提高前者的市场价值。这个阶段是重新彼此承诺、建立新型忠诚观的互联网时代，"创新创业者"和主流媒体组织可以一致专注于中长期收益的最大化，共同承担追求更高回报的必要风险。

硅谷的高科技初创企业社群是世界上最能激发创新和适应力的地方，它们的成功之处便在于以人为本，企业与员工之间建立了一种联盟的关系。作为世界最大的职业社交网站LinkedIn的创始人，里德·霍夫曼等人合著的《联盟：互联网时代的人才变革》一书，不仅展示了联盟在实践中的巨大价值，而且提炼出了具体的操作方案和建议。本研究在借鉴联盟理念的基础上，结合集团人员的现状和人力资源管理的不同阶段，提出了三个方面的人力资源管理创新机制——任期制、人脉情报和前员工联络网。

一是人才招聘和引进方面，采用新型的"任期制"。从业者在媒体机构度过的职业生涯将被重新规划为一系列连续的任期，这种依靠渐进式承诺而形成的联盟方式是基于双方协商而精心设计的。任期制分为三个阶段：轮转期、转变期和基础期，逐级递进达成个人利益和组织利益目标的协调。其中，轮转期是一种有期限的标准化培训，针对新入职的人员，为组织提供规模化能力；转变期表现为一种个性化的特定任务协议，个人的专门技能和经验为组织提供适应力；基础期的核心特征是个人与组织的高度一致性，具备高度主人翁精神的个人和高管层将组织视为他们职业或生活的基础。在轮转期和转变期，从业者与媒体机构在任期内评估相互之间的契合程度，如果契合则确定后续任期计划，若不契合则从业者离开机构，但不损害双方的名誉和关系。

二是人才资源开发管理方面，利用员工人脉和社会资本获取情报。从业者凭借日常的、稳定的和制度化的社会交往所形成的关系网积累了可观的社会资本和人脉资源，尤其是与新经济、新媒体、新模式等相关的智力与信息资源，这些将成为融合创新背景下主流媒体机构获取情报的重要来源之一。媒体管理者必须了解从业者在专业领域内的宽广天地，鼓励他们积极拓展行业内外的关系和分享所看所想，而搜集、管理和使用好这些情报能够为机构发展提供帮助，如获取隐藏数据、带来意外发现促进创新或帮助组织发现可能会错过的商机。从业者应该意识到他的职业人脉是能够提升自身长期职业前景的重要资本之一，而管理者也要为从业者挖掘情报制订具体的培训计划和支持政策。

三是人才终身关系管理方面，发挥前员工联络网的功效。前员工尤其是新闻从业者骨干、富有"创新创业者"精神的员工流失，对主流媒体的影响是非常大的，而很少有组织提出与前员工保持关系的好方法，并且员工本身也没有完全意识到前同事在其职业生涯中的重要作用。前员工联络网的目的，正是在于保持媒体组织与从业者之间有价值的终身关系。这种关系的建立成本较低，但成效明显，如组织可以收获前员工推荐的优秀人才、提供的有价值的情报、推荐的客户和宣传组织品牌等。前员工可以拥有一份漂亮的从业简历和延伸已有的人脉资源。相比"单位人"时期的人员亘古不变，前员工联络网的建立是双方维持持久而紧密关系的保障，有利于未来的互相投资与互相帮助。

六、积极与互联网新闻市场的其他主体合作共赢

集团作为新闻生产和分发平台，应积极与互联网新闻产业链上的其他主体（手机厂商、软件服务商、互联网新闻服务平台、数据服务商、舆情服务商、内容工具服务商等）紧密合作、共享资源，实现共赢。互联网新闻产业链包括新闻生产主体、新闻分发主体和周边服务主体等。新闻生产主体的门槛较高，包括深圳报业集团在内的主流媒体具备《互联网新闻信息服务许可证》，拥有开展包括时政新闻在内的互联网新闻原创采访及加工分发资格。新闻分发主体分为两类：一类是互联网新闻采编单位自运营分发主体，包括深圳新闻网、读特、读创等本身即作为新闻分发渠道；另一类分发平台本身不涉及新闻采编制作，只提供互联网新闻转载和平台服务，主要是商业化新闻客户端、微博、微信、视频平台等。第二类平台相比第一类具有显著优势，占领了用户入口和大部分上网时间。周边服务主体主要是围绕互联网新闻市场产生的相关服务主体，分为四类：（1）手机厂商，为互联网新闻分发平台优先导入用户；（2）网络运营商／软件服务商，提供宽带／软件服务；（3）数据服务，围绕广告主、自媒体内容生产者、政府机构提供广告投放、传播影响力、用户数据及舆情数据监测等；（4）工具或解决方案服务，提供内容生产、排版、视频等优化工具。

集团作为互联网新闻服务提供者，须重点加强与投资、金融机构的紧密联系。一是与投资公司等成立合资公司，试点集团不占多数股份，以多元化的股权结构实现现代企业治理的转变；二是与金融机构联合发起新媒体产业基金，投资集团内外与移动互联网相关的企业和项目，支持有竞争力的新媒体项目上市。

第五节 "读创"客户端项目筹建过程与思考

一、筹建背景：与深圳匹配，捍卫主流旗帜

传媒是城市的产物，也是城市文化软实力的重要载体。新媒体对于塑造和建构城市的文化认同和全球形象有重要影响，各地主流媒体

积极推动融合媒体尤其是新闻客户端建设：北京有"北京时间"，上海有"澎湃""界面"，广州有"并读"，成都有"封面"，重庆有"上游"，武汉有"九派"，南京有"交汇点"。

"读创"是深圳报业集团结合自身产业发展布局与特色度身定制的新媒体产品。科技、金融是深圳最为突出的产业优势，"读创"将围绕创新与改革的核心价值，立足深圳这座被誉为全国"最互联网城市"和中国最具"硅谷气质"的城市，成为深圳加快建设国际科技产业创新中心和现代化、国际化创新型城市的传媒新力量。

内容创业如火如荼，但低端内容产能过剩与分众化、深层次和高价值内容严重稀缺的矛盾却在加剧。主流媒体亟待内容供给侧的结构性改革，服务于用户在新时期的需求和期待。深圳报业集团党组书记、社长陈寅表示，作为担负重要职责和使命的党报集团，一定要聚焦根本，注重内容，占领舆论制高点。

新兴媒体凭借资金、技术和用户优势扶持原创内容、购买优质内容版权并吸引优秀传统媒体人才加盟，不断侵蚀主流媒体的内容主阵地。在市里的支持下，深圳报业集团不断加大内容投入，拓展内容形态，创新内容表达，以巩固和提升新闻媒体的核心竞争力。"读创"承接《深圳商报》的辉煌历史，对接国家战略与行业趋势，志在抢占新媒体领域的话语权和标准权。它以原创、权威为显著特征，以"精准推送、千人千面"为特色，突出原创深度调查与大数据新闻，加强无人机、人工智能与机器人、VR、视频直播等新技术运用，为用户带来高品质、个性化和新体验的信息与互动。

二、筹建过程：技术、内容与推广的共振

自《深圳商报》正式接手筹建任务到"读创"最终上线，时间将近6个月。从人员短缺到基本稳定，从人员分割到协调定型，从一个

个测试版到正式版,其间充满了各种反复与打磨的操作。本研究选取技术方案、内容方案与推广方案等三个关键方面,以窥视"读创"等建的全貌。

(一)技术:VR、音视频和个性化推荐

首席技术官(CTO)田野具有大型互联网科技企业、中央级融媒体和上市视频新媒体公司的开发、运营和管理经验,他的加盟是"读创"项目筹建最关键的节点之一。除了自主开发内容管理系统(后台)并逐渐与报社原有的采编系统(方正采编系统、新华社稿件库和图片库)进行融合互通外,技术部门的重心放在借鉴和采用最新的互联网技术上,即VR、音视频和个性化推荐。

"读创"不仅紧跟时代潮流,主打视频呈现,更引领潮流——"读创"是国内首家支持VR视频技术和首家支持连续音频播读新闻的新闻客户端,这是适应新媒体信息消费升级的创新抉择。VR进入消费元年,今日头条短视频和喜马拉雅FM已渗透数亿用户的日常生活场景。基于"海量抓取、个性化推荐"的精准服务是"读创"的最大特色,这是新时期的群众路线,借此真正将"有用"的理念落到实处。

(二)内容:原创+开放

"读创"的最显著特征是原创内容,下设科技、财经、视频、本地四大频道。其中,科技板块是科技产业行业最新要闻、深度报道、创新创业故事、科普知识的汇集;财经板块汇集了股市、汇市、期市、债市、楼市等财经商业投资领域的最新动态和深度观察;视频板块是新闻直播、点播、微纪录片、系列纪录片、VR酷炫视频的集合;本地板块汇集了深圳本地与香港地方新闻和文化、教育、健康领域的重要资讯。"读创"意在建立以科技财经新闻为基础的更宽广的开放平台,具体包括:海纳全国和全球有影响力的科技、财经领域的知名专家，建立"读创智库"；搭建个性化服务与创业平台，与智慧城市建设同步对接；引入政府、媒体、企业、个人等内容生产者，提供流量以及包装、推广等支持方式，构建孵化平台与多赢共享机制。

（三）推广：线上与线下结合的立体式营销

提升知名度和品牌形象，引导用户下载使用产品，是"读创"推广的目标。"读创"的推广分为两个阶段：一是上线期间（约在2016年12月24日—2017年1月31日），目的是让用户知道"读创"是"谁"，这一点主要通过重点区域和核心用户群的曝光来实现；二是2017年全年，目的是强化用户对"读创"的认知并持续使用产品，这一点主要通过广告及重点活动策划来实现。

"读创"采用线上与线下相结合的营销推广方式。具体来看，线上推广主要是指线上广告、应用市场、手机厂商、朋友圈、社交媒体等，如深圳报业集团新媒体矩阵对"读创"的报道与广告展示；线下推广包括品牌发布会、地铁公交楼宇LED广告、事件营销、互动活动等，如上线仪式邀请市区领导与重点企业参加、动员集团员工与机关事业单位人员下载分享、借社会热点事件推广热门文章、与院线协会及连锁企业合作举办活动等。

三、筹建经验：锐意扎实地推进市场化和互联网化

"读创"已经迈出了深圳报业集团媒体融合发展坚实的一步。总结来看，锐意扎实地推进市场化和互联网化的改革举措对这个项目的顺利推进具有重要作用和显著影响，具体可分为以下两个方面：

（一）面向市场的人才引进和薪酬体系

习近平总书记在党的新闻舆论工作座谈会上指出，媒体竞争关键

是人才竞争，媒体优势核心是人才优势。目前，媒体融合已经进入深度创新转型时期，人才作为影响这一进程的关键性因素作用越发明显：媒体融合工作依赖人才去落实和完成，媒体融合创新需要人才竞相构想与实践。

"读创"首先在技术部门采取了面向市场的人才引进和薪酬体系，即通过猎聘网等渠道重点引进数十位已在新媒体和互联网领域具有丰富经验的人才，为他们提供与主流互联网公司相当职位的薪酬。这一体系脱离了深圳报业集团既有的技术人员薪酬管理办法，最大限度地予以引人、留人。

（二）互联网公司化的管理方式

媒体融合的目标是成为以互联网为基础和枢纽的新型主流媒体。打破办报思维，接轨高新科技公司的新型管理体系，以创新为根本理念引领传统媒体向新媒体发展，是国内外数字化转型先锋媒体机构的共同思路。

互联网企业崇尚扁平化组织，现场管理，决策者能够准确地了解市场需求和用户声音并迅速地做出决策，氛围宽松，允许试错。"读创"技术部门的运行完全类似于主流互联网企业，管理者和员工约20人共处深圳商报社大厦16楼一块开放的办公区，有问题及时协调处理，有想法及时沟通商议，形成较强的执行力与凝聚力。

四、筹建不足与思考：人才、气氛与生态

尽管"读创"已顺利上线，但媒体融合永远在路上。我们必须看到还有一些问题需要正面应对，这关系到"读创"及集团媒体融合的长远发展。其中，人才、组织气氛和生态化构建问题的解决是最迫切的。

（一）人才：引进、开发和留住

一是引进人才。"读创"技术人才的引进基本走上正轨，但目前数据、营销、投资和战略分析等人才仍处于严重短缺状态，而传统媒体中具备单一技能的采编人员亟须培训，以适应移动互联网的新闻传播要求。

二是开发人才。"读创"聚集了一帮有活力、有创意的人才，如何协调员工的个人利益与集团的共同利益，服务于媒体融合工作，是一项十分艰巨的任务，这需要重新规划员工的职业生涯，实行新型的任期制度。

三是留住人才。核心管理骨干和技术团队属于"读创"的战略资源，而"读创"既有的晋升机制尚不能满足项目的长远发展要求，提前布局管理层及员工持股计划应列入日程。与之相比，东方明珠等国有上市文化传媒公司已开始实施这一制度。

（二）气氛：组织创新氛围与组织和谐性

尽管"读创"筹建初期实现了较好的部门协作，但伴随组织规模的扩大和正常运行的新常态，必然会产生技术、内容、产品等人员之间的合作问题，这在数据新闻、可视化报道和重大主题全媒体策划制作等方面尤为突出。

企业创新的相关研究表明，组织创新氛围与组织和谐性对个体的创新行为具有积极影响。组织只有在内部塑造和培育一种支持与鼓励创新的良好气氛，同时各种关系（包括员工间、部门间、员工与管理者间等）能够和平相处的情况下，才能够激发员工的创造积极性，最终实现系统化创新的目的。

因此，"读创"有必要为所有从业者创造一个包容开放的工作环境，发展一种自主、协作和信任并存的组织气氛。这种组织气氛是融媒体创新行为的催化剂，既能够提升团队协作的品牌意识，又能够包容积极进取的专业精神。

（三）生态：以特色功能为核心，以资本与产业链联盟为支撑

"读创"的定位决定了它必须要在专业市场上竞争，成为科技财经类移动资讯及服务的品牌媒体。在移动数字广告不能填补客户端运营成本的大环境下，建立以特色功能为核心，以资本和产业链联盟为支撑的生态化商业模式尤为紧要。

"读创"在商业化能力设计方面亟待加强，如特色服务板块建设不足、具备显著优势的功能尚缺等。科技新媒体 36 氪近来拿到了招商局集团和其他两家国有企业上亿元的战略投资，这距离其获得蚂蚁金服亿元领投的 D 轮仅一年。该公司旗下的媒体和氪空间两个板块已经实现盈利，但创投小助手在全国范围内独一无二的价值才是支撑其整个商业模式的基石。这对"读创"创新行业服务具有较好的示范和学习价值。

资本和产业链联盟是当前媒体组织获得生态化商业能力的主流途径：浙报传媒凭借上市定募 20 亿建设互联网数据中心和大数据交易中心；"一点资讯"客户端与小米、OPPO 等手机厂商战略合作以股权投资换取预装软件的资格。有鉴于此，"读创"筹建初期设计的"联合领先的互联网公司、移动硬件厂商和投资公司成立战略联盟"构想应加快落实。

附 录

附录1 移动互联网时代新闻媒介的使用与评价调查问卷

尊敬的女士/先生，您好！

万分感谢您在百忙之中接受我们的问卷调查。本次调查预计花费您10分钟左右的时间，您所提供的信息对我们的研究很有价值。

本次调查的主题是移动互联网时代的新闻媒介消费特征，我们希望了解您的日常新闻媒介使用行为，只作学术研究之用，请按照您对新闻媒介的具体使用和评价据实填写。

答案没有正确错误之分，谢谢您的合作。祝您工作愉快、生活幸福！

Email：dkdo1234@163.com

2014年11月

1. 过去的一个月内，您通过以下哪些媒体获取新闻？[多选题]

（1）报纸　（2）广播　（3）电视　（4）电脑　（5）手机

提示：电脑指桌面互联网，包括台式电脑和笔记本电脑，不包括平板电脑。

2. 请您仔细回忆昨天看/听新闻（连续5分钟以上）的经历，在对应的时间段选择您所使用的新闻媒介类型。

	报纸	广播	电视	电脑	手机	无
0:00～6:00						
6:00～9:00						
9:00～12:00						
12:00～14:00						
14:00～18:00						
18:00～21:00						
21:00～24:00						

3. 自从您使用手机看新闻后，使用以下媒介获取新闻的时间相比以前：

	大幅减少	有点减少	基本不变	有点增多	大幅增多
报纸					
广播					
电视					
电脑					

4. 您平均每天使用各媒介看/听新闻的时间是多少分钟？（以5分钟为单位）[填空题]

（1）报纸 _____　　（2）广播 _____　　（3）电视 _____

（4）电脑 _____　　（5）手机 _____　　（6）杂志 _____

（7）平板电脑 _____　（8）其他 _____

5. 您认为，报纸在以下方面的表现如何？

	非常差	差	一般	好	非常好
通过报纸看新闻符合我的日程安排					
了解突发事件和最新动态					
在我想看新闻的任何时候，都能看到					
可以看到很多领域的新闻					
能在最短的时间里了解重要新闻					
在报纸上看新闻能够把时间控制和利用好					
可以看到丰富而全面的报道内容					
方便地获得新闻					
了解本地发生的重大事件					
了解国内发生的事情					
了解国际重大事件					
获取复杂事件的详情分析					
获取重大事件的细节信息					
获取政府或官员的深层信息					
获取支持自己观点的信息					
获取个人形成对重大事件看法所需要的信息					
了解别人对于重大事件的看法					

6. 您认为，广播在以下方面的表现如何？

	非常差	差	一般	好	非常好
通过广播听新闻符合我的日程安排					
了解突发事件和最新动态					
在我想听新闻的任何时候，都能看到					
可以听到很多领域的新闻					
能在最短的时间里了解重要新闻					
在广播上听新闻能够把时间控制和利用好					
可以听到丰富而全面的报道内容					
方便地获得新闻					
了解本地发生的重大事件					

续表

	非常差	差	一般	好	非常好
了解国内发生的事情					
了解国际重大事件					
获取复杂事件的详情分析					
获取重大事件的细节信息					
获取政府或官员的深层信息					
获取支持自己观点的信息					
获取个人形成对重大事件看法所需要的信息					
了解别人对于重大事件的看法					

7. 您认为，电视在以下方面的表现如何？

	非常差	差	一般	好	非常好
通过电视看新闻符合我的日程安排					
了解突发事件和最新动态					
在我想看新闻的任何时候，都能看到					
可以看到很多领域的新闻					
能在最短的时间里了解重要新闻					
在电视上看新闻能够把时间控制和利用好					
可以看到丰富而全面的报道内容					
方便地获得新闻					
了解本地发生的重大事件					
了解国内发生的事情					
了解国际重大事件					
获取复杂事件的详情分析					
获取重大事件的细节信息					
获取政府或官员的深层信息					
获取支持自己观点的信息					
获取个人形成对重大事件看法所需要的信息					
了解别人对于重大事件的看法					

8. 您认为，电脑在以下方面的表现如何？

	非常差	差	一般	好	非常好
通过电脑看新闻符合我的日程安排					
了解突发事件和最新动态					
在我想看新闻的任何时候，都能看到					
可以看到很多领域的新闻					
能在最短的时间里了解重要新闻					
在电脑上看新闻能够把时间控制和利用好					
可以看到丰富而全面的报道内容					
方便地获得新闻					
了解本地发生的重大事件					
了解国内发生的事情					
了解国际重大事件					
获取复杂事件的详情分析					
获取重大事件的细节信息					
获取政府或官员的深层信息					
获取支持自己观点的信息					
获取个人形成对重大事件看法所需要的信息					
了解别人对于重大事件的看法					

9. 您认为，手机在以下方面的表现如何？

	非常差	差	一般	好	非常好
通过手机看新闻符合我的日程安排					
了解突发事件和最新动态					
在我想看新闻的任何时候，都能看到					
可以看到很多领域的新闻					
能在最短的时间里了解重要新闻					
在手机上看新闻能够把时间控制和利用好					
可以看到丰富而全面的报道内容					
方便地获得新闻					
了解本地发生的重大事件					
了解国内发生的事情					
了解国际重大事件					
获取复杂事件的详情分析					
获取重大事件的细节信息					

续表

	非常差	差	一般	好	非常好
获取政府或官员的深层信息					
获取支持自己观点的信息					
获取个人形成对重大事件看法所需要的信息					
了解别人对于重大事件的看法					

10. 您的性别：

（1）男　　　　　　（2）女

11. 您的年龄段：

（1）16～17 岁　　（2）18～25 岁　　（3）26～30 岁

（4）31～40 岁　　（5）41 岁及以上

12. 您的学历：

（1）专科及以下　　（2）本科　　　　（3）硕士及以上

13. 您的婚姻状况：

（1）未婚　　　　　（2）已婚

14. 今天是星期几？

（1）星期二　　　　（2）星期三　　　（3）星期四

（4）星期五　　　　（5）星期六

附录2 手机新闻平台和来源的使用与评价调查问卷

亲爱的同学,你好!

非常感谢你接受我们的问卷调查。本次调查预计花费 15 分钟左右的时间,你所提供的信息对我们的研究很有价值。

本次调查我们希望了解你对不同手机新闻平台的选择行为和对单个手机新闻媒体品牌的使用行为,只作学术研究之用,请你根据实际情况耐心填写。

答案没有正确错误之分,谢谢你的支持和配合。祝你学业顺利!

Email: dkdo1234@163.com

2014 年 11 月

术语解释:手机新闻(Mobile News)

本研究中的手机新闻,指通过手机上正式的新闻来源(由专业团队或个人进行报道、编辑制作)获取的新闻,不包括政府或企业等在手机平台上的信息发布服务、个人博客、个人生产的非新闻类信息等。

第一部分 手机新闻平台选择行为

1. 平均而言,您在一周内有几天使用手机获取新闻?
(1)7 天   (2)5 天   (3)3 天   (4)1 天
(5)几乎不看新闻

2. 试回想一下昨天您在手机上花了多少时间看新闻？_____（以5分钟为单位）[填空题]

3. 您通过哪些平台来获取手机新闻？[多选题]
（1）客户端（指您从手机应用商城中下载的新闻类APP，如网易新闻）腾讯新闻等）
（2）微博（指您关注的媒体机构、媒体从业者及其他个人微博公号）
（3）微信（指您关注的新闻媒体或个人微信公众账号）
（4）浏览器（指您通过UC浏览器查看新闻内容）

4. 平均而言，您一天内对不同手机平台的新闻使用频率为：

	从不	每天一两次	每天三五次	每天六到十次	每天十次以上
客户端					
微博					
微信					
浏览器					

5. 平均而言，您一天内在以下手机平台的新闻使用时长为：

	0	15分钟以下	15～30分钟	30～60分钟	60分钟以上
客户端					
微博					
微信					
浏览器					

6. 在手机客户端上，您对以下类型的新闻使用频率为：

	从不	偶尔	有时	经常	总是
时政新闻					
财经新闻					
娱乐新闻					
社会新闻					
体育新闻					
其他新闻					

7. 在手机微博上，您对以下类型的新闻使用频率为：

	从不	偶尔	有时	经常	总是
时政新闻					
财经新闻					
娱乐新闻					
社会新闻					
体育新闻					
其他新闻					

8. 在手机微信上，您对以下类型的新闻使用频率为：

	从不	偶尔	有时	经常	总是
时政新闻					
财经新闻					
娱乐新闻					
社会新闻					
体育新闻					
其他新闻					

9. 在手机浏览器上，您对以下类型的新闻使用频率为：

	从不	偶尔	有时	经常	总是
时政新闻					
财经新闻					
娱乐新闻					
社会新闻					
体育新闻					
其他新闻					

10. 关于手机客户端的新闻内容表现和收益评价，您的看法如何？

	非常不好	不好	一般	好	非常好
提供可信任的新闻					
提供您需要的新闻					
以轻松有趣的方式呈现新闻					
提供即时新闻动态					

续表

	非常不好	不好	一般	好	非常好
可以快速获知重要新闻					
提供个性化新闻（推荐或定制感兴趣的内容）					
提供深度新闻（呈现相关内容，引导深度阅读）					
沉浸阅读体验（长时间融于阅读环境）					
互动体验（与小编和其他用户之间）					
来源丰富（可选的媒体机构或自媒体多）					

11. 关于手机微博的新闻内容表现和收益评价，您的看法如何？

	非常不好	不好	一般	好	非常好
提供可信任的新闻					
提供您需要的新闻					
以轻松有趣的方式呈现新闻					
提供即时新闻动态					
可以快速获知重要新闻					
提供个性化新闻（推荐或定制感兴趣的内容）					
提供深度新闻（呈现相关内容，引导深度阅读）					
沉浸阅读体验（长时间融于阅读环境）					
互动体验（与小编和其他用户之间）					
来源丰富（可选的媒体机构或自媒体多）					

12. 关于手机微信的新闻内容表现和收益评价，您的看法如何？

	非常不好	不好	一般	好	非常好
提供可信任的新闻					
提供您需要的新闻					
以轻松有趣的方式呈现新闻					
提供即时新闻动态					
可以快速获知重要新闻					
提供个性化新闻（推荐或定制感兴趣的内容）					
提供深度新闻（呈现相关内容，引导深度阅读）					
沉浸阅读体验（长时间融于阅读环境）					
互动体验（与小编和其他用户之间）					
来源丰富（可选的媒体机构或自媒体多）					

13. 关于手机浏览器的新闻内容表现和收益评价，您的看法如何？

	非常不好	不好	一般	好	非常好
提供可信任的新闻					
提供您需要的新闻					
以轻松有趣的方式呈现新闻					
提供即时新闻动态					
可以快速获知重要新闻					
提供个性化新闻（推荐或定制感兴趣的内容）					
提供深度新闻（呈现相关内容，引导深度阅读）					
沉浸阅读体验（长时间融于阅读环境）					
互动体验（与小编和其他用户之间）					
来源丰富（可选的媒体机构或自媒体多）					

14. 根据您的个人经验，手机客户端满足新闻需求方面的表现为：

	非常不好	不好	一般	好	非常好
认识和了解社会					
学习新知识					
更好地作出决策					
带来快乐					
缓解无聊					
放松身心					
更好地向他人展示自己					
同他人进行交流，使我在他们眼中有吸引力					

15. 根据您的个人经验，手机微博满足新闻需求方面的表现为：

	非常不好	不好	一般	好	非常好
认识和了解社会					
学习新知识					
更好地作出决策					
带来快乐					
缓解无聊					
放松身心					
更好地向他人展示自己					
同他人进行交流，使我在他们眼中有吸引力					

16. 根据您的个人经验，微信满足新闻需求方面的表现为：

	非常不好	不好	一般	好	非常好
认识和了解社会					
学习新知识					
更好地作出决策					
带来快乐					
缓解无聊					
放松身心					
更好地向他人展示自己					
同他人进行交流，使我在他们眼中有吸引力					

17. 根据您的个人经验，手机浏览器满足新闻需求方面的表现为：

	非常不好	不好	一般	好	非常好
认识和了解社会					
学习新知识					
更好地作出决策					
带来快乐					
缓解无聊					
放松身心					
更好地向他人展示自己					
同他人进行交流，使我在他们眼中有吸引力					

18. 关于您个人的创新性特征，您的同意程度如何？

	非常不同意	不同意	中立	同意	非常同意
如果我知道出了一种新技术/产品，我会找机会体验一下					
我乐意参与新技术/产品的试用					
在我的亲朋好友里，我通常是最早使用新技术/产品的人					

19. 至今为止，您使用手机上网看新闻的经验是：

（1）1年以下　（2）1～3年　（3）3～4年　（4）4～5年
（5）5年以上

第二部分　手机新闻来源使用行为

20. 以下手机新闻客户端（APP）中，您最常使用的是哪一个？]

（1）新浪新闻　　（2）搜狐新闻　　（3）网易新闻　　（4）腾讯新闻
（5）凤凰新闻　　（6）百度新闻　　（7）人民日报　　（8）央视新闻
（9）新华社发布（10）澎湃新闻　（11）今日头条　（12）ZAKER
（13）畅读　　　（14）知乎日报　（15）其他

21. 有关该新闻客户端质量的看法，您的同意程度如何？

	非常不同意	比较不同意	有点不同意	不太确定	有点同意	比较同意	非常同意
界面简洁，功能易用							
启动和页面打开速度很快							
功能完善，轻松访问任何地方							
可以获得最及时的新闻							
可以获得精确可信的新闻							
内容是我需要的							
内容的呈现是有趣的							
内容的呈现是轻松的							
内容的呈现是令人印象深刻的							
用户与用户之间互动良好							
我与小编之间互动良好							
其他用户与小编之间互动良好							

22. 有关该新闻客户端的外部反馈，您的同意程度如何？

	非常不同意	比较不同意	有点不同意	不太确定	有点同意	比较同意	非常同意
使用该客户端的他人对新闻的品味和我相似							
使用该客户端的他人的新闻价值观与我相同							

续表

	非常不同意	比较不同意	有点不同意	不太确定	有点同意	比较同意	非常同意
使用该客户端的他人对新闻的兴趣爱好和我相似							
使用该客户端的他人具有专业的新闻素养							
使用该客户端的他人具有新闻评判的专业能力							
使用该客户端的他人具有丰富的新闻使用经验							
该客户端被许多人喜欢							
该客户端受到很多人的好评							
该客户端是非常受欢迎的							

23. 有关该新闻客户端的用户契合表现，您的同意程度如何？

	非常不同意	比较不同意	有点不同意	不太确定	有点同意	比较同意	非常同意
任何与该客户端相关的信息都会引起我的关注							
我想了解更多关于该客户端的信息							
我曾花时间去了解关于该客户端的信息							
该客户端是令人满意的							
使用该客户端的经历令人感到愉快							
使用该客户端使我沉浸于快乐之中							
我会转发分享该客户端的内容							
我会评论该客户端的内容							
我会回复或转发他人对该客户端内容的评论							

24. 有关您对该新闻客户端的涉入度情况，您的同意程度如何？

	非常不同意	比较不同意	有点不同意	不太确定	有点同意	比较同意	非常同意
在许多可供选择的客户端中，我很关心选择哪一个							
正确地选择一个客户端，对我来说很重要							
我很在意选择这个客户端之后的结果							

25. 有关该新闻客户端的持续使用情况，您的同意程度如何？

	非常不同意	比较不同意	有点不同意	不太确定	有点同意	比较同意	非常同意
我会继续使用该客户端							
我会推荐该客户端给其他人							
我认为自己是该客户端的忠实用户							
即使有其他选择，我也会使用该客户端							

第三部分　个人情况

26. 您的性别：

（1）男　　　　（2）女

27. 您的年龄段：

（1）16～17岁　（2）18～21岁　（3）22～25岁

（4）26～30岁　（5）30岁以上

28. 您所就读的学历：

（1）本科　　（2）硕士　　（3）博士

参考文献

1. 人民日报社. 融合坐标——中国媒体融合发展年度报告（2015）[M]. 北京：人民日报出版社，2016.
2. 梅宁华，支庭荣. 中国媒体融合发展报告（2016）[M]. 北京：社会科学文献出版社，2017.
3. 唐绪军，黄楚新，王丹. 中国媒体融合发展现状（2015-2016）[M]. 北京：中国社会科学出版社，2017.
4. 霍夫曼，卡斯诺查，叶. 联盟：互联网时代的人才变革 [M]. 路蒙佳，译. 北京：中信出版社，2015.
5. 刘奇葆. 推进媒体深度融合 打造新型主流媒体 [N]. 人民日报，2017-01-11.
6. 蔡雯. 媒体融合：面对国家战略布局的机遇及问题 [J]. 当代传播，2014(6): 8-10.
7. 冯玉明，程涵阁. 繁荣背后的问题与局限：对媒体产品创新热潮的冷思考 [J]. 中国记者，2017（3）：38-41.
8. 郭全中. 传统媒体转型的"一个中心"与"四个基本点"[J]. 现代传播，2015(12): 104-110.
9. 刘鹏. 传统媒体融合转型的若干趋势 [J]. 新闻记者，2015（4）：4-14.
10. 刘云，石金涛. 组织创新气氛与激励偏好对员工创新行为的交互效应研究 [J]. 管理世界，2009（10）：88-101.
11. 王高山，于涛，张新. 电子服务质量对用户持续使用的影响：顾客契合的中介效应 [J]. 管理评论，2014（10）：126-137.
12. 王华，徐晓，吴昊，孙健敏. 组织创新的概念、类型及测量述评 [J]. 兰州学刊，2009（3）：83-91.
13. 王先辉，段锦云，田晓明，孔瑜. 员工创造性：概念、形成机制及总结展望 [J]. 心理科学进展，2010（5）：760-768.
14. 喻国明，戈利佳，梁霄. 破解"渠道失灵"的传媒困局："关系法则"详解——兼论传统媒体转型的路径与关键 [J]. 现代传播，2015（11）：1-4.
15. 张昆，周钢. 党报媒体（报社）融合变革的现存问题及突破路径 [J]. 现代传播，20169（3）：1-6.
16. 朱鸿军，农涛. 媒体融合的关键：传媒制度的现代化 [J]. 现代传播，2015(7): 6-11.

17. 钟雪爿. 消费者在社交网站中的光顾及购买意愿研究 [D]. 合肥：中国科技大学，2013.
18. DIMMICK J. media competition and coexistence: the theory of the niche [M]. Mahwah, NJ: Lawrence Erlbaum Associates. 2003.
19. ROGERS E M. Diffusion of innovations [M]. 4th ed. New York: Free Press. 1995.
20. ANGELA M L, HSIANG I C. motivational consumption model: exploring the psychological structure of news use [J]. Journalism & mass communication quarterly, 2014, 91(4): 706-724.
21. DIMMICK J W, CHEN Y and LI Z. Competition between the Internet and traditional news media: the gratification-opportunities niche dimension [J]. The Journal of Media Economics, 2004, 17(1): 19-33.
22. DIMMICK J, FEASTER J and GREGORY J. News in the interstices: The niches of mobile media in space and time [J]. New media & society, 2010, 13 (1): 23-39.
23. ELAINE Y. News consumption across multiple media platforms [J]. Information, communication & society, 2011, 14(7): 998-1016.
24. RACHEL D M, EDWARD C M and BOBBY J C. Focusing on the reader: Engagement trumps satisfaction [J]. Journalism & mass communication quarterly, 2012, 89(4): 695–709.
25. SYLVIA C, HYEJOON R and AMY Z. Mobile news adoption among young adults: Examining the roles of perceptions, news consumption, and media usage [J]. Journalism & mass communication quarterly, 2012, 90(1): 126–147.
26. WEI R, LO V, XU X, CHEN Y and ZHANG G. Predicting mobile news use among college students: the role of press freedom in four Asian cities [J]. New Media & Society, 2013, 16(4): 637–654.
27. WESTLUND O. New(s) functions for the mobile: a cross-cultural study [J]. New media & society, 2010, 12(1): 91–108.
28. REITZ A R. Online consumer engagement: Understanding the antecedents and outcomes [D].Colorado State University, 2012.

后 记

　　本书是在笔者的博士论文和博士后出站报告基础上形成的。上海交通大学媒体与传播学院的三年时光，使我有机会学习和操练量化实证研究，感谢导师谢金文的谆谆教诲。深圳报业集团的两年时光，让我有时间观察和参与主流媒体创新实践，感谢陈寅社长的鼓励支持。

　　本书是我在广州大学新闻传播学院任教期间出版的。感谢田秋生院长、李春雷副院长和传播学系刘雪梅主任的大力帮助。

　　感谢中国传媒大学出版社欧丽娜编辑的耐心负责。

图书在版编目(CIP)数据

手机新闻的兴起与媒体融合创新 / 董开栋著. -- 北京：中国传媒大学出版社，2020.12

（"广大新视野"传媒学术前沿丛书）

ISBN 978-7-5657-2836-5

Ⅰ.①手… Ⅱ.①董… Ⅲ.①互联网络—传播媒介—研究—中国 Ⅳ.① G219.2

中国版本图书馆 CIP 数据核字（2020）第 225905 号

手机新闻的兴起与媒体融合创新

SHOUJI XINWEN DE XINGQI YU MEITI RONGHE CHUANGXIN

著　　者	董开栋
责任编辑	欧丽娜
责任印制	阳金洲
封面设计	谢定莹
出版发行	中国传媒大学出版社
社　　址	北京市朝阳区定福庄东街 1 号　邮编：100024
电　　话	86-10-65450528　65450532　传真：65779405
网　　址	http://cucp.cuc.edu.cn
经　　销	全国新华书店
印　　刷	北京玺诚印务有限公司
开　　本	710mm×1000mm　1/16
印　　张	18.5
字　　数	249 千字
版　　次	2021 年 5 月第 1 版
印　　次	2021 年 5 月第 1 次印刷
书　　号	ISBN 978-7-5657-2836-5/G・2836　定　价　79.80 元

本社法律顾问：北京李伟斌律师事务所　郭建平

版权所有　翻印必究　印装错误　负责调换